回到语境的理性

理性

朱荣贤◎著

中国社会科学出版社

图书在版编目（CIP）数据

回到语境的理性/朱荣贤著.—北京：中国社会科学
出版社，2016.9
ISBN 978 – 7 – 5161 – 8822 – 4

Ⅰ.①回…　Ⅱ.①朱…　Ⅲ.①本质和现象—研究
Ⅳ.①B025.1

中国版本图书馆 CIP 数据核字（2016）第 205127 号

出 版 人	赵剑英
责任编辑	喻　苗
责任校对	胡新芳
责任印制	王　超

出　　版	中国社会科学出版社
社　　址	北京鼓楼西大街甲 158 号
邮　　编	100720
网　　址	http：//www.csspw.cn
发 行 部	010 – 84083685
门 市 部	010 – 84029450
经　　销	新华书店及其他书店

印　　刷	北京君升印刷有限公司
装　　订	廊坊市广阳区广增装订厂
版　　次	2016 年 9 月第 1 版
印　　次	2016 年 9 月第 1 次印刷

开　　本	710 × 1000　1/16
印　　张	17.5
插　　页	2
字　　数	278 千字
定　　价	66.00 元

凡购买中国社会科学出版社图书，如有质量问题请与本社营销中心联系调换
电话：010 – 84083683

序

理性，是本书重点考察的对象。

在原始社会，在前传统社会（中国延续到传统社会）有现代意义上的"理性"吗？《野性的思维》和《原始思维》已经阐明了这一点。在"野性"或"原始"的岁月，既孕育了而后所有发展的胚芽，又处于原始的混沌之中。主客体不分，共同深深地嵌入于特定的语境之中，在实践中感悟周遭的一切。

自古希腊以来，理性成为哲学的核心问题之一。先是理性与经验的分野，理性与情感的对垒，再进一步的分化为科学理性与技术理性，前者在认识过程，后者在实践领域，实践必然涉及价值判断，于是便有了价值理性。理性一分为三，科学理性、技术理性与价值理性三者的关系成为研究的一个热点。20世纪以降，特别是下半叶以来，随着林林总总后现代思潮的兴起，对基础主义和本质主义的批判开始发酵，由此也引发关于理性的新的思考。

本书涉及的另一个主要内容是"语境"。语境，这一概念先出现在语言学领域，涉及上下文的关系等，随后被用到哲学，用于批判基础主义和本质主义。波兰尼的"意会知识"和"编码知识"提出后，语境与知识的关系受到关注。再进一步细分，可以把编码知识区分为"非嵌入"编码知识与"嵌入"编码知识。前者的主要来源是客观事物，一旦提炼出来就与特定的认识对象、主体和语境完全无关，因而可以交流、迁移到不同对象和语境，为不同的主体所共享；后者涉及特定主体在特定语境中的活动方式及获得的经验，与对象、主体有千丝万缕的联系，以及"嵌入"或"粘着"于特定的语境之中，因而难以交流与共享。这样的知识，需要提供相应的语境，经由可以为各方所领会的隐喻，方可为他人所理解。

意会知识也可以分为两类，一类是客观的意会知识，如老中医切脉，厨师炒菜，以及司机驾驶汽车等，涉及主体在实践活动中的知识，这样的知识迟早可以编码，或嵌入，或非嵌入，如专家系统和自动驾驶等。另一类是主观的意会知识，关系到主体选择、接受和学习知识的能力，以及组合与创造知识的能力。主观的意会知识为特定的主体所有，是我之所以为我的根本点。一个多世纪前歌德就曾表示，那些达官贵人钦佩我，说我知识丰富。知识人人都可以学会，我之所以为我，是因为我的内心世界。歌德在这里说的"知识"，实际上就是非嵌入编码知识，而所谓"内心世界"，则是主观的意会知识。

从知识的角度来看，理性是什么？把非嵌入编码知识从客观对象中提取出来，由现象揭示本质，这是科学理性。科学理性既是认识的过程，由知其然到知其所以然；也是一种信念，坚信多样与偶然的现象背后有普遍与必然的本质。

由客观的意会知识转化为编码知识，所涉及的是提炼概括某种实践活动的普遍和一贯的内涵，涉及到嵌入于特定过程和领域的各种技术和工程的特殊知识。各种门类的技术和工程知识再进一步抽象，就可以得出人类在一般的实践活动中需要遵循的普遍原则，如安全、可控、有效，以及投入产出比和功能价格比等，加上社会效益与可持续，这就是所谓的技术理性。技术理性是在市场经济条件下，对于第二次工业革命中大量实践活动的提炼总结，这种实践活动的要义是：有限规则和重复博弈，只有在这样的实践活动的基础上，才可能抽象出为一般的实践活动所共有的编码知识。古人纷繁多变和各异的生产活动难以总结出技术理性，中国"与人奋斗其乐无穷"的实践活动，"人心隔肚皮"，"打一枪换个地方"，也难以提炼技术理性。提炼出的"正能量"会是"己所不欲勿施于人"和"将心比心"，而"负能量"会是"窝里斗"和"内耗"之类。

在科学理性中，涉及到的主体是作为"类"的人，而技术理性中的安全、可控、有效，以及投入产出比和功能价格比等，显然涉及在特定语境下的特定个人或群体，于是价值理性浮现。马克斯·韦伯同时提出价值理性和工具理性的概念并非偶然。二者同为人的实践活动的不可分割方面。

需要指出，由大量实践活动抽象出技术理性和价值理性，这一提炼的途径及背后的信念就是科学理性。就此而言，科学理性是技术理性与价值理性的共同基础。不仅如此，技术理性还要将自身建立于由科学理性所得到的非嵌入编码知识的基础之上，人类的任何实践活动都不可能违背事实与规律。进而，价值理性以科学理性与技术理性为基础，不仅需要遵循事实和规律，而且要可操作，等等。由科学理性、技术理性到价值理性，显示出类似于量子阶梯中的上向因果关系。

反过来，技术不仅以强大的手段推动科学，而且往往突破科学的界限，拓展在未知领域的实践活动，从而显示了技术理性对于科学理性的超越。价值理性不仅超越科学理性，而且超越技术理性。前者如"不自由毋宁死"，后者以"能做的，一定要做吗？"显示价值对实践与认识活动的选择与引导。由价值理性、技术理性到科学理性这样由上而下的关系，类似于量子阶梯的下向因果关系。上述分析大致限于20世纪之前，由传统到现代，以及现代性一统天下的时期。

20世纪特别是下半叶以来，各种后现代思潮滚滚而来，从不同方面对现代性进行"解构"。首先，面对回到语境之中的复杂对象，面对混沌、分形、涨落、突变，难以在时间与空间上区分对象，难以把对象从其语境中分离出来；其次，主体同样处于形形色色的语境之中，与对象之间存在千丝万缕的联系，"剪不断理还乱"，主体更多的是在此情此景的语境和行动中感受、体验对象，learning by doing。因而科学理性难有作为，传统哲学对认识和认识过程的重视让位于"实践优位"。不存在不变的、独立于对象、主体和语境的"基础"、"本质"和"非嵌入编码知识"，所有的知识都是"建构"的结果，科学理性已从昔日的高位跌落下来。源于实践的技术理性同样饱受诟病，尤其是其中的两个"比"所涉及的"计算"旨在突出实践中的价值引导，也就是突出上面所谈到的下向因果关系，在因果决定和目的引导的关系上强调目的的引导作用。在这一转向的过程中还可以看到语境论的全面介入，由非嵌入到嵌入，由编码到意会，由逻辑到隐喻。与此同时，传统文化中的一些表述，例如"己所不欲勿施于人"和"将心比心"，在21世纪被赋予了新的意义。

由前传统和传统，经现代而后现代，在整体上显示了否定之否定的过程。这一过程可以由马克思的"两条道路"得到进一步理解。实际上，作者全书展开的逻辑框架就自觉地体现了马克思"两条道路"的思想，以及体现了由历史到逻辑的方法论。

科学理性、技术理性和价值理性，科学理性相对严谨且具有普遍性；技术理性显得宽泛，界限模糊，在不同主体间会有所差异；价值理性更加含混而难以把握，因人而异，因时因地而异，因语境而异。由此可见，由科学理性、技术理性到价值理性，语境逐一显现。科学理性排斥语境，要从语境中"脱域"（吉登斯）以"非嵌入"，技术理性不可避免要考虑到语境，而价值理性更是沉浸于语境之中。

梁漱溟曾述及人的三大关系：人与自然的关系，人与他人的关系，以及人与自身的关系。三大理性大致就相应于这三大关系。科学理性直接关乎人与自然在认识上的关系，技术理性在人与自然实践关系的基础上涉及人际关系，如市场中的竞争与合作，以及与消费者的关系等。价值理性不能切除人与自然以及人与他人的关系，同时更深入地进入人的内心世界。由科学理性、技术理性到价值理性，也就是由物的外部世界，经他人的外部世界，到主体的内心世界。联想到语境论可以发现，主体的内心世界看似与由物和他人构成的外部世界无关，实际上却是深深地嵌入进而沉浸于五光十色的语境之中。

作者对理性的分析显示了扎实的理论功底，广博的知识积累，以及纯熟的写作技巧，而对中国和现实的关注则体现了作者的情怀和价值追求。把对于理性的抽象分析嵌入于中国历史与现实的语境之中，进而深入到汶川地震和中医体系这样的具体案例，其难度甚至较之抽象——马克思的"第一条道路"更难。

中国的发展路径有着太多的特殊性。一方面，未开化的野性思维和原始思维在某种意义上一直延续至今，而作为野性思维和原始思维对立面的理性，从未达到如在西方这样的地位；另一方面，野性思维和原始思维又显得如此成熟老练，数千年来左右中国人的思维方式直至今日。这种思维方式的根本点是科学理性的缺失。违背事实和规律的事件一再发生，特别是在人文社会科学领域。实际上，在相当长的时间里，中国不认为存在一般意义上的"人文社会科学"，即使有，也必定要有"中国特色"。缺少了科学理性的地基，技术理性与价值理性之加和就成了有中国特色的实用主义，不择手段，以及没有灵魂。中国传统文化，有待充实科学理性的地基。

然而中国不顾及科学理性的传统文化又确实具有现实价值。当今，处于各个发展阶段的不同国家和民族既共存于一个世界，又各自嵌入于极其多样的语境之中。这是一个事实判断而非价值判断，无所谓优劣，不关乎高下，在全球化中，世界各国既彼此竞争，又相互合作，你中有我我中有你。于是，体察各方特殊的语境，也就是各自的初始条件和边界条件，"将心比心"、"己所不欲勿施于人"，以及和合文化等思想，不仅成为本书"回到语境"和"大逻辑观"合理的组成部分，而且有了鲜明的时代价值。

本书作者朱荣贤是我带过的一位博士。在读博期间，朱荣贤就显示出对论文写作的精益求精，数易其稿。现在，我欣喜的看到，在博士论文的基础上，朱荣贤又有了新的理解和认识。祝愿朱荣贤再接再厉，在学术上取得更多成果。

是为序。

吕乃基
2016 年 4 月于东南大学榴园

内容提要

　　研究理性的危机与重建问题，仍然是当前学界研究的热点。理性危机形成的原因是多方面的，理性在实践中表现出的本身固有的缺陷是其重要方面。本书从三个角度展开研究，得出理性未来的发展趋向在于再次回归语境：一是对理性发展历史的梳理与反思以及对未来趋向的展望；二是从现代科学的发展趋势以及后现代科学研究实践的角度开展研究；三是从实证案例角度，即通过分析案例中科学理性、技术理性和价值理性三大理性的关系及其与社会的相互联系，对研究中得出的结论进行验证。

　　研究中，纵向以历史发展脉络为线条。

　　人脑特定的生理结构是人类理性思维能力形成的重要物质基础，不仅如此，它还使人类的理性思维在形式和内容方面，既表现有普遍、似同的一面，也表现有特殊、境域的一面。远古人类在理性思维特征方面同样具有逻辑化特征，但思维"主客不分"的特征使理性表现出语境性的一面。古希腊以来，逻辑理性成为西方理性主义的重要特征，它的形成可由西方特有的"意欲向前"的文化路向，以及与自然博弈的文化这个视角得到解释。理性在从古希腊以后的发展中，数学理性和逻辑理性得到突出发展，在发展中理性逐渐发生了去语境化转变。

　　中世纪后期的经院哲学开始把理性运用于解释宗教，但走的仍然是一条逻辑化的道路。近代科学兴起，科学理性凸现，在认知路线上经历了从"本质主义"到"存在主义"的转变；在世界观上确立了普遍的机械自然观；在方法论上则形成了逻辑性的数学化方法，这些使近代科学理性成为"一种封闭的、绝对化的唯科学主义理性观"，片面、僵化、抽象等不足开始显现，为该理性埋下了危机的种子。但同时，也为它向对立面转化提供了可能。两次工业革命和市场经济提供了在相当长远和广阔的时空内相对一致和稳定的案例，为技术理性抽象提供了实践基础。近代科学理性的缺陷与技术理性的膨胀促使价值理性的显现和提升。

未来科学的发展，将在更宏观与更微观的领域展开，并把事物的分岔、混沌、随机等不确定性作为研究对象。后现代科学不仅在对象方法上不同于现代科学，而且在规范上将以宽容、理解与协作、创造、自律与他律等新的范式实现对现代科学范式的扬弃。在现代与后现代科学面前，近现代理性先验、抽象、形而上学等特征得以暴露。这些都在一定意义上，为理性的语境性转向提供了动力。西方在理性重建方面提出了"从理性到合理性"、"从权威理性到批判理性"、"从先验理性到实践理性"转变的理性重建思想，所给出的理论普遍包含了理性重建的语境化方向。

在横向方面，对理性的基本内涵作了中西比较研究，对语境以及语境论研究方法作了深入探讨。特别地，对显得混乱的诸多某某理性，从分类、称谓的选择特点等方面进行了厘清。同时，提出两点看法：理性在形式上的泛化使理性在形式意义上表现出语境化的一面；科学理性、技术理性、价值理性是人类理性的主要形式。本书提出"大逻辑观"概念，来回答未来语境中理性存在的合理性问题，指出应该重建一种"在特定语境下广泛包容直觉逻辑、道义逻辑、多值逻辑等"的逻辑观。

理性具有生态性存在的一面，理性生态具有特定的结构和社会功能。未来，理性生态系统将走向更加复杂，几大理性形式的合理性标准更加语境化、嵌入化的发展趋势。理性生态的和谐，对社会良性运行具有特殊意义。当前，中国理性生态具有不和谐的一面。技术理性泛化，科学理性、价值理性相对衰微；社会观念系统中反主流多元化思想的泛滥等影响着中国社会的良性运行。构建和谐理性生态应关注：以科学理性为基础，增强价值理性引导力，遏制技术理性张狂；树立多元与主流合理共存的观念体系等。

汶川地震和中西医论争的案例，为人们理解后现代科学研究对象及其特征提供了素材；同时，为理解三大理性在实践中表现的语境性、几大理性及其与社会的内在联系即生态性提供了现实材料。研究结论表明：理性必须与特定实践和具体的语境相结合，才有其存在的意义。

Abstract

The research of rational crisis and reconstruction still remains very hot in the academia. The crisis of rationality lies in many factors, of which its inherent defects are an important aspect. The dissertation does the research from three perspectives and makes a conclusion that the future development of rationality depends on its returning to context once more: firstly, to consider according to the development history and reflection of rationality and its logical expectation of its future trend; secondly, to do the research according to the development trend of modern sciences and postmodern study of sciences; thirdly, through empirical cases, namely, by analyzing the relationships between the above-mentioned three kinds of rationality and their relationship with society, to verify the outcome of the research.

The research is carried out according to a historical development of rationality.

The special physical structure of human brains constitutes an important substance of human rational thinking. Besides, it not only makes human rational thinking generally similar in form and content, but also special and contextualized. Ancient people also favor logical characteristics in terms of their rational thinking, but they do not differentiate " subject and object" in their thinking, making their rationality show the property of context. Since ancientGreece, logical rationality has become the important characteristic of western rationalism, which can be explained by the unique western "intension to move forward " and their culture to fight against the nature. After ancient Greece, mathematical and logical rationality got a salient development, getting rationality decontextualized gradually.

After medieval times, scholasticism began to apply rationality to explaining religions, which is still a logical approach. The development of modern science made scientific rationality salient and made it experience the change from "essentialism" to "existentialism" in its understanding; in viewpoint of the world it has established a common mechanical view of the nature; in methodology it has formed a logical mathematical method, making modern scientific rationality become "a closed and absolute rationality of scientism". So rationality began to show its one-sided, rigid and abstract shortcomings, which made a potential for its future crisis. Meanwhile, it made it possible for it to convert to the opposite. Two industrial revolutions and market economy have provided a consistent and stable cases in a long-term and broad time and space, and have provided a practical basis for the abstraction of technological rationality. The defects of modern scientific rationality and the overextension of technological rationality have made value rationality salient and promoted.

The future development of sciences will take place in more macro and micro fields, and take as research objects the bifurcation, chaos, random and other uncertainties of things. Postmodern sciences differs from modern sciences not only in terms of their methods to deal with objects, but they can absorb or abandon the paradigms of modern sciences with new paradigms of tolerance, understanding, cooperation, creation, self-discipline and heteronomy. Before modern and postmodern sciences, the priori, abstract, and metaphysical characteristics of modern rationality have been exposed. In a certain sense, they provides a momentum for rationality to turn to context. As for the reconstruction of rationality, the West has put forward an idea to change "from rationality to reasonability", "from authoritative rationality to critical rationality", and "from priori rationality to practical rationality", all of which contain the contextualization of theoretical reconstruction.

Horizontally, the dissertation makes a Chinese-western comparison of the basic connotation of rationality. Especially, it makes a definition of the various rationalities through classification and the choice of appellations. Meanwhile, it puts forward two points: the overextension of rationality in form makes it contextualized in formal meaning; the scientific rationality, technological rationality and value rationality constitute the main form of human rationality. The dissertation puts forward the concept of "the view of broad-sense logic" to answer the reasonability for rationality to exist in the future context, and proposes that it be necessary to reconstruct a logical view which contains intuitive, deontic and multi-valued logics in a certain context.

Rationality has its property of ecological existence, and rational ecology has its particular structure and social function. In the future, the rational ecosystem will become more complex, and the reasonable criteria of the three kinds of rationality will tend to be more contextualized and embedded. The harmony of rational ecology has a special meaning to the sound operation of society. At present, China's rational ecology has shown its unharmonious aspect. The technological rationality has been overextended, and scientific rationality and value rationality have been lessened. The overflow of multivariant ideas against the mainstream social concepts has exerted a negative influence upon the sound operation of Chinese society. To construct a harmonious rational ecology should focus on: taking the scientific rationality as the basis, strengthening the guidance of value rationality, and restraining the overextension of technological rationality; setting up a reasonable coexisting system of concepts for the multivariant and mainstream ideas.

Wenchuan earthquake and the disputes between Chinese and western medicines can provide materials for people to understand the research objects and the characteristics of postmodern scientific research, and meanwhile they can provide realistic materials for people to understand the contextualization shown by the three kinds of rationality in practice and their inner relationship with society, i. e. ecological property. The research outcome shows that rationality must be combined with a specific practice and specific context, and only under this condition can rationality have its significance of existence.

前　言

一　研究背景

理性问题，自古希腊以来一直为哲学家所关注。当前，哲学界仍热衷于谈论理性的危机和重建问题，并使这一问题凸显为当代理性哲学需要解决的迫切问题。关于理性的危机问题，不少学者（如哈贝马斯、马尔库塞等）从理性的形式——技术理性、科学理性的膨胀式扩展、价值理性的缺失等角度进行了广泛探讨。其实，理性危机，除了由于一些理性形式在当代社会造成广泛的社会问题，危机尚源于其自身——近现代理性的抽象、片面以及追求确定性知识的取向，使理性很难适应科学研究和社会实践的要求。于是，在理性危机中，人们要求重建理性的呼声渐次增高。理性的重建，所涉及的问题很多，但首要而迫切的任务应该在于对理性及其发展趋势进行新的认知。"完成从而认识理性是什么，从来是并且永远是真正的哲学任务。"①

理性是个社会历史范畴，它随着人类实践的产生而产生，并随着社会实践的发展而发展。站在"回顾历史、反思现代"的角度去"重新发现理性的完整意义"，"重新发现关于可能衡量所有知识、行为、目的和价值的最终要素，"② 是把握理性及其发展趋势的可行之路，显然，从历史和现实的角度对理性进行重新考察，这将是一种辩证之否定的过程，它将

---

① ［德］卡尔·雅斯贝斯：《生存哲学》，王玖兴译，上海译文出版社 1994 年版，第 126页。

② ［法］让·拉特利尔：《科学和技术对文化的挑战》，吕乃基等译，商务印书馆 1997 年版，第 141 页。

实现对理性认知的超越。

早在古希腊时期，普罗泰戈拉曾坚持理性、知识的语境性。"人是万物的尺度"①，意为不存在抽象的真理或永恒正确的认知标准，只有视个人感觉而定的特殊真理，特殊真理的作用如何，要看由谁来描述以及他们描述时的环境。自普罗泰戈拉以后，虽然在哲学史上先后有许多哲学家提出过真理的相对性和理性的主体性主张，但是后来的理性观（特别自培根、笛卡尔以来）还是循着追求普适性、客观性的道路发展。这种理性观，在近代以经验和搜集材料为主的科技发展的初级阶段，对于近现代科学技术的发展、社会秩序的确立确实起过巨大作用，但是，随着科学研究对象不断表现出复杂性、嵌入性、混沌性，这种理性观表现出了很难适应指导认知实践要求的一面。事实上，从本质来看，理性本身就是客观性与主观性、普遍性与特殊性、唯一性与不完善性的统一。如理性的客观性要求理性主体在设定理想目标和为目标实现进行手段选择时，应不违背客观规律（即所说的客观理性），此即合规律性要求；理性的主观性系指理性主体的目标认定和手段选择必须符合主体的内在目的或内在价值，此即合目的性要求。理性的主观性表明理性具有主体间性。

在现代社会中，激烈的冲突常体现为普遍理性同多元文化和个性化生存之间的对立，西方文化中个体自由主义传统所致的普遍理性的生存危机即是佐证。

理性的主观性、特殊性与不完善性启示人们：应该在更全面的意义上认识理性。科学发展的趋势告诉人们，未来科学的发展，将在更微观的领域把夸克及其以下层次以及生命的起源作为研究对象，在宏观领域把宇宙及其起源以及生态及其演化作为研究对象，并研究事物的分岔、混沌、随机等不确定性特征。这些趋向与特征，将不得不使人思考理性如何适应科学研究需要的问题。在社会领域，人们的价值观、文化观正在走向多元、走向与主体和语境之间新的嵌入。这些发展变化，对传统的狭隘的逻辑理性无不提出了挑战，它启示人们，必须用历史的、动态发展的眼光看待理性。

---

① 注：此处所指的"人"，在更为现实的意义上应指"生活在具体情境下的现实的人"，而非抽象化的人类——作者注。

面对科学研究、技术活动、社会生活中出现的新难题，许多人对传统理性抱有怀疑——靠传统理性是否真的能获得真理性知识、解决世界的"本然"与"应然"问题。此外，西方的非理性主义者更以解构理性进而抬高非理性、贬抑理性为主旨，极力主张去除理性的中心地位。

以上表明，传统的以"逻辑"、"明晰"、"有秩序"为特征的理性观已不能满足解决现代社会面临的种种实践问题之需求，对"理性"范畴的理解，越来越需要结合"语境"、结合"具体的关系"。基于此，本书从三个角度对理性的这种语境化趋向问题开展研究，以达到重建科学的理性观之目的：一是梳理理性发生以及走过的历史，从中找出理性发展的规律；二是从现代科学的发展趋势以及后现代科学研究实践的角度研究理性应该具有的品质；三是运用汶川地震与中西医之争的案例，通过分析案例中科学理性、技术理性和价值理性三大理性的关系及其与社会的相互联系，对理性的语境性趋向进行理解与验证。

二 关于理性和语境论的研究

(一) 关于理性问题的研究

对理性本体以及与理性相关的问题进行研究历来是哲学研究的一个热点。综观近一二十年中外关于理性问题的研究，学者们主要从以下维度开展理性问题研究。

1. 理性与文化关系。英国哲学家欧内斯特·盖尔纳、玛丽·麦根妮为此方面研究的代表人物。此维度研究理性与传统、习俗、权威、经验、情感以及零碎的试验与错误的关系，主张把如何看待理性作为一种明晰、有序、个人主义的东西[①]。

2. 理性的本体论研究。虽然理性问题早就进入了人们的视野，但对于理性究竟是什么、如何产生、如何作用于人的行为、表现形式等问题，至今仍纠缠不清。可以说，当前人们关于理性问题的种种疑惑，其根源恰在于对理性的本体论研究尚不深入。因而，理性本体论研究在吸引着学界关注的目光。韩震在《重建理性主义信念》中，论述了理性是什么，理性的作用等。袁建新在《科学理性与价值理性的结构关系研究》中运用

---

① 参见 [英] 欧内斯特·盖尔纳《理性与文化》，周邦宪译，贵州人民出版社 2009 年版。

拓扑结构理论，从人学、认知学角度对理性本体进行了深度探究。

3. 对理性的具体形式——科学理性、技术理性、价值理性等进行方法论、价值论层面的认知。如胡志强、肖显静合著的《科学理性方法》，运用一定篇幅对科学理性的特征、功能等进行了阐述；赵建军在著作《追问技术悲观主义》中对技术理性泛化问题进行了探究。

4. 开始关注理性的语境性问题。关于理性的语境问题，学者费多益对此较早关注。早在 1999 年，费多益曾以《审视理性的语境化》为题，阐述理性的语境化问题，她指出，语境作为后现代科学哲学走向的方法论倾向是科学（逻辑）理性与境遇（情境）理性的统一，从而使得理性从"封闭"走向"开放"，从关注狭隘的逻辑转向关注立体的实践。[①]

综观学者关于理性问题的研究可以看出，国外学者已转向从文化学、社会学的视角研究理性问题，国内学者仍然更多地从理性与现代社会问题的关联性角度探讨理性的"原罪"与重建问题。关于理性的语境性问题，已有学者提及，但从成果看，尚无深入而系统的研究。

（二）关于语境论的研究

语境论系派普基于根隐喻理论而提的一种认识论与方法论。派普认为人们可以借助于一个熟悉的事物作为隐喻来理解其他事物，这个事物就是根隐喻。派普继而基于在日常生活中提炼的基本根隐喻提出了四个基本的世界假设：有机论、机械论、形式论和语境论。

语境论问世后，得到许多学科专业研究者的关注，比如巴尔斯在其意识的认识理论中就运用语境分析意识现象，提出了多种语境解释模型[②]。西方还有学者试图把语境论和科学实在论相结合，提出了一种不同于传统分析哲学的解释模式即语境实在论理论。美国当代哲学家施拉格尔对这种新模式与传统分析哲学模式进行了详细区分。

在国内，在 20 世纪 80 年代，以山西大学的一些学者为代表，人们接受并开展了语境论问题的研究。郭贵春运用语境论开展了科学哲学问题的转向研究；魏屹东对语境论本体进行了研究，指出了语境论思想的几个重要的特征：（1）人的活动的变化——开放性；（2）知识的相对——可修

---

① 费多益：《审视理性的语境化——读后现代科学哲学》，《哲学研究》1999 年第 9 期。

② 参见 B. J. Baars, *A Cognitive Theory of Consciousness*, Cambridge University Press, 1988.

正性；（3）理论——实践的统一性；（4）经验的实在——实证性。其他还有许多学者在各自领域运用语境论理论开展了多种问题的研究。

应该说，语境论研究方法，作为一种新的认识论与方法论，基本上得到了国内外学者的认同。然而，纵观学者们的研究，从语境论角度系统研究理性问题尚是空白。据可查的资料，只有前述学者费多益在一篇书评中提及过理性的语境化问题。

三　全书研究的主要内容

1. 对理性的内涵进行东西方不同文化语境的比较性解读，以寻找人类"理性"产生的"源"——生发于语境。

前已述及，对理性的理解应实现一种超越。但是，这种超越不应脱离它的根基，应从历史中去寻找那种逻辑必然的东西。正是在这个意义上，对原始思维的特征及理性主要形式的产生根源进行探寻，寻找人类理性产生的土壤将显得十分重要。

2. 对西方近代理性产生、发展的历程进行梳理，揭示近代理性的"逻辑"、"明晰"、"有秩序"特征。同时，在抽象意义上，揭示其"脱域"性——去语境化。

本主题研究主要涉及三部分内容：其一，对原逻辑思维到逻辑思维的进程进行探究，揭示近代理性"逻辑化"特征的真正源头；其二，从博弈论的视角对西方理性主义逻辑理性特征的形成进行分析；第三，分析近代西方理性逻辑自足性的形成历程。

3. 分析西方技术理性的形成与未来应有的转向——回到语境。

两次工业革命和市场经济是技术理性得以形成和发展的重要基础，它们为技术理性的形成，提供了在相当长远和广阔的时空内相对一致和稳定的案例。近代技术理性的去语境化使技术理性具有了攻城略地的能量，但也使人们看到了解决问题的路向——回归语境，即在价值理性的指导下，在遵守人与自然博弈规则的基础上，在尊重人的本性及生存意义的语境下去运用技术理性。

4. 分析价值理性范畴以及近现代理性面临的挑战。

科学理性的缺陷与技术理性在近代的张狂，使二者受到了人们广泛的质疑，并逐渐下沉到"底"。科学理性与技术理性向"底"的下沉使价值理性得以凸显，近现代理性面临的挑战，首先表现为：在后现代主义视野中，近现代理性存在着先验性与抽象性、不完整性、形而上学性等缺陷。同时，表现为现代与后现代科学对近现代理性的现实挑战。最后，表现为非理性主义的冲击；科学认识论的实践转向；理性精神中人文精神的缺失等等。本书将对此展开研究。

5. 理性的发展趋势研究。

本主题研究涉及四大内容：其一，对面向后现代正在重建的西方理性观进行梳理并找出其趋向性特征；其二，基于对语境论的概述，对语境论视野中理性的内在规定性进行研究；其三，研究"大逻辑观"概念提出的可能性，以便为人们理解语境中的理性而又不脱离逻各斯的土壤提供帮助；其四，对理性的辩证复归问题进行研究，内容涉及理性走向语境的必然性问题，三大理性的语境性发展趋向问题等。

6. 和谐理性生态及其构建研究。

本主题涉及三大研究内容：其一，"生态"概念用于理性研究的可行性问题；其二，理性生态的结构与演变及其趋势问题；其三，中国理性生态状况梳理以及构建中国和谐理性生态的着力点问题。

7. 进行两个实证案例研究——汶川地震和中西医之争中的"理性"问题研究。

本主题研究有两个目的：一是运用实证案例验证结论；二是为今后如何在语境层面运用理性合理分析类似问题提供范例。汶川地震的发生及随后开展的救灾和灾后建设，中西医论争的历史及焦点分析，在客观上为人们理解后现代科学研究对象及其特征提供了素材。同时，为理解几大理性在实践运用方面的语境化原则、几大理性的内在联系规律、理性系统与社会系统的联系等问题提供了现实材料。鉴于此，本章拟基于前面的研究，选取"汶川地震"和"中西医之争"两个案例，对理性的语境化问题进行实践意义上的审视，并对如何运用语境意义下的理性分析实际问题提供实践指导。

四 研究的预期价值

本书研究的预期价值有四点。

1. 在纵向角度，从理性的产生及其发展的历史反思、现代科学的发展趋势以及后现代科学研究实践，分析西方近现代理性危机的成因，并对理性发展的历史走向与趋向进行了逻辑性的展示：从嵌入于语境到去语境，再到未来回到语境。

2. 在横向角度，对理性的基本内涵作了中西比较研究；对学术中繁乱的理性表达形式，从分类、称谓的选择特点等方面进行了厘清；提出"大逻辑观"和"理性生态"概念，使人们对理性范畴的理解实现了一种超越。

3. 从一个新的视角——博弈论视角考察理性特征的形成，从工业革命和市场经济中人与自然以及人与他人博弈的角度深入考察技术理性的形成。此角度的研究有利于理解理性的实践来源，进一步把握理性未来回归语境的趋向。

以上三点主要是本书研究的理论价值。

4. 基于"理性生态"和当下中国和谐理性生态构建剖析汶川地震和中西医之争，在实践层面结合当代中国国情，理解理性在实践中的语境性解读对于社会良性运行的意义。这一点体现了本书研究的指导实践价值。

五 研究思路

本书运用逻辑与历史相统一的方法，将理性的语境化趋向立基于"历史的东西"，具体立基于中西科技思想史的史实、现代后现代科学研究的需要、汶川地震的现实等，从中抽象出对理性语境性理解的逻辑必然性问题，再以对理性的语境性理解为基础，去审视汶川地震与中西医之争，看待和谐理性生态的构建问题。

在研究中，本书将移植、借用相关学科的概念、理论进行研究。拟重点移植与借用生物学、生态学相关概念，以及"根隐喻"理论、"市场经济"理论、"博弈理论"等，对理性问题进行宏观生态与微观范畴层面的研究，揭示理性语境化与生态化的一面。

本书研究有两个主要目的，相应地在宏观层面围绕此二"线索"展开研究。其一，揭示理性本体及其诸形式与语境的关联性，以深化对"理性"的本体论认知；其二，以语境化理性论为基础，将理性论与社会问题研究相结合，以理解完整理性的内涵并探讨该视野中社会的良性发展问题。

关于第一方面的研究，在深化关于理性的本体论认知研究方面：第一章，拟在分析语境概念的基础上，从认知学的视角，探讨人类从原始思维到现代思维的演进过程，以及人类在各种博弈中如何从相当长的时间和广阔的空间范围内相对一致和稳定的案例中抽象出各种理性，进而寻找人类"理性"产生的"源"——生发于具体的情境。同时，探讨理性的一种语境性表现——在中西方文化语境中不同的内涵。第二、第三章对理性的去语境化过程以及由此导致的理性危机进行阐述。第四章则提出理性的发展趋势问题，即回到语境。经过嵌入语境—去语境—再次回到语境的辩证历程，人们将对理性在将来的完整意义有较为准确的把握。

关于第二方面的研究，第五章拟对理性的生态性联系进行阐述，论证"理性的生态性存在"这个创新性看法的合理性，如具有合理性，随后将对理性生态的基本结构、演化规律等进行探讨。最后，将通过对和谐理性生态一般性特征的描述，对比中国理性生态的现状，给出构建中国和谐理性生态的宏观思路。第六章拟选择汶川地震和中西医之争两个案例作为研究对象进行研究，一方面旨在深化人们关于理性语境性与生态性存在的理解，另一方面，旨在通过理论向实践的回归，为中国在社会实践中处理类似问题提供可资借鉴的思维方法。

六　本书的内容框架

本书大致由三大部分组成。第一部分为第一章至第四章，由理性产生的源头出发，考察理性从"生发于语境"，到"脱域、去语境化"，再到"再语境化"的发展历程，在考察中理解理性回归语境的内涵。第二部分为第五章，在前面理论梳理与理性语境性发展趋向之结论的基础上，提出基于"语境"和"系统联系"的"理性生态"理论，分析其结构和历史演化及趋向。最后由所构建的理性生态理论梳理中国理性生态的现状，给出中国和谐理性生态构建的思路和建议。在第六章，即第三部分，进行汶川地震和中西医之争两个案例分析。一方面深化人们关于理性在具体实践中以语境性方式存在的理解（用实践证明在语境中理解运用理性系一种客观需要），为中国在社会实践中处理类似问题提供可资借鉴的思维方法；另一方面，为和谐"理性生态"构建的重要性提供实践辩护。

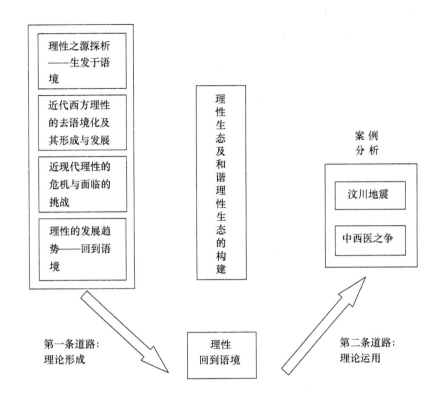

第一、第二部分的各章节大体上体现了马克思"两条道路"中的"第一条道路",其中第二部分具有转折意味。第三部分,在"第一条道路"走到一定高度后回到实践与现实,体现了"两条道路"中的"第二条道路"。

目　　录

第一章

中西语境下的理性及理性的发生

历史的东西是逻辑的东西的基础。理解理性的语境性问题，从历史中去寻找理解的钥匙不失为一种有意义的选择；同时，纵然许多学者认为对理性的理解应实现一种超越，但是，这种超越一定不应脱离它的根基。因此，对原始思维的特征及理性主要形式的产生根源进行探寻，寻找人类理性产生的土壤十分重要。本章从认知学角度探讨人类原始思维的特征，从社会学角度探讨人类理性主要形式的产生根源，寻找人类"理性"产生的"源"——生发于语境。

在开始本书的研究之前，简略地对"语境"、"理性"范畴的内涵进行解读很有必要，特别是对传统意义上"理性"的基本内涵进行探讨，统一关于理性的一般意义（此处之"统一"系指在学术对话共同体中达成的相对一致的理解，关于理性意义的绝对统一的看法是很难做到的）、搭建共同对话的语义平台，以此来预防那些几乎是必不可免的误解，也许将是不无好处的。因此，本章还将对理性的基本内涵进行探讨。

第一节 语境的定义与分类

语境之于意义而言，就像系统的环境之于系统的功能，语境影响意义。因此，探讨语境之于意义的影响，务必先进行语境的本体论解读。

语境，从词义方面看，通常即指语言环境。但这仅系一般意义而论，许多学者曾从诸多具体的角度对其进行泛化意义的解读。系统功能语言学派的哈利德（M. A. K. Haliday）从系统论角度将语境抽象地定义为：场（field）、旨（tenor）和式（mode）；布朗（Brown）和优勒（Yule）对语境进行了物质语境和文本语境的区分。我国学者胡壮麟将语境分为语言、情景和文化三类。这些定义的不足在于忽视了一个重要因素——认知。因为理解，无论是对文本的理解，还是对话语和事件及行动的理解，都是人的一个基于语境的认知过程。因此，认知是理解语境的核心。①

在斯珀伯（D. Sperber）和威尔逊（D. Wilson）的"关联理论"（theory of relevance）中，二者从认知出发对语境作了这样的界定："用于说明某语段的一组前提（不包括该语段产生时的前提）构成了通常所说的语境。语境是一个心理上的构成，是听者关于这个世界的设想的一个子集。当然，影响话语说明的正是这些设想，而不是世界的真实状况。这种意义上的语境并不限于当下的物质环境信息，或刚发出的语段的信息。对于未来的期望、科学假设或宗教信仰、轶事、普通文化设想、对说者心理状态的看法，在说明中可能都起一定作用。"② 考察二者语义的内涵，斯珀伯和威尔逊所说的语境应包括如下方面：（1）物质环境中可感知的信息；（2）记忆中可提取的信息，包括从上文获得的信息和存储在记忆中的任何知识；（3）从记忆中可以推出的信息。

一般，语境可分为明晰语境与隐含语境。明晰语境是指能够直接找到一个词的线索的语境。隐含语境是指一个词在使用时"隐藏"的语境。有学者基于这一划分将语境进一步分为：语言语境（包括语法搭配和文本的上下文）、社会—文化语境（世界知识）、物质语境（情景）和心理语境（认知处理）③。这有一定的合理性。不过谈不上严谨——社会—文化语境和物质语境可以合并为实践语境，心理语境就是认知语境。

综合上述中外学者的语境观并参考学者魏屹东的观点，笔者根据语境的本体语义和延伸意义，现将语境分为四大类加以理解。

一是文本语境（也叫语言语境或狭义语境），主要针对文本而言，文本语境是由语形、语义、语法和语用组成。

二是境遇（域）语境（也叫实践语境或广义语境），主要针对事件或

---

① 魏屹东：《科学哲学问题研究》，科学出版社 2008 年版，第 123 页。

② D. Sperber, D. Wilson. *Relevance*, *Communication and Cognition*, Blackwell, 1986, pp. 15 – 16.

③ 赵彦春：《认知词典学探索》，上海外语教育出版社 2003 年版，第 104 页。

行动而言，其边界是社会或自然，该"语境"由时间、地点、事件、行动者、背景要素组合而成。

三是认知语境，它介于文本语境和境遇语境之间，兼有这两种语境的某些特征如语言的运用与事件的发生，也有其独特性如应用仪器和数学。这些语境不是定性的、模糊的，相反，它是可表征、计算、结构清晰的，具有可表征性、可计算性和可变换性。认知语境主要针对认识活动来说，其边界是社会或自然，它的语境在特定时空和语言范围由认知者、认识对象、仪器和方法组成。

四是科学语境，它又兼有上述三种语境的特征，如文本的描述、科学事件的发生、科学活动主体与仪器中介的变换等，科学语境主要针对科学活动而言，它既是一个"文本"① （知识体），也是一个事件或行动（活动）和认知过程（探索过程）。因此科学语境由文本语境、认知语境和境遇语境共同构成。

总之，在现代哲学特别是后现代科学哲学那里，"语境"再也不仅仅局限于语言环境之意，它有着广泛的延伸意义。正是这些广泛的延伸意义，诞生了许多科学哲学研究的方法与思路。不难理解，将泛化意义上的语境理论运用于理性问题的研究，同样有助于人们较为完整地把握理性范畴的科学内涵。因为，人的理性精神、基于理性能力的关于事物合理性的判断等，本身就和语境有着天然的联系。

第二节　理性的产生——生发于语境

理性是人所特有的一种能力。理性能力的产生是一个非常复杂的问题，本节研究理性的产生与发展问题，并非为了猎奇，而是基于这样的初衷——探究人的理性能力如何形成，如何发展，不但有助于人们深入理解理性范畴的内涵，更有助于人们理解理性原本即内赋的境域性特征。

从某种意义上说，研究理性的发生较为困难。理性，作为人的"一

---

① 注：科学语境不是通常所要研究的文本本身，此处的文本并不是有待认识的文本，而是可以把语境理解为某种"文本"。

种认识客观规律的能力"① 和有条理行为、认知的能力，它是人的特殊思维能力的一种外化，研究理性发生问题必须研究作为种系和个体而存在的人的原始思维问题，而原始人类离去久远，几乎没有可供直接获取的经验材料。同时，理性发生问题的研究又不同于单纯思维问题的研究，这不仅因为理性"不等于纯粹的逻辑思维能力"，而且在于理性能力的形成需要更严苛的"广泛时空中的一致和稳定"的事物存在与发展的环境作为条件，因此，理性发生问题的研究要复杂于思维问题的研究。但是尽管如此，研究理性发生问题，还是可以从理性形成的生理基础、原始思维的发生发展对人类理性形成的一般影响、人的社会性活动对理性诸形式产生的具体影响等角度，探讨理性及其具体形式的产生问题。"历史的东西是逻辑的东西的基础"，基于人类历史的研究（尽管其中含有假设、推理）表明，人类理性的产生在事实上离不开人特有的生理机能、原始思维产生和发展所奠定的基础，更离不开人类特有的社会性活动。

一　理性形成的生理基础

人为何能具有区别于任何动物的独特的理性能力？现以人的身体为界，考察其内外的存在。

在人的外部，存在着被人们称之为物理现象的一些现象，包括万物生长、潮起潮落、阴晴圆缺、生死轮回、等等；还存在着源于人的自为性活动被称之为社会现象的现象，包括战争与和平、社会进步与倒退等等。这些，特别是前者，似乎不能构成人类形成独特理性能力的直接理由。因为，如果从主客二分的角度，把它们作为"独立"的客体，它们对人与其他动物是"一视同仁"的。然而，它们却构成人的理性能力形成的基础，因为它们为人们提供了"广泛时空中的一致和稳定的"物质存在（关于这一点，下文还将作具体论述）。

在人的内部，则存在着感觉、思想意识、理解、判断、选择、假设、推理等被称之为心理活动现象的现象，它们中的许多为人类独有。从语义学（理性的语义）的角度看，正是如上那些特别是为人类独有的心理活动现象背后的相应的心理活动能力，构成人的理性能力形成的基础。心

---

① 张岱年：《中国哲学关于理性的学说》，《哲学研究》1985 年第 11 期。

智，一般认为，系指人的各项思维能力的总和，用以感受、观察、理解、判断、选择、假设、推理，进而指导人的行为。心理学家乔治·博瑞（C. George Boeree）认为心智主要包括以下三个方面的能力：（1）获得知识；（2）应用知识；（3）抽象推理。博瑞博士同时认为，人与人之间存在着智力的差异，它使每个人心智的力量强弱不一。在这里，心智的力量似同人们心理活动的能力。早在古希腊，人们就对被称之为"心智"的人的心理活动能力与人们谓之的理性的关联性做过探究，认为人的心智是人进行正确认知与合理理解的基础。在柏拉图看来，"人的心智就好像眼睛一样，当它注视被真理与实在所照耀的对象时，它便能知道它们，理解它们，显然是有了理智。"① 亚里士多德则认为：心智为"灵魂中借此去认知与理解的部分。"

如果用人特有的心智能力作为人的理性产生的内在生理基础，似乎仍不能得到满意的答案。因为从系统论角度看，如果把人看做一个系统（事实上的确为一个系统），如上说明只是从人的某种功能的角度说明理性产生的生理基础，而功能背后的生理结构、特别是历史地再现的生理结构的演变与思维能力提升的关系问题才更为基础。需要说明的是，正如前文所述，理性能力不等于思维能力，但人之所以有合理判断、合理行为的理性能力，人的特有的思维能力是重要的前提。因此，根据"理性"范畴的基本内涵，思维能力问题应该是理性能力问题研究的中心地带，理性产生的内在生理基础可由思维形成、发展的生理基础得到说明。本节及下文涉及一个概念——"理性思维能力"，在此就其内涵、外延作解释。首先，此概念是笔者为方便本书问题研究通过科学抽象而形成的一个思想之物，但是有其学理依据，哲学家巴伯在谈及古希腊逻辑思维特征时曾使用过"理性思维"一词——"在亚里士多德对推理规则做出卓越的正式阐述以前很久，就存在'理性思维'，并且'推理的逻辑规则在其中是隐含的和有效的'"②；其次，从内涵看，它是指作为人理性能力基础的、帮助人们形成明晰、有序观念以及合理行为的人的那种思考能力；从外延看，

---

① Plato, *Republic*, Trans. by Waterfield, Oxford World's Classic, Oxford University Press, 1993, p. 508.

② ［美］伯纳德·巴伯：《科学与社会秩序》，顾昕等译，三联书店1991年版，第7页。

它以逻辑思维能力、理性认知能力为主体，但其涵盖的范围应大于逻辑思维能力范畴，如作为非逻辑思维的直觉思维、形象思维往往同样帮助人们合理思考、合理行为。同样其涵盖的范围应大于理性认知能力范畴，如作为感性认知能力的感觉、知觉、表象同样在人们理性行为、思考中扮演重要角色。

现代认知论的研究有从宏观向微观转向之趋势。为了阐明人类理性思维能力形成的生理基础，科学家们正在从古人类学、神经生理学、脑科学、心理学、儿童心理学、比较心理学等诸多领域探寻答案，同时形成了这样的共识——理性思维能力与思维器官的关系是相互促进、同步发展的。

在展开主题探讨之前，有必要探讨研究思维发生学方法论方面的一条重要规律——生物重演律。

如何探讨人类早期的思维问题以及人类思维能力的演进问题？思维发生学的鼻祖，18 世纪意大利著名哲学家维柯曾做过一个想象性的比喻，他把人类发展的早期阶段比喻为人类的童年。这个在当时只有修辞学意义的比喻，却给了后人研究思维发生问题以极大的启示。19 世纪初，比较解剖学的创始人弗里德里希·梅克尔曾提出一个大胆的假说，认为个体的成长史，就是种族历史的一种重演。[①] 科学家们在后来的研究中确实注意到：在儿童心理和原始人心理之间真实地存在着许多可资比较的类似之处。达尔文经过长期研究，就从生物学方面提出：人类个体的胚胎发育史，恰恰重演着生物由低级向高级进化的历史。恩格斯在其《自然辩证法》一书中，曾高度评价了从生物学、胚胎学方面提出来的"重演"学说，并把这一学说从生物学领域拓展到精神——认识领域。他写道："正如母腹内的人的胚胎发展史，仅仅是我们的动物祖先从虫豸开始的几百万年的肉体发展史的一个缩影一样，孩童的精神发展是我们的动物祖先、至少是比较近的动物祖先的智力发展的一个缩影，只是这个缩影更加简略一些罢了。"[②] 如果说恩格斯当时的论断还有假说的意味，现代认知心理学、儿童心理学和儿童智力发展史等学科的研究成果，业已充分将该假说上升

---

①　参见 ［英］ W. C. 丹皮尔《科学史》，商务印书馆 1975 年版，第 354、379 页。

②　《马克思恩格斯选集》（第 3 卷），人民出版社 1972 年版，第 517 页。

成为了理论。思维领域的"生物重演律"表明，原始思维是历史上展开的人的早期思维，儿童思维则是通过浓缩的方式，在个体中再现的原始人的早期思维；进一步地，种族的发展积淀为个体的发展，历史的过程以逻辑的形式保存在个体发生中。"生物重演律"的方法论意义在于，人们可以通过当今儿童思维发生、发展的进程与规律来探知人类思维从远古到今天发生、发展的规律；同时，可以从儿童到成年不同时期脑的结构与变化来探知人类从远古到今天脑的结构演进及其与思维能力提升的关系。以下所作的理性思维能力与思维器官关系的探讨，有很多作为铺垫的基础性成果系基于此规律而得到。

（一）人脑的形成与发展同理性思维能力的关系

现代人们知道，人脑由猿脑进化而来。从猿脑进化到人脑，是脑进化史上具有划时代意义的里程碑。同样众所周知的是，促进猿脑转变为人脑的原因：第一是劳动；第二为语言。"首先是劳动，然后是语言和劳动一起，成了两个最主要的推动力，在它们的影响下，猿的脑髓就逐渐地变成人的脑髓。"① 这些已为古人类学、考古学和古神经生理学明证的问题显然不是此处探讨的重点，重点在于劳动、语言与人的理性思维能力的关系。

古人类学研究表明，由于气候的变化所引起的森林面积的锐减以及林木密度的降低，使人类的祖先——古猿不得不走出它们长期栖息的森林，走向地面生活。来到地面，古猿的生存境况产生了这样的变化：食物不容易寻找；经常遭受野兽的袭击。在寻找食物来源与抵御天敌的生存斗争中，人类祖先首先学会了直立行走，并开始频繁地使用天然工具采集食物，对付野兽的袭击。②

直立行走与从事劳动，使人的头部产生了一系列与其他动物不同的变化，进而推动了思维认识能力和自己能动性的发展。③ 古神经生理学家们认为，直立的姿势，使猿人的脊柱托起了其头部，进而使其视野发生质

① 《马克思恩格斯选集》（第 3 卷），人民出版社 1972 年版，第 512 页。
② 注：这里的"学会"毋宁从达尔文进化论的角度理解，应是多代性的"生存竞争，适者生存"的进化结果。
③ 张浩：《思维发生学》，中国社会科学出版社 1994 年版，第 28 页。

变——扩大了许多，这种质变的一个重要结果是，促进了头部各种感官的发展。据考证：爬行的猿，头骨下颌突出，额部扁平，脑部只占头部体积的三分之一；而直立的人的头骨是下颌后缩，前额高耸，头部向上发展，脑部占头部体积可达三分之二，脑的重量可三倍于猿脑。①

人类祖先的直立行走，同时使额叶发生进化，其结果是解放了前肢，形成了手。手在劳动（有学者把早期的劳动称作"前"劳动②）过程中，不但是劳动器官，而且由于要接触物体，要做各种复杂精细的动作，手日益成为"认识"物体属性的器官。它一方面向大脑传递丰富的信息，同时又向大脑提出了较高的要求，以更好调节手的复杂而精细的动作。因而，劳动（或"前劳动"）不但促进了人类感觉的发展，也促进了知觉的发展。正是在马克思谓之的"动物式的本能的劳动"的推动下，脑的结构慢慢变得完善，人的思维能力逐渐形成。

劳动，不仅使脑思考的机会增多，而且在劳动中，由于人们需要共同协作、互相帮助，产生了说话的需要。正是那种彼此之间有非说不可的迫切需要，促进了人类发音器官的变化，发音器官在很长的历史时期给脑髓的动觉刺激，在大脑皮层上形成了言语听觉区，从而产生了人类特有的语言。"语言是人类进行思维和交流思想的一种工具。有了语言，人们就能广泛交流经验，进行抽象思维。"③

人们知道，脑容量的激增是人类思维产生的物质基础。但脑容量的增加却是和诸如人类制造工具的活动相关的。美国的卡尔·萨根认为，石器的发明和连续制造，是人的脑量和头颅容积迅速增长的根本原因。④ 顺便说一下，人类制造工具的行为，不但促进了脑容量的增加，而且还直接形成了有利于思维产生的因素，如语言等。美国人类学家 D. 匹尔比姆认为："工具的制造一旦被确立，很可能初步的有声语言也随之同时产生了。从此以后，人科类变成了对其周围环境具有任意的影响能力的和有文化的动物。"⑤

---

① 参见 S. T. 巴特勒等《脑和行为》，科学出版社 1981 年版。
② 朱祖霞：《论劳动与人类及其意识形成的关系》，《哲学研究》1982 年第 7 期。
③ 张浩：《思维发生学》，中国社会科学出版社 1994 年版，第 29 页。
④ [美] 卡尔·萨根：《伊甸园的飞龙》，河北人民出版社 1980 年版，第 7 页。
⑤ [美] D. 匹尔比姆：《人类的兴起》，科学出版社 1983 年版，第 18 页。

人的思维能力的提升，还与脑内部结构的进一步复杂和完善密切相关。研究表明，这种变化尤其表现在新功能区的出现和特化对后天获得的非遗传信息的依赖越来越大。这是一种全新的变化与改变。综观地球上的绝大多数动物，其信息来源主要依赖于神经系统的先天遗传，对后天非遗传性信息的依赖较小。而对进化的人类而言，情况恰恰相反，人类由于脑的特殊变化，其对于后天非遗传性信息的依赖恰恰很大。关于这一点，"狼孩"的发现与研究可进行表征。"狼孩"卡马拉被发现时已有七、八岁，但智力却低得惊人，只有正常的六、七个月婴儿的水平。她回到人群生活了九年，到十七岁时其思维能力也只有正常三、四岁儿童的水平。"狼孩"本是经过无数代遗传下来的人的后代，为何其思维能力会发生如此偏差？科学家们认为，主要是在她身心迅速发展的儿童期脱离社会环境的缘故——缺乏社会实践的影响，脑得不到后天非遗传因素的刺激。该实例从反面表明：人较高的思维能力与人脑特殊的功能区与结构有关，而特殊的功能区与结构的形成则与人的社会生活环境相关联。

（二）大脑机能与思维关系问题的新认识

直到今天，人脑仍然是人类在认识整个宇宙过程中所知最少的领域之一。不过，经过人们的不懈探索，关于脑与思维关系问题，人们还是形成了许多共识。

现在，神经生理学与脑科学的研究进展很快，特别是一些科学家们系统地研究了从哺乳动物到灵长目动物的脑的进化的层次性和功能的递增性，较为清楚地弄清了脑的结构与大脑皮层的机能定位。研究成果中，有许多涉及人的理性思维能力方面。科学家们认为，对于人来说，与其较为复杂的特殊性相关联的脑的特殊结构，几乎都位于新皮质内。进一步地，科学家们把新皮质划分为四个区：额叶、顶叶、颞叶、枕叶。在其功能中，额叶同深思熟虑和人的行为控制有关；顶叶同大脑与人身体的信息交换有关；颞叶则与各种复杂的感性认识有联系。美国神经生理学家托伊伯，在调查研究了大量额叶损伤的病例后强调指出：额叶同运动原和认识的预感有关。他进一步指出，在额叶没有进化之前，人的直立行走不可能遂愿，额叶的进化、出现，使人实现双足直立行走从而解放了双手，从而导致人类文化和哲学特性的较大增长。因此，如果较为客观地讲，人类理性文明可能就是额叶的产物。

科学家们通过对脑损伤研究得到的证据，证实新皮质的形成抽象概念的能力，主要是人的符号语言、尤其是读、写和计算能力；同时证实，人的全部思维认识活动都是在大脑皮层里进行的，而具体思维机能又是与大脑皮层的分区相关联的。如，左半球颞叶与顶叶的意外损伤会引起阅读、书写、说话等语言机能的障碍，以及数学计算、形成概念、抽象思维能力的明显减弱。如果右半球这些部位损伤，则会导致立体视觉、图像识别、音乐能力的减弱。这些研究表明，人的理性认识主要在左半球。然而，科学家们的研究进一步发现，大脑半球的机能分工又不是绝对的，右半球的感性认识机能往往影响左半球理性认识机能的发挥与理性行为内容，因此有人认为，正是在两个半球通常一致行动的地方，才实现着脑的思维意识功能活动。该研究成果表明，人的理性（思维）的语境性有其生理基础。显然，这类研究成果也有助于人们对理性进行境域化理解。

（三）大脑的结构功能规律所体现的人的理性思维特点

人脑有三条重要的结构功能规律，从一定层面揭示着理性思维的一些特点——既可能有普遍、似同的一面，也可能有特殊、境域的一面。

1. 脑结构所包括的皮质区按层次构成的规律。科学家们把大脑的皮质层按组织成分划分为三个等级区，分别是：第一级区——投射区；第二级区——认知区；第三级区——重选区（或交叉区）。第一级皮质区是神经冲动的投射区，即各种感觉的皮质中枢；第二级皮质区是综合各种感觉、具有复杂认识机能的区域；第三皮质区是最高级别的区域，是"人们认识活动的最高形式的脑基础"①，即进行抽象思维活动的区域。这些区相互作用的基本路线是"自下而上"，也就是说，低级区为高级区的发展提供基础，如一、二级区的障碍必然导致较高级别的第三级区发育不良。与此相反，对于已经形成高级心理机能的成年人，皮质区相互作用的主要路线是"自上而下"。两条相反的路线说明，个体发育早期的认识活动，是以生理本能为主；而成人的认识活动，则是主体的自觉的意识活动占主导。

该规律的认识论意义在于，原始人是人类的童年，处在种系发生的开端。根据生物重演律，我们可以推知：在早期人类的认识活动中，各皮质

---

① ［苏］A. P. 鲁利亚：《神经心理学原理》，科学出版社 2003 年版，第 157 页。

区的基本路线是"自下而上"的，也就是说，人类的理性思维能力不是人类从来就有的，是随着人类的社会活动而使脑的结构发生进化而形成的。

2. 构成皮质区的神经元的功能特异性随层次递减规律。这个规律揭示了人脑认知联合区的功能的基本特征。构成第一级皮质区的神经元具有高度分化的特征，同时对应于特殊的感觉形态；第二级皮质区是联络神经元占优势，因而感觉模式特异性显著减少；构成第三级皮质区的为多模式神经元，因而在一定程序上具有超模式性质，即感觉模式的特异性的消失。模式特异性递减规律表明，随着由低级区向高级区过渡，皮质的综合能力逐步增强，这一点保证着人由感觉过渡到知觉，然后向较为一般的、抽象图式的综合反映推进。

研究表明，大脑皮质层的初级区与感觉有关，二级区与知觉或认识有关，第三级区则是人的抽象思维支撑组织，因而该规律的认识论意义在于，对事物的感知、认知，感觉的个体差异性最大，而抽象思维的个体差异性相对较小，这似乎说明了主要立基于抽象思维的人类理性又有其普适、一般的一面——其实，正是这种并不排斥差异性的一般与普适，才构成了人类最基本的理智判断力，人们才有可以通约类似于"道理"、"合理性"的东西。

科学家们认为，以上两条规律保证了脑的工作的最复杂形式的可能性，而这些形式，构成了人的认识活动最高形式的基础，这种高级形式从发生学上说是与劳动联系着的，而从结构上说则是同特定的组织联系着的。

3. 大脑机能的渐进性单侧化规律。现代科学的研究表明，随着脑皮层由一级区向二级区，然后向三级区的递进，其机能明显地与一定的大脑半球相联系。如：大脑两半球的第一级区是同等的，因为它们都是对侧投射，谈不上这一半球一级区对另一半球一级区的优势。但是，其他两级区的情况就不同了。随着右手优势的产生，大脑的左半球逐渐成为占优势的半球，这是人脑机能组织的特点。人的大脑左半球不仅实现着语言的机能，而且也是一系列高级心理活动形式，如范畴知觉、逻辑思维、智力运算等过程的脑组织。这种脑功能单侧化递增现象，在动物那里是不存在的。人类优越于动物的理智能力，在相当大的程度上应归于大脑左半球。

研究表明，优势半球的形成与右手优势有关，而右手优势的产生又是与劳动相关联的，因此，劳动实践活动对于人的理性思维能力的产生具有重要作用。

现代神经心理学的研究成果还证明，身体的各部分在脑皮质投射区中的"投影面积"（机能定位）的大小是按照机能原则实现的，即器官被使用得越频繁，其在大脑皮质中代表的区域也就越大，比如在手的投射区域内，第三、第四根手指在皮质中的投射点较小，而拇指和食指运动的投射点则是相当大的。由此可以看出，制造和使用工具的活动，对人脑的进化具有多么重要的意义。

纵观上述，可以看出，人类理性思维能力的形成离不开人的特有的神经生理系统和健全的大脑；思维器官的完善与理性思维能力的发展具有同步性的一面；在脑的结构与机能形成中，只有很小一部分是从动物祖先那里继承的，其中的绝大部分，都是人类在数万年的劳动实践的推动下，重建并重新形成的，劳动、交往等社会性实践活动是健全之脑形成的基础；更为重要的是，人脑特定的生理结构使人类的理性思维，无论在形式还是内容上，既可能有普遍、似同的一面，也可能有特殊、境域的一面。

二　理性形成的社会基础

对人而言，具备了理性产生的生理基础不等于拥有了理性能力，恰如眼球与视觉功能，有健全的视觉构造，如果没有外部物像的"映入"，眼球的视觉功能就得不到展现。人类学研究的成果表明，作为区别于动物重要方面之一的人的理性能力的形成尚离不开社会因素基础。如历史上，当人类祖先从原先的生存环境迈入一个新的生疏环境（非森林环境）时，由于原有的活动方式无法满足它们的生存需要，不得不采取另一种生存方式，即文化活动的方式（其中主要是工具活动），亦即生产实践的方式。只有在这之后，人类才逐渐发展了理性思维能力。可见，探讨理性的发生问题，社会因素的东西不应被忽视。

（一）原始人类的实践活动与理性思维

对人的本质力量（马克思）的研究，是研究理性思维发生学的一个好的方法。因为，祖先们遗留下来的生产工具和艺术作品等物化了的思维产品，以及生活习俗等等，作为人的类本质力量的体现，它们以浓缩的形式凝聚、积淀和固化着当时人类理性思维的发展水平（这些产品单靠简单的感性或非理性的情感、欲望被创造出来是不可想象的，虽然离不开它们）。下面，从生产实践、生活实践（含艺术实践）的角度探讨人类理性思维发生发展的历史进程。

1. 生产实践与理性思维

学者张浩认为，研究生产实践与人类理性思维发生发展的关系，必须着重探讨两个问题：其一是人的目的性思维的形成过程与实践的关系；其二是人的思维的发展过程与工具形态结构演化过程的内在联系。笔者认为，张浩先生之所以从这两个维度把握生产实践与理性思维发生发展的关系，大概是因为，一则二者构成生产实践中人的思想与劳动活动的主体，二则无论是实践中的人的目的性思维活动还是人的制造工具的活动，都离不开对人的抽象、逻辑、合目的等理性思维（即便是原始的）的依赖，反过来，长期的类似的"依赖"催生着、发展着人的理性思维能力，进而使人拥有理性。

（1）生产实践与人的目的性思维

人的实践活动的主观动因与人对"自己需要"的意识是相关联的。主观动因是以目的形态表现出来的人对"自己需要"的意识，这是一种对自身的内在尺度的意识，即自意识。同时，"自己需要"的那种意识又是与外部对象相关联的。以实现自身需要为目的的自意识，已经内在性地包含着对外部对象的要求，也就是说，为满足需要所形成的意识，又是一种对象性意识或客观尺度的意识。可见，人的目的性思维的原始发生，是以自意识和对象性意识的有机统一为前提的。这种统一的意义在于，以人的目的性思维为形式，以人的自觉地将主体尺度与客体尺度相统一的活动原则为内容的人的理性能力将在一定程度上得以形成。目的性思维的发生与其所体现的这种意义可由以下方面得到说明。

第一，人类先祖始初的工具性活动——选择工具、制造工具，就已经是一种对象性活动，它为人类始祖从外部客体和内部体验中意识到需要以及如何满足需要，准备了范例。

许多人类学家都认为，在制造石器之前，随着人类生活经验的积累和活动领域的扩大，人类便学会了选择工具。如，在狩猎活动中，人们一方面获得了肉食，另一方面选择那些较大动物的骨头、牙齿和角作为实践活动的工具，并懂得把它们作为需要的对象保存下来。人类的这种行为与类人猿使用工具的方式是不同的，类人猿也会以草棍、树枝、石头等作为工具来取食，但它们随用随取，随用随丢。这就是有别于动物的人的类本质的体现。到了石器时代，人类开始学会制造简单的石器工具，在更高层次上体现着人类的类本质。人类始祖选择、制造较为合用的物体作为工具的过程，其实就是把自身的需要自觉地投射到外部对象的过程，充满着人类理性活动的那种合主体目的与合客体本性相统一的基本特质。

第二，使用工具的经常化，使活动和结果的联系成为人的心理反映的主要内容，这样就为有结果的活动转化为对结果的想象奠定了基础。科学家们对古人类行为的研究表明，即使在远古，活动结果与需要的相关性，也往往成为人类祖先首先思考的对象，大量的不同时空活动的一致性——相同的活动总是引起类似的相应的结果，会使他们从结果回溯原因，从而领悟活动与满足需要的结果之间的联系，更为重要的是，其间会不自觉地伴随着某种程度的推理和活动对某种效益的有意识的追求（如在狩猎过程中，不合用的无效工具被丢弃，合用的有效的工具被保留），这种推理与追求，正是理性的题中应有之意（无效工具被丢弃和有效工具被保留似乎是最原始的"工具理性"了）。

第三，自觉的目的性思维的形成，一方面要依赖工具活动的发展和复杂化，另一方面则依赖于人类祖先心理概括能力的提高。

心理学相关理论认为，目的的提出，是以外部活动的"内化"为前提的。外部活动越高级复杂，其内化过程调动或需要调动的生理性因素就越繁多，同时越有利于目的性思维的形成。珍妮·古多尔通过多年的观察发现，黑猩猩在每年十月钓食白蚁时，有事先准备工具的现象，如草棍。但是，当钓食工作完毕时，它们却随手丢弃工具。该现象表明，在类人猿身上，工具与目的联系的认知还缺乏。对黑猩猩而言，尽管活动的简单"内化"能力已经具有——在钓食之前，已经能够在心理上朦胧地复现下面的过程，但由于其工具活动的简单化（大多数工具行为都是为了满足生理学的需要，同时工具行为具有很大的偶然性），以及缺乏心理概括能力，目的性思维不可能在其种系身上出现。

而对于人类而言，从学会制造工具那天起，就注定了这个活动不是生物学的，而是社会的，具有复杂性、目的性。基于这种复杂性、目的性，人类祖先工具活动的内化具有了全新的特点。首先，工具活动的无数次重复，使不同类型活动中共有的、类似的东西显露出来，最终积淀为工具活动的外在规则和主体的动作技能。关于这一点，皮亚杰也曾指出，活动规范、动作技能的形成是外部活动内化的关键性一步。其次，制造使用工具的活动，不仅具有生产的功能，而且内在地包含着交往的功能。活动中，人们以声音、面部表情、身体姿势作为信息交流的基本符号进行着原始的交流。其结果是，群体中每个成员借助于特定的技能动作，就能引起其他成员的有关活动的表象，进而形成观念活动的深厚基础。长期的器官活动（如使用手特别是右手制造工具）、社会性的观念活动不断增强着人的心理概括能力（如前文阐述的右手经常性活动导致的左脑抽象思维能力的提高），提升着人的目的性思维能力———一种自觉地将主体尺度与客体尺度相统一的能力。

总之，由于人类祖先的生产实践活动，特别是制造、使用工具活动的重复和累进，使得人的目的性思维得以形成，同时使以人自觉地将主体尺度与客体尺度相统一的活动原则为内容的人的理性能力在一定程度上得以形成。

（2）工具形态结构的演化与理性思维的发展

目的，是在需要和可能的基础上产生的，目的性思维一旦通过实践转化为现实，就既能为满足人的需要、提供物质保障，又能为新的实践创造必要的条件。目的性思维同时培养着人类理性能力生发的芽。

进行生产实践固然少不了"目的"这个要素，但是如果没有工具这一最基本的要素，目的就无法实现。从根本上说，需要和目的，只是为人类从事生产实践提供了内在动力，而要完成生产实践任务，必须依靠工具性活动这个外在手段。人类的工具性活动之于理性思维的发生与发展是否有影响、又有怎样的影响，同样值得探讨。

马克思曾明确表述过人类的工具活动对人思维的影响，并极力认为可以从考查原始先民遗留下来的生产工具的形态结构的变化入手，对人的思维、心理活动的变化发展进行考察。有关于此，他曾指出："达尔文注意到自然工艺史，即注意到在动植物的生活中作为生产工具的动植物器官是怎样形成的。社会人的生产器官的形成史，即每个特殊社会组织的物质基础的形成史，难道不值得同样注意吗？……工艺学会揭示出人对自然的能动关系，人的生活的直接生产过程，以及人的社会生活条件和由此产生的精神观念的直接生产过程。"① 意即，社会人的生产器官——生产工具，非由自然工艺形成，而是通过人工技艺创造的。人工技艺不但反映着、积淀着人对自然界的能动关系，而且又制约着，甚至决定着人自身的生命存在和社会存在物质生产过程及其精神观念的生产过程。关于人类的生产活动及其物化对象对研究人类思维认识能力发展状况的意义时，他更加明确地指出："工业的历史和工业的已经生产的对象性的存在，是一本打开了的关于人的本质力量的书，是感性地摆在我们面前的心理学；……如果心理学还没有打开这本书即历史的这个恰恰最容易感知的、最容易理解的部分，那么这种心理学就不能成为内容确实丰富的和真正的科学。"② 从本质上看，如今发现原始人类的文化遗址和遗物，其实都是原始人类所创造的对象性的存在物，而这些对象性的存在物，正是原始人类思维认识特别是理性思维物化的结果，在物的外表下，充满着合规律、可理解、求效率的内容（如南非卡弗人的扭转捕机、爱斯基摩人捕捉土拨鼠的跳柱捕机、杭州水田畈出土的石犁，新几内亚出土的具有现代船形的独木舟等等），因而是感性地摆在我们面前最易被我们感知的关于原始人类理性思维活动的"记录"。因此，从生产工具形态结构的演化变迁角度，揭示人类理性思维的发生发展，有着较为重要的意义。学者张浩也认为，要判定原始人类在不同发展阶段的理性思维能力和水平，最好的办法，就是分析他们当时制造和使用的工具。可以说，原始先民的思维和智能，都凝结在了这些工具中。或者说，这些工具，就是他们的已经转化为物质形态的思维。③

　　鉴于人类（即使是原始人类）工具活动具有历史的长期性、地域空间的宽广性，因此，揭示工具形态结构的演化与理性思维的发展关系具有复杂性的一面。服务于主题研究的需要，下面所作的关于二者关系的阐述为浓缩的、简明扼要性的。

　　人类远古祖先刚从动物界分化之时，最初主要以偶然地使用"天然的工具"（主要有天然石头、动物的角、牙齿、骨头，以及棍棒等）进行

---

①　《马克思恩格斯选集》（第 23 卷），人民出版社 1972 年版，第 409—410 页。

②　《马克思恩格斯选集》（第 42 卷），人民出版社 1972 年版，第 127 页。

③　张浩：《思维发生学》，中国社会科学出版社 1994 年版，第 217 页。

御敌和获取食物。这是人类最原始的借助工具进行的萌芽状态的对象性活动。这种活动的特点是有目的性和无目的性并存。活动中，一方面，人类祖先在使用未加工的天然工具过程中，逐渐对工具形式（锋刃）和功能之间的联系，有了朦胧地体验和初步的表象（如知道要挖植物的根茎、打猎物，天然工具必须具有一定的刃口或尖端，同时最好有一定的重量）；另一方面，对如何取得合适的形式却缺乏经验。尽管这个时期的工具性活动是一种简单、朦胧的对象性活动，但有一个重要的人的潜质诞生了，那就是原始的工具理性——知道利用某种工具去获得效益。

基于对工具形式和功能之间联系的朦胧地体验以及由此建立的初步表象，经过漫长的无数次的实践体验，人们慢慢学会了比较。可以想象，在获取食物和御敌活动中，先人们会发现，那些具有刃口与尖端外形的工具多数地会比没有刃口与没有尖锐端头的工具更有效率——易于劈砍植物与猎杀动物。于是，在比较中，人们慢慢学会了选择工具。进一步地，人们慢慢了解了工具具有什么样的性能才符合自己的目的，而且对于最合理的工具最容易在哪里被发现，哪种树木能够提供最好的掘土棒，哪种石头最适于切割等有了明确的理解和认识。工具选择行为，是人类工具理性（虽然是原始的）功能价值的第一次展现——为了追求效率而选择。

如果说简单地使用工具和选择工具还是一种与技术无关之活动，那么，人类祖先制造工具的活动——制造石器，则可算作是原初的技术活动，因为它需要人的技能与方法（虽然同样是原始的）为基础。基于前述内容可知，制造石器在其最初时，存在着人们对工具性能有目的的追求和对优等工具获得盲目探索的矛盾。只是在后来的实践中，初民们在偶然的活动中，如石块撞击、树枝折断，发现还可以人为地去取得具有刃口或尖端的工具，于是开始尝试着模仿这种撞击与树枝折断过程。随着这种模仿由偶然变为经常，初民们学会并开始了原始工具的制造，逐渐地形成了最初的感性的直观的动作思维。如他们在不断的实践中懂得运用经验，对所发现的并不适合他们目的的"曙石器"（被称为人类文化曙光时代的石器）进行修正来改变它们的形状。在制造工具的活动中，他们对目的与手段、工具的用途与形式、工具选材的质地与效果之间建立了更深的联系。

需要指出的是，在石器时代，祖先们除了能按照目的进行制造石器的技术活动，还能为着长远的目的进行保存工具甚至传承技术活动。这是动物所不具备的。这种活动有赖于祖先有较为复杂的思维活动，即正由于他们于彼时有了表象和形象思维能力，所以他们能够把已经发明和创造出来的工具传授给后代，并按照所要达到的目的不断改进原有工具，发明并制造出新的工具。

制造工具的行为，表明了祖先们具有了原始的技术理性之内质，懂得追求效率、效益，并懂得通过技术活动去获得效率、效益。

"懂得通过技术活动——不断发明技术、传承技术去追求效率、效益"这个人特有的技术理性内质，不断推动着工具能力水平的提高。据考证，到了晚期智人（或新人）阶段，工具制造朝着类型多样化、结构复杂化以及用途专门化的方向发展。人们不仅能够制造和使用简单的工具，还能用骨、角、石头等制成矛头，加在棍棒上，制成长矛或标枪等复合工具；能制造被认为标志人类思维水平发生重大飞跃的弓箭、流星索、捕机等。特别是捕机（一种诱捕动物的装置）的发明，它被现代人称为原始的"机器人"，它立基于人思维中的"在场"思维与"不在场"思维的统一，是人类理性思维活动达到具有丰富想象力、较强判断力和推理能力的集中表现，它开始显现着人类理性之"狡黠"的一面。有学者甚至认为，捕机的发明，可以说是为后人开辟了一条通向现代科学技术发展的道路，凡是沿着这条最早的"机器人"发展道路走的人，对人类科技文明的发展，都作出了一定的贡献。①

简言之，晚期智人阶段的思维能力，已经由形象（表象）思维阶段，发展到了具有一定抽象能力的类化的抽象思维阶段，他们能够通过想象和联想等方式，把感性中的表象形象概括成意识中的理性形象，然后把各种相互关联的类化意象拼接起来，形成许许多多新的、在客观现实中并不存在的形象。这种高于动物的思维能力"诞生"了各种形式的工具。反过来，各种形式的复合工具，也可看作是先人们理性思维能力进步的标尺。没有高度的智慧，没有一定程度的抽象思维能力，那些高效率的复合生产工具，肯定是不会自然产生的。

即使是到了如上的晚期智人阶段，可以肯定的是，那时的人们没有关

---

① 张浩：《思维发生学》，中国社会科学出版社1994年版，第233页。

于物理原理的基本知识，对机械现象发生的原因也毫无所知，尚不懂得知识对于实践的价值意义，因而，那时的人们是没有科学理性可言的。但是他们非常善于观察和思考，有足够的机敏性来模仿所见的自然界的机械运动现象，如地面洞穴被覆盖将会产生危险等。在观察、思考、模仿等实践中，他们理解了手段与目的的关系，特别是形成了依靠手段追求目的、效率的技术理性思维。

由此可见，实践活动的发展，表现为物质手段（工具）的进步。由于工具本身是一种物化了的知识力量，是以物质形式进入实践的人的理智因素，因而实践的发展程度，归根结底标志着人类思维和理性能力的发展水平。

2. 生活实践与理性思维

从古人类学与民族学的研究成果看，在早期人类的生活中，人们逐渐形成了一些独特的生活习俗与禁忌。它们同样是一面镜子，反映着人们对什么是合理、什么是不合理行为的判断与解释；同时，它们又是一只"推手"，推动着人类理性思维的发展——通过解释世界的活动推动科学理性的萌芽。因此，在探讨生产实践与早期人类理性思维能力关系的同时，有必要探讨生活实践与其关系。

（1）习俗与理性思维

在人类历史发展的进程中，人类的风俗习惯从无到有，从简到繁，以别样的方式影响着人与社会的发展。马克思主义理论认为，历史地形成的风俗习惯，能起到管理和调节社会功能的作用。早期人类的风俗习惯也同样如此，恩格斯在谈到氏族社会风俗之作用时曾言："一切问题，都由当事人自己解决，在大多数情况下，历来的习俗就把一切调整好了。"① 其实，不仅如此，早期人类的风俗习惯述"培育着"、"发展着"人类的思维能力特别是理性思维能力，就早期人类的这些能力而言，它们与马克思谓之的管理和调节社会的功能应该是互为因果的。人类从动物界提升之初，也是人类的风俗习惯萌芽之时。赤身露体、茹毛饮血等曾是人类童年共同的风俗习惯，随着社会生产力的渐进发展和文明的演进，特别是人类思维能力的提高，不同的人群（部落）才逐渐形成了不同的民俗风情和

---

① 《马克思恩格斯选集》（第4卷），人民出版社1972年版，第92—93页。

生活习惯。纵观历史，世界各地众多的原始民族中，各种各样的风俗习惯数不胜数，可以说，风俗民情与各种生活习惯的复杂性、差异性远比生产工具要大。下面，择其要者作简要介绍，以介绍活动背后人类理性能力形成发展的一面。

成年礼

在人类生活的早期，由于生产工具落后、生产力低下，人类和大自然搏斗以求得生存条件，不仅依靠集体力量，而且社会对其成员个体也内在性地提出要求，如普遍注重个体成员应具有强壮的体格、凶悍的性格。因而，考察历史不难发现，原始社会普遍给勇士以极高的荣誉，而对胆小懦弱者则报以鄙视。在这种观念意识的"影响"下，许多成年礼（或成丁礼）活动遂被认为是合理、可理解的。

塔斯马尼亚人为了培养勇士，常常采用严格的考验和锻炼。当男孩子长到一定年龄阶段时（通常为性成熟时期），要举行成年礼。族长们往往将受礼者的肩、大腿和胸部划破，同时要求他们须保持镇定。以后每隔几年要求受礼者务必升入一个更高"年龄级"，而每升一级，就必须对部落有较大的贡献，当某人升入最高级别时，他可理所应当地享受部族给予的最高荣誉与地位。

澳大利亚阿基达人的成年礼则要求受礼者忍受更为"严峻"的考验。那些在今天看来近乎残酷的成人礼节仪式，在当时的人们看来是天经地义的。在仪式中，男孩子要拔掉前额的头发，同时，刺穿鼻孔，镶嵌某种骨制装饰品。男女都要敲掉一颗门牙，同时用燧石割破身体和手臂，再将灰沙揉进伤口以"创造"出伤疤，最后还要跪或躺在火炭上经受血与火的考验。这些在今天看来要以牺牲生命作为代价的仪式（如发炎之类的致命性病变）之所以能存在并延续，原因在于，在部落长者们看来，它们不仅可以考验受礼者意志的坚韧和刚毅，还可以训练他们对部落长者的服从（因为在阿基达人看来，长者的生活经验是后代生存发展的重要基础），因而是合理、可理解的。

类似的还有位于美国亚利桑那州东北部的霍披印第安人部落训练活动。男孩子八岁便开始接受一种经历恐怖和痛苦的人生实践。仪式中，男孩子们被带入漆黑的地窖，脱掉衣服等待一个带着黑色面具的"克支那神"的来临，这个恐怖之神挥舞带有尖刺的枝条，边舞边抽打孩子们赤裸的身躯，孩子们在恐怖和痛苦中经受第一次考验。这种考验，在长辈们看来，因其特有的恐怖性与痛苦性可使孩子们终生难忘，特别是能锻炼他们坚毅的品格。因而，不管今天的人们以及当时其他部落的人们如何理解，在霍披印第安人部落的长者们看来，这种活动仪式同样是合理、可理解的，按照今天的话说是理性的。①

有意思的是，在不同的族群部落中，人们对于同样的行为（具体到对待同一个器官"活动"），人们的价值态度是不同的，比如，据考证，阿基达人把头部看作神圣不可侵犯的圣物，玷污头部器官为不道；而霍披印第安人部落的人则将其等同于一般（器官）。可见，在不同地域、情境下，人们对于行为合理性的判断是不同的。②

集体复仇的习俗

早期人类不但将对抗自然的力量归于集体，同时也将个体的生命安全寄托于集体，由此形成了许多氏族部落的集体复仇习俗（又叫血族复仇习俗）。集体复仇即观念上的侵犯个人就是侵犯他的氏族的观念和行动上的一个人受辱举族血仇报复的行为。这个在今天看来似乎不可思议、非理性的习俗，在当时社会却被认为是合理的。这种合理性一是源于人们对个人与集体关系的解释，二是源于彼时人们安全保护方面的实际状况。拉法格认为，在早期人类的许多集群中，"带给一个蛮人的侮辱整个氏族都会有所感觉，如像它是带给每个成员一样。流一个蛮人的血等于流全氏族的血；氏族的所有成员都负有为侮辱复仇的责任；复仇带有结婚和财产那样的集体的性质。"③ 正是基于这样的观念，在许多族群那里，"像所有其余的东西一样，他们也使受屈辱成为公共财产。"④ 从安全的实际状况考量，由于早期人类更广泛的社会关系没有建立，人们生活在狭隘的氏族和部落范围内，人们不需要也不可能超越这个界限，个人的安危完全依赖于集体。显然，早期人类从现实生活中抽象出了理性的安全观。

血族复仇的习俗因其具有的合理性一直延续到阶级社会，如我国云南

---

① 顺便说一下，当前许多男孩的女性化现象，是否与家长、老师以及人们理性内容的境域性（具体为时代性）变迁即人们心中的"合理化标准"变异有关？

② ［法］列为—布留尔：《原始思维》，商务印书馆 2007 年版，第 137—144 页。

③ ［法］拉法格：《思想起源论》，上海三联书店 1963 年版，第 71 页。

④ 同上。

景颇族的"吃新谷，话旧仇"，彝族的"打冤家"等习俗，就是由此而来。比如在景颇族和独龙族的早期发展历史中，存在着"一人有仇即成为全氏族、全村寨的仇，仇恨代代相传，直到激烈的报复行为爆发"的现象。然而，"集体复仇"行为的延续和社会交往面的扩大使人们不断进行抽象性反思，反思"集体复仇"行为的真实合理性。人们认识到，长时间的血族复仇活动其实直接威胁到双方集体每个成员的生命安全，同时影响生产活动的正常开展。这种弊害使许多部族逐渐醒悟过来，人们开始尝试新的理性地解决仇恨的办法，如在上述的部族中，人们将血族复仇的习俗逐渐改为同态复仇的习俗，即只惩办引起争端并犯有错误的个人，并且，所受损失只要得到同等程度的赔偿就可了结恩怨。比如，在景颇族，很早就盛行一种形象性的实物赔偿习俗，如果一方一个人被杀，另一方就要赔黑线一团（象征死者的头发）、白线一团（象征死者的脑髓）、斧子一把（象征牙齿）、苦莲果一对（象征眼睛）、牛一头（象征身躯）……并且肇事者要认错道歉。类似这种同态复仇的习俗在客观上缓和了氏族、部落的矛盾，更为重要的是，它让人们感知到人所具有的一种特殊能力——合理思考与行为的理性能力，依靠这种能力，集体与个人在同自然、社会同类的交往中，会通过协商、博弈获得有利的结果。

丧葬的习俗

丧葬活动在观念与仪式中体现着原始人类对自然的认识——是自然在出现主客分化前人类认识自然的一个重要方面（把人自身作为自然的一部分），它们是科学萌芽于混沌之中的重要体现，因为其中的许许多多包含着或立基于人对自身生命现象的认知、解释。即使在今天看来有许多错误的部分，但大多也是"出于猜测或错误类比的不正确的科学，这在性质上和宗教是完全不同的。"①

人类社会的丧葬习俗起源很早，据考古研究，早在旧石器中期，尼安德特人对死者就有有意识埋葬之情况。丧葬活动源于人对人自身的认知的"提高"（虽然不一定正确）。许多民族认为，活人之所以为活人，是由于灵魂寄居于体内的缘故，一旦灵魂离开躯体，人就会生病或死亡。在东南亚的许多民族中，人一旦生病，往往请巫师招魂。中国的傣族也认为灵魂

---

① ［英］韦尔斯：《世界史纲》，人民出版社1985年版，第125页。

是附着在人躯体上的。基于这种灵魂观念，古人们自然认为（可以认为进行了合理想象与推理），死人的鬼魂具有莫大的力量，能东游西走到处作祟，出于恐惧与尊崇兼具的心理，人们便形成了对死者的丧葬方法与仪俗。在古代澳大利亚北部的一些部落以及苏门答腊的巴塔地区，流行"人食葬"，举行该仪式被视为子孙的一种孝道；在我国西藏部分地区又盛行天葬，即让鸟兽吃掉尸体，认为这样死者的灵魂即可升天。为了使死者在阴间过着和尘世间一样的生活，早期人类往往把死者生前用过的生产生活用品随其一起安葬，如我国蒙古族的先民，凡死者"则在墓旁以其爱马备具鞍辔，并器具弓矢殉之，以供死者彼世之用。"据考证，处于旧石器晚期的山顶洞人，在埋葬死者时，不仅以燧石、石器、石珠、穿孔兽牙等物品随葬，还会在死者身旁撒红色铁矿粉粒，说明其时人们已经有了灵魂不死的观念。

审思人类早期的丧葬习俗，可以抽象出早期人类在理性和思维活动方面的如下特点。

其一，开始自为性地对和自身生存无直接关联的事物进行认知，并依托对于事物的本体认知进行活动，初步有了科学理性的萌芽。认识人"自身"是什么，在人类认识自然的历史中具有里程碑的意义。按照历史，人类早期的生产、生活活动（造工具、取火等），哪怕是巫术宗教活动，或多或少带着直接的目的——为了自身更好地生存，而对于人自身的认知却具有自为性的一面（虽然这种认识结果在今天看来存在许多谬误）。按照今天科学发生的前提，其时人类对自身的认知活动可能缘于人类对自身的惊异、好奇，但无论如何这种认识活动与人的直接生存是没有直接关联的——它不能带来生产效率的提高和物质财富的增加，也不能带来诸如巫术宗教活动给予人的那种精神慰藉。这种认知的历史意义在于，它开创了人类对自身本体认知的先河，也正是在这个意义上，它对于人们认知理性的形成具有垂范意义。正是在本体意义上认识到人是灵魂与躯体的结合，人类才诞生了许多丧葬习俗，如前述的"招魂"活动、"天葬"仪式。再如，据民俗专家们考证，山顶洞人在死者身旁撒红色铁矿粉粒应是基于人们认为红色是生命和血液的代表，是火与温暖的象征，撒赭石矿粉能给死者灵魂以温暖，期盼死者获得再生——同样系基于人对自身的本体认知。因此，人类早期的丧葬活动历史表明人类其时已初步有了科学理性的萌芽，它引导人们从一定的本体观和理由出发去活动，并按一定的规则进行推理，得出合乎逻辑的结论。自然地，这种活动的延续加之其他自为性认知活动的出现，必将不断推进人类科学理性能力的提升。

其二，习俗规则特定地域的普遍性与不同地域部落的差异性并存，相应地，活动的合理性标准表现为普遍性与差异性并存。考查早期人类的丧葬历史可以看出，基于特定的思维观念，在特定的部落地区，人们的丧葬活动具有普遍性的一面，如前述的澳大利亚北部部落和苏门答腊巴塔地区流行的"人食葬"仪式。同样是基于特定的思维观念，许多不同地域部落人们的丧葬活动却具有极大的差异性。如，许多汉族地区的丧葬观念认为，逝去的人其躯体具有神圣性，不可用任何方法随意损毁，以保此人来生转世。这显然与前面的"人食葬"、"天葬"大相径庭。然而，这种"大相径庭"的背后又蕴含着一种统一性，即人们都按照某种他们认为合理的观念在行为着，亦即，这种差异，其根源恰在于人们行为的合理性标准不同，是人们理性中的不同的合理标准决定了上述丧葬行为巨大差异性。因此，从早期人类的丧葬习俗可以看出，人们行为合理性的标准具有很大的境域性。

（2）艺术与理性思维

任何艺术活动，从其起源来说，可以说都是一种思维认识活动，是人类生产和生活活动的再现。考查早期人类的艺术活动，其时的艺术不像今天的艺术那样，带有认识、教育、娱乐功能，特别是高层次的审美功能，相反地，当时人们的艺术活动带有浓烈的功利色彩，即大多带有为自身的生存、生产服务的目的。相应地，艺术"创作"活动不像今天的艺术创作那样往往揉入较多的非理性因素（如激情、欲望、直觉），而是带有明显的理性思维特征。因此，同前述的风俗活动一样，早期人类生活中的艺术活动同样"培育着"、"发展着"人类的思维能力特别是理性思维能力。

现有资料表明，原始艺术出现在距今大约十万年至五万年的新人（或晚期智人，通常也叫作现代人）阶段。现代考古学家在新人洞穴里曾发现有不少壁画，如西班牙阿尔塔米拉（Altamira）洞，其中有不少野牛、野马、鹿及其他动物的画像，笔法熟练、有浮雕感，令人叫绝。综合诸多原始艺术品，学者们发现，早期人类的艺术作品内容大都与狩猎活动有关，并且所有"狩猎部落的艺术作品都显出极度的一致性"。① 又如在法国南部的多尔托涅（Dordogne）洞穴等处发现的旧石器时代晚期壁画艺术的题材，同样几乎全是食用动物，如驯鹿、野牛、猛犸象、鱼、兔等动物和对人类有危害的熊、狮子、老虎等野兽。这些动物形象生动，神态自然，有正在跑着的，有受了伤的，或是被追赶而陷于绝境的，非常动人。② 为何早期人类的艺术作品内容多与狩猎内容有关？笔者赞同美国人类学家罗伯特·路威的观点，他认为："那些荒古的画家需要食物，为求外出打猎能有收获起见才画出他心目中的兽类的图形。"③ 可见，早期人类艺术活动背后有着显著的目的逻辑思维——为生产与生存服务，是较为理性的。这一点，还可以通过学者们的如下考证与结论表征。

乐器的发明，与狩猎生产有着直接的联系。专家们认为，早期人们正是出于狩猎之需要，创造了诱捕飞禽走兽的拟声工具。我国云南傣族的"鸡笛"，鄂伦春族的"鹿笛"，均属此类。这些工具原初虽然不是今天意义上的乐器，但在拟声工具的提示下，经过先民们的加工改造，却逐渐发展成了乐器。德国著名的上古史专家利普斯也认为，乐器的起源与狩猎用的拟声工具有关。④

绘画具有传承狩猎技艺的功能。在没有文字的时代，原始人为了把狩猎技艺一代一代地传下去，除了先辈们当面向晚辈传授以外，往往选择绘画文字。考古学家们发现，在法国、西班牙、意大利等国的山洞里发现的壁画，许多主要画的就是狩猎对象以及打猎的具体方法。比如，现在保留下来的冰川时期绘画中，就有用重力捕机捕捉动物的各种生动逼真的画面。现代原始民族使用的重力捕机，有的很可能就是通过这些图画传下来的。⑤

原始"艺术家们"作画的目的还有"给远离的部族成员报告必要的消息，通知他们必须前往的方向，说明动物生存的区域，警告将要发生的

---

①　[德] 格罗塞：《艺术的起源》，商务印书馆1984年版，第236页。

②　朱狄：《艺术的起源》，中国社会科学出版社1982年版，第42—44页。

③　[美] 罗伯特·路威：《文明与野蛮》，吕叔湘译，上海三联书店1984年版，第186页。

④　[德] 利普斯：《事物的起源》，四川民族出版社1982年版，第71页。

⑤　张浩：《思维发生学》，中国社会科学出版社1994年版，第260页。

危险"① 等等。

　　一个更有趣的现象是，原始艺术画同样表现着人对自身地位与类本质的抽象。考古学家们发现，在动物群像出现的洞穴、岩壁处，人的形象十分罕见。为什么此时人的自然形象，好像在庞大的动物群面前突然消失了呢？有学者认为，彼时作画的原始人至少在客观上有这样的理念：人是高于动物的动物，人可以通过自己的思维、智慧、实践去"合理"地把控其他动物。人的这种"自我消失"，在某种意义上，是在实践中对于人的类本质和地位进行抽象的结果，是人确证自身的理性能力（逻辑地思考、智慧地实践）、理性化地看待自身地位以及人与自然关系的一种重要标志。原始猎人有意无意地避免使自身的形象与动物的形象混杂在一起，因为只有这样，动物才成为其为人的狩猎对象、观照对象。人只有居高临下，而不是和动物混杂在一起，他才是真正的人，和动物区别的人。笔者认为这是一个很有见地的思想，无论是从思维认识的发生来看，还是从儿童心理发生过程来讲，都证明人之初确实是由主客体不分，到主客体逐渐发生分化的，而这种分化过程，既是人确证自身理性能力的标志，又进一步发展着人的理性能力。人类早期的绘画艺术的发展过程，正从一个侧面为上述观点提供了有力的证据（虽然此时人们的主客之分仍具有朦胧的色彩）。

　　总之，早期人类的艺术创作，内在地是他们生存的需要和内心感受的反映，它们在形式可视，内容上可理解和接受，体现并推进着人的理性能力的发展。

　　上文分别从生产实践、生活实践（含艺术实践）的角度探讨了人类理性思维与能力发生发展的历史进程，重点通过考察先人遗留的生产工具和艺术作品等物化了的思维产品以及生活习俗等来揭示人的类本质力量的重要方面——理性能力的形成。本节的探讨说明了这样的道理：人的理性能力的获得，不是什么上帝天赋、启智的结果，而是人的生产生活实践的结果，是人们进行社会性活动的结果。在对人的理性能力形成进行历史考察的同时，对早期人类理性思维形成与发展的特点进行考察，对于理解理性内涵的变化及其趋势同样重要。

---

① 张荣生：《非洲岩石艺术》，上海人民美术出版社 1982 年版，第 59 页。

（二）原始人类思维的特点及其对理性思维形成的影响

现代人的理性思维活动是运用具有特定结构的大脑对信息进行加工的过程，是依据一定的逻辑结构、逻辑形式和逻辑规则进行的。然而，早期人类的理性思维活动是怎样进行，思维活动的主要特征、反映形式以及基本规律是什么呢？依据上述国内外学者现有的研究成果，参考张浩的观点，笔者认为，早期人类的理性思维活动的特点在于：以"主客不分"为主要特征；以"集体表象"为基础；以"原逻辑"的"互渗"为基本规律。这些特点的存在，与当时社会生产力低下，人对自然、集体形成较大依赖，人们的社会交往关系简单等密切相关。

1. 原始理性思维的特征：主客不分

从对现存原始部落和原始民族思维活动的考察来看，他们的思维方式和思维结构与现代文明人相差很大。现代人能自觉地把自身作为思维认识的主体，通过实践活动"收集"关于客体的信息（此处的客体包括主体自身，此时同样作为被认知对象的自我称其为客体自我，相应地，前面作为认知主体的自我为主体自我），然后根据自我的需要进行加工改造，使之为我所用（这里有一个内心协调自我与他物的过程）。现代人的思维，虽然时常伴有非理性的碎片，但从人"类"的共同体角度看，现代人的思维更多体现有协调主客、可理解、合规律规则等理性的一面，而早期人类思维却不明显具有。需要说明的是，任何事物的出现都有其发生发展的渐进的历史过程，"预成论"不符合辩证法。探讨早期人类思维的特征，并非一概否定其中的"理性"成分，而是重在突出其理性思维所表现的"朦胧"、"萌芽"的特征，事实上，正如前文运用大量篇幅所探讨的，在原始人的生产生活中，其思维已在多个时空体现有"理性"萌发的迹象。

"生物重演律"告诉人们，不管在生理还是在心理方面，个体发生的过程都是相应种系发生历史的一个缩影。在事实层面，人们通过把现代儿童心理学的研究成果与原始思维的研究成果进行对比，发现原始思维与儿童思维之间有许多相似之处。思维上的"主客不分"、"强自我中心性"就是其典型。因此，"主客不分"、"强自我中心性"是原始人类思维认识活动的主要特征。同样需要说明的是，这种特征如果纯粹由"生物重演律"推导而来，或许不具有强说服力；事实上，原始人思维的这种特征，已经得到大量历史考古资料的明证。

　　儿童心理学的研究成果表明，在婴儿阶段，婴儿未能显示任何自我意识，在他们那里主体和客体是浑然一体的。儿童心理学家们，把新生儿的这种主客体尚未分化的状况，称为"精神迷津时期"。这个阶段的婴儿，只是凭借着自己的活动和外界发生关系。皮亚杰也认为："在心理进化的开始，自我和外在世界还没有明确地分化开来，这就是说，婴儿所体验到和所感知到的印象还没有涉及到一个所谓自我这样一种个人意识，也没有涉及到一些被认为自我之外的客体。这种印象只是一个未经分化的整块或一些散布在同一平面的事物，它既不是内在的，也不是外在的，而是在这两端之间的一种中间状态。相反的这两端只是后来逐渐分化出来的。于是由于原始这种浑然一体的情况，一切被感知的事物都成为主体本身的活动。"① 在皮亚杰之前，法国心理学家瓦龙（P. H. Wallon）也曾指出，儿童在三岁到六岁之间，有一个物我不分、主客不分的"混沌"（Sycit-ismre）时期。这个时期儿童眼中的世界，笼罩着一种强烈的"主观"气氛② （显然，此处的"主观"不同于一般意义的主观）。

　　早期的人和婴儿一样，在思维和认知方面，主客体区分不明显。他们对自然现象和自然规律还不了解或了解甚少，更重要的是缺乏了解的内在动力。他们对客观自然界存在着极大的依赖性。例如对于地上的山川河流、动植物、天上的日月星辰、风雨雷电，人们往往将其作为神灵加以崇拜，特别是常常把本氏族衣食之源的动植物作为图腾来崇拜，甚至把崇拜对象视为本族的祖先，进而视之为本族的保护神。主客区分不明显的另一个表现就是对人和自然不加区分。人、植物、动物、自然现象、天体、神等都是在同等基础上存在，它们都像人一样在思想着、行动着。他们由于少有认知事物的习惯与检验认识的经验而常常把幻想的联系作为真实的联系。总之，黎明时期的人类尚处在混沌的状态。正如列宁所说："本能的人，即野蛮的人没有把自己同自然界区分开来，自觉的人则区分开来了。"③

---

　　① ［瑞士］让·皮亚杰：《儿童的心理发展》，傅统先译，山东教育出版社1982年版，第31页。

　　② ［法］P. H. 瓦龙：《儿童思维的起源》，转引自张浩《思维发生学》，中国社会科学出版社1994年版，第270页。

　　③ 列宁：《列宁全集》（第38卷），人民出版社1959年版，第90页。

早期人类主客区分不明显的原因在于早期人类不会自觉地生产，主要靠向自然界索取、依靠自然界的恩赐而生存。相应地，他们和自然的关系往往是一种条件反射式的。因而可以说，早期人类自身实际上主要地是作为自然界的一部分而存在，也就是说，他们还没有把自身的需要建立在生产实践的基础之上。如果用马克思的话来说，就是早期人类还不能用自己的生产劳动，创造出一个"人化"的"第二自然"，因而，他们自然也就看不出自身与自然客体的本质区别。

在早期人类的思维认识活动中，还有一种与主客体不分状况密切关联的"自我中心"思维观念。"自我中心"（ego-centric），无论从字面意义上，还是从隐喻的角度理解，都是指一个人只从自己所处的位置来看待世界，而不能意识到若从另一个位置来看这个世界会是个什么样；或者说同样的话，在知识和经验不同的人听来，会有什么不同的含义。显然，这里的"自我中心"并非主体的自我意识。

儿童心理学的研究结果表明，在现代儿童智力发展的初期，会明显地表现出前文谓之的"自我中心"倾向。瑞士儿童心理学家皮亚杰认为，人类在心理进化的开始，自我和外部世界还没有明显地分化开。此时，"自我是现实的中心，因为自我还没有意识到它而已，而只有随着主观的或内在的活动构成了自我的情况之下，我在世界上才客观化了。换言之，意识开始于无意识和浑然一体的自我中心"。① 皮亚杰同时认为，儿童往往就是处于这种主客体混沌不分的无意识的"自我中心"状态。他们的动作和思维，以自己的身体为唯一参考系。在社会环境中，他区分不出自己的观点和别人的观点；在自然环境中，他不能区分自己和外界物体。因而，他们往往把自己的思想感情和一切特点，投射给其他客体或物（如布娃娃）。用皮亚杰的话来说，就是"婴儿把每一件事都与自己的身体关联起来，好像自己的身体就是宇宙的中心。"②

早期社会，由于生产水平低下以及人们交往的有限，人们很容易在心中把他们的感官所能接触到的周围世界"建构"成一个包围他们的圈子，并认为中心点就是他们自己。正如当代法国著名的人类学家列维—斯特劳

---

① ［瑞士］皮亚杰：《儿童的心理发展》，傅统先译，山东教育出版社 1982 年版，第 31 页。
② ［瑞士］皮亚杰：《发生认识论原理》，王宪钿等译，商务印书馆 1981 年版，第 23 页。

斯所说，早期人总是"把他们的部落集团的界限当成是人类的边界"。①
随着生产发展，特别是交通的相对发达，不同民族之间的交往逐渐增多，
单个的人才知道，除了自己个人所熟悉的那个圈子以外，还有许许多多自
己不知道的别的圈子。

　　有意思的是，人类发展与科技发展的历史表明，民族之间的交通越落
后，数学、天文学越不发达，早期人就越发感到自己或自己所住的地点，
不仅是他自己的世界的中心，而且是整个世界的中心点。运用这个道理人
们可以理解"地心说"的诞生及其"顽强"存在的原因。早期居住于地
球的人类，由于缺乏天文学常识，往往凭着自己的感性直观来看待地球与
其他天体的关系——总觉得太阳是在围绕着地球转动。特殊的"自我中
心"心理使人们倾向于把地球作为整个宇宙（仅限于人们所见到的部分）
的中心，"把地球作为宇宙的中心，对于古代人们来说，是令人宽慰的事
情"②。可以说，"地球中心"说，就是人类童年时代的"自我中心"化
观念的典型表现。

　　可见，早期人类的"自我中心"化倾向，是和人类当时的主客体分
化不明显相关联的。然而，当时的人们却不能意识到这种主客体不分的自
我中心化倾向。正如皮亚杰在分析儿童自我中心化的根源时所说："儿童
最早的活动既显示出在主体和客体之间完全没有分化，也显示出一种根本
的自身中心化，可是这种自身中心化又由于同缺乏分化相联系，因而基本
上是无意识的。"③

　　作为"自我中心"心理的延伸，自古以来，不论大小民族，许多民
族都认为自己是乌鸦中的凤凰（如日本的大和民族至今仍保有强烈的此
种观念），不但把其他民族蔑视为"野蛮人"的古希腊人是如此，相信自
己是上帝选民的犹太人是如此，就连贫困落后的爱斯基摩人，也具有同样
的观点。当他们见到侵害自己的那些白人中的坏蛋时说，这是爱斯基摩女
人同狗杂交出来的。

　　早期人类思维上的主客区分不明阻碍着人类理性思维能力的发展，并

---

① ［法］列维—斯特劳斯：《野性的思维》，商务印书馆1987年版，第188页。
② 童鹰：《世界近代科学技术发展史》，上海人民出版社1990年版，第42页。
③ ［瑞士］皮亚杰：《发生认识论原理》，王宪钿等译，商务印书馆1981年版，第23页。

使人的理性判断在内容上具有境域性、差异性。正如前文所说，由于主客相对不分，人们对自然现象和自然规律缺乏了解的内在意识与动力，更不能协调自我与他物、逻辑地评判自身行为的合理与否——因为在标准方面，人们是失范的。关于这一点，可以用主观世界与客观世界的"同构"性加以进一步说明。马克思主义哲学认为，主观世界和客观世界在内容上是同构的。所谓同构，是指具有彼此对应的基本要素及其结构方式。主观世界与客观世界的同构性是由主观世界本身形成的前提、条件和基础造成的。主观世界并不是离开客观世界而独立自存的实体，也不是一个超然于客观世界而孤立自存的世界，它从属于客观世界，是由客观世界派生的。从根本上说，主观世界是对客观世界的反映，它在观念的形式中反映着客观世界的内容，在概念中凝结着对客观世界本质的理解，正所谓"观念的东西不外是移入人的头脑并在人的头脑中改造过的物质的东西而已"①。那么，当人们（如早期人类）的主观世界中没有客观世界之时，客观世界的内容也就不可能反映到主观世界，主观世界也就会处于一种茫然之状态。相应地，人的理性能力形成的因素也不可能全备。从这个角度看，如果说早期人类理性以萌芽形式存在的话（事实上是存在的），这种理性将不可避免地具有境域性、（不同部落氏族之间的）个体差异性（人们仅凭与自身所处环境的直观的浅表的联系来指导与判断自己的行为，不可能有普遍的理性内容）。

早期人类思维上的"自我中心"倾向，同样使人的理性判断在内容上具有境域性、差异性。"自我中心"使一个部落集体、一个人往往只从自己的位置来看待世界，而缺乏从另一位置看世界之意识，特别是，"自我中心"心理极容易导致对他人观点的排斥。在这种状况下，人们对事物的理解、评判往往以源于自己所处的特定"圈子"的看法为标准，并以此标准遂行接下来的事务。不难理解，这种思维上的"自我中心"倾向必将导致不同部落、个体"公说公有理，婆说婆有理"的情况发生，或者说同样的话、做同样的事，对于知识和经验不同的人，将会意味着截然不同的含义，使理性判断在内容上表现出强烈的境域性、差异性。如某一动物或植物，由于在不同民族、部落人们生存中所起作用的不同，在有

---

① 《马克思恩格斯选集》（第23卷），人民出版社1972年版，第24页。

的民族、部落人们可能将其作为神虔诚地加以供奉，而在其他民族、部落中可能被人们作为普通的东西而被使用、食用。相应地，与此相关的一些仪式、活动方式在某个民族、部落来说可能是合理可理解的，而对其他民族、部落来说则可能是不可理喻的（如前文所述的对待故去之人的遗体）。

顺便说一下，众所周知，主体是通过自己的实践活动来认识现实的。因此，要达到思维认识的客观性，要实现理性的去境域化，必须以解除主体自身的中心化为先决条件。从某种意义上说，"自我中心"不仅是个体从童年到成年的过渡时期所特有的现象，而且是各门科学（或者说是整个人类思维认识）的发展都不可避免地一再经历的阶段。以天文学为例，它的整个历史，就是人类不断地解除自身中心化的历史。在人类早期，天体被认为是追随人类而活动的，如星星指引着三位先知去探寻耶稣的诞生；在古希腊，为人们所广泛接受的托勒密体系，把人所居住的地球看成是宇宙的中心；而在哥白尼和牛顿的时代，我们的时钟和量杆仍被认为是可以普遍应用于宇宙间的一切天体的。在这些历史时期中，"自我中心"的形式有所不同，甚至大相径庭，但本质却是一样的。[①] 科学史告诉我们："主体是在运演结构的种类日益复杂而无所不包的情况下，通过协调自己的活动，才能做到解除自身中心化的。"[②]

无数历史事实证明，在个体和人类思维认识发展的任何阶段，主体总是在某种程度上处于不尽客观的"自我中心"状态之中（即使在今天，许多国家、地区、个人仍不乏这样的思维倾向），因而，人类思维认识的进化、理性标准的更趋客观化过程，都是一个"从连续不断的自身中心化中连续不断地获得解放的历史"。[③] 从"地心说"到"日心说"再到今天寻觅星外文明、宇宙智能生物等等，都说明随着实践活动的发展，人类的思维和认识也在不断地突破"人类自我中心"观念的束缚，说明人类思维认识的对象正在不断地向深度和广度拓展，作为结果，人类理性的内容表现也必将更符合客观、更符合大多数人的利益选择。

---

① 张浩：《思维发生学》，中国社会科学出版社 1994 年版，第 277 页。

② ［瑞士］皮亚杰：《发生认识论原理》，王宪钿等译，商务印书馆 1981 年版，第 93 页。

③ 同上书，第 92 页。

2. 原始理性思维的基础：集体表象

表象是对感知过的事物的回忆和再现。按照现有的认知理论，严格说来，表象属于感性认知的形式，但它和感觉、知觉一道，构成理性思维的基础，特别是表象，它是通向理性认知最前沿的"地带"。前文述及，在人的理性思维能力形成观方面，突变论与预成论均不符合历史本真，同时，由于早期人类在形成概念、进行判断与推理的能力方面具有有限性的一面，因此，按照今天的标准，早期原始人类理性思维应该处于一种萌芽起始阶段。在这个阶段，与那种原始的理性思维关系密切的东西莫过于表象——它不但构成理性思维的基础，同时与理性思维诸形式混然杂陈。

众所周知，感觉、知觉和表象是人们在思维认识活动中接受信息的主要方式，或者说主体反映客体的主要方式。认知学相关原理告诉人们，这些反映方式，是任何个体（原始人个体同样不例外）进行思维认识活动必不可少的。但是，当人们在考察原始人类的思维认识活动时，却发现他们的思维认识活动，与现今的人们不大一样。原始人类每个个体的思维认识活动往往受集体或"类"的表象的制约。所以尽管他们每个个体的思维认识形式和我们的一样，可是作为集体的一员，他们的思维认识活动，又常常为集体表象所左右。如果这种"发现"符合历史事实的话，则可以推断，原始人类的理性思维、理性行为必然具有地域普遍性的一面。

在人类早期生活阶段，由于生产水平低下、人们抵御恶劣环境的能力差，原始人类对集体抱有极强的依赖性，许多个体以一定地域上的人的共同体作为自己的依存方式。对原始人类这种个体在许多方面依赖于集体的特征，马克思曾有过明确的表述："我们越往前追溯历史，个人，也就是进行生产的个人，就显得越不独立，越从属于一个更大的整体。"[1] 显然，原始人类的生存境况决定了马克思谓之的整体既是生产和生活的整体，同时也就自然地成为作为集体的思维认识的主体。也就是说，人类思维认识活动的主体，不仅是个体，而更重要的是集体。抑或，原始人的思维虽然和现今一样以个体为主体，在个体头脑中进行，但那时的个体思维始终受集体思维的支配。

法国著名文化人类学家、哲学家列维—布留尔的《原始思维》一书

---

[1] 《马克思恩格斯选集》（第 2 卷），人民出版社 1972 年版，第 87 页。

有关于原始人思维集体性的考证与研究，书中以"集体表象"作为中心概念开展研究。关于"集体表象"，作者在书的开篇是这样定义的，"所谓集体表象，如果只从大体上下定义，不深入其细节问题，则可根据所与社会集体的全体成员所共有的下列特征来加以识别：这些表象在该集体中是世代相传；它们在集体中的每个成员身上留下深刻的烙印，同时根据不同情况，引起该集体每个成员对有关客体产生尊敬、恐惧、崇拜等等感情。它们的存在不取决于每个人；其所以如此，并非因为集体表象要求以某种不同于构成社会集体的各个体的集体主体为前提，而是因为它们所表现的特征不可能以研究个体本身的途径来得到理解。例如语言，实在说来，虽然它只存在于操这种语言的个人的意识中，然而它仍是以集体表象的总和为基础的无可怀疑的社会现实，因为它是把自己强加给这些个体中的每一个；它先于个体，并久于个体而存在。"①

从列维—布留尔的上述定义和人们对原始思维的研究，可以这样理解集体表象：

第一，它是"集体的"。对集体的依赖，是集体表象形成与存在的基础。原始人的表象虽然产生于个体，但不取决于个体，不能用个体来解释；它虽然也是个体大脑对外界刺激的反映，但却是部族集体的表象。从本质看，集体表象是一种毫无个体烙印的、彻头彻尾社会化了的意识。在列维—布留尔看来，集体表象是硬把自己强加在个人身上的，它从来不是什么推理的产物，而是信仰的产物。或者说，集体表象是一种其时被人普遍接受的、不证自明的真理。比如由这种表象而形成的灵魂、巫术等等观念，在一个氏族、部落表现得如此有"权威性"，而在另外的地域、部落却有可能不是那么回事。从列维—布留尔的研究看，一个民族愈是落后，集体表象现象就愈加明显，所以在早期人类的个体意识中，几乎不存在"怎样"或者"为什么"的问题。

第二，集体表象往往融客体形象和主体情感于一体。克洛特（F. Clodd）曾言："我们人类做感性的动物已经有十几万年了，做理性的动物还不过从昨天才开始。"② 列维—布留尔也认为，在早期人的思维中，

---

① ［法］列维—布留尔：《原始思维》，商务印书馆1981年版，第5页。

② 转引自林惠祥《文化人类学》，商务印书馆1934年版，第24页。

情感和运动因素构成了集体表象的重要组成部分，在人们那里，客体不是简单地以映象的形式被感知，客体的映象总是被淹没在原始人的情感之中。因此，在那时人的集体表象中，没有单纯的客体形象。所有客体形象，都相应地伴随着喜、怒、哀、乐等狂热的情感情绪。正如列维—布留尔所说，在这种表象中，"我们本来认为是'表象'的东西，还要掺和着其他情感或运动性质的因素，被这些因素涂染和浸润，因而要求对被表象的客体持另一种态度"。[①] 因此，集体表象不同于今天心理学意义上来理解的那种对客体的再现性表象，而是掺和了许多情感的因素。

在早期人类的集体表象中，知觉和情感、明显的东西和隐蔽的东西、客观的东西和主观的东西，往往是紧密融合着的。人对构成他的世界的一切客体，都感到是实在的属性与隐蔽的属性的紧密融合。这种使主客体在混沌不分中相互交融起来的情感性思维，实际上就是布留尔所说的"互渗"过程。

第三，集体表象充满神秘性。对原始人来说，客观的、纯物理的现象是不存在的。在人们的集体表象中，每个存在物、自然现象，往往不是现代人认为的那样。他们会在这些存在物上，看见我们意想不到的东西，进而使集体表象充满神秘性。例如，图腾社会的原始人会认为，所有的动植物、任何客体，即使是太阳和月亮，都是构成其图腾的一部分。即使在不存在图腾崇拜的社会中，关于某些动物的集体表象，仍然具有神秘的性质。如据说生活在北美洲的契洛基族印第安人，相信鱼生活的"社会"与人类社会相似，有自己的村庄、水下道路，它们的行为也像理性生物那样可以从某个角度得到解释。他们还认为疾病是对猎人生气的动物所进行的某种神秘行动的结果。因此，治病方法，就是祈求这些动物不要生气。列维—布留尔认为，神秘性构成了集体表象的根本属性。

集体表象的神秘性是如何产生的呢？一般认为，人类的思维是从形象到抽象，先认识具体事物，然后通过大脑抽象思维活动逐渐认识抽象的东西，即事物的本质。但是，对于早期智人阶段人类而言，由于缺乏现代抽象思维的基本要素（如语言、概念、智慧的大脑），人们不可能对事物的类、对总的宇宙、对人类自身的由来、对千变万化的自然现象作出科学的

---

① ［法］列维—布留尔：《原始思维》，商务印书馆1981年版，第26页。

解释。可是，早期的人类，由于经常面对此类问题而不得不对此类问题作解释。这样，就只好凭借猜测和想象，因而思维成果往往显为幻化的抽象性。在猜测和想象中，他们往往把自然对象的活动看作有目的、愿望、感情、意志的活动，在这种以自我体验、自我意识的模式为核心的思维机制支配下，必然要把自然界拟人化（即人格化），并按照他们自己的形象和生活习性，塑造了许许多多能力非凡的神灵和半神人的英雄，于是，集体表象中便渗入了许多神秘性。

早期人类思维的神秘性不同于我们今天的神秘主义，它是早期人类探索外部世界奥秘的一种方式，它包含着创造，表征着人类理性表达世界的欲望。法国哲学家、心理学家李博（Th. Ribot）早在1900年就指出，"这种拟人化的方法，是无穷无尽的源泉，从中迸发出大多数的神话、大堆迷信和大量的文艺创作：总之，即'人通过类比'而创造出来的一切。"①其意思就是说，思维中的神秘属性，并不是一种纯粹消极的东西，它本身就渗透着创造性想象、人的理性光芒。

3. 原始理性思维的基本规律："原逻辑"的"互渗"

"互渗"一词的英文为 Participation，意思是"共同参加"，列维—布留尔在论述早期人类思维时使用了该词，它表现了原始人的一种信仰。这种信仰认为在两件事物和两种现象之间，不管它们在空间和时间上有无联系，相互之间都有一种直接的影响——两者之间始终存在着某种同一或部分同一。列维—布留尔认为，"互渗"就是"在原始人的思维的集体表象中，客体、存在物、现象能够以我们不可思议的方式发出和接受那些在它们之外被感觉的、继续留在它们里面的神秘力量、能力、性质、作用"②。他认为对原始人类来说，"这些存在物和客体的神秘力量、神秘性才是它们的最重要的属性。……原始人不仅不认为他所达到的神秘知觉是可疑的，而且还在这种知觉里面（如同在梦里一样）看见了与神灵和看不见的力量交往的更完美的因而也是更重要的形式。"③ 一句话，"互渗"就是

---

① 转引自中国社会科学院外国文学研究所《外国理论家 作家论形象思维》，中国社会科学出版社1979年版，第184页。

② ［法］列维—布留尔：《原始思维》，商务印书馆1981年版，第69—70页。

③ 同上书，第55—56页。

指在原始人的思维里，主体与客体、存在和意识是相互渗透、交织和融合在一起的。

列维—布留尔认为，原始思维中"集体表象"之间的关联，较少受现代逻辑思维的规律支配，它们主要是靠"存在物与客体之间的神秘的互渗"来彼此关联的。尤其是这种思维不太关心矛盾（它不追究矛盾，也不回避矛盾，它可以容许同一实体在同一时间存在于两个或几个地方；容许单数和复数同一、部分与整体同一，等等），所以，从表象关联的性质上看，列维—布留尔把这种思维叫作"原逻辑的"（或"前逻辑的"）思维，它是以原始人的集体表象为基础的思维。

总之，早期人类的思维就是一种受互渗律支配，以集体表象为基础的、神秘的、原逻辑的思维。这种思维的背后，隐现有人类认知世界的冲动、努力。现代的人们不应该遗憾古人为什么没有用我们今天的思维模式认知世界，须知"刚刚"脱离动物界的早期人类的思维，肯定是比较简单的，进而不会有以概念、范畴和推理方法为工具的逻辑思维。因为人类思维的各种逻辑规则，即所谓的逻辑的"格"，并不是与生俱来的，而是随着人类的进化，在人类的社会实践中经过漫长的历史发展而逐渐形成的。

即使这样，人们同样也不能因此认为原始思维中一点也没有现代逻辑的影子，即认为二者是泾渭分明，各行其是的。事实上，即便是在早期人类的思维中，原逻辑的东西和逻辑的东西也是同时并存相互渗透的，结果形成了一种难以分辨的混合物。只不过在原始民族的思维中，原逻辑因素占主导地位而已。然而，在我们的思维中，由于逻辑定律绝对地排斥一切直接与它矛盾的东西，所以我们不能像原始人那样，适应那种逻辑的东西和原逻辑的东西并存。

以上分析了早期人类的理性思维活动的特点——以"主客不分"、"强自我中心性"为特征；以"集体表象"为基础；以"原逻辑"的"互渗"为基本规律。理性是通过抽象而得到的。人的抽象（思维）能力是形成理性能力的基础。如果运用今天的抽象思维或理性认知的形成标准去衡量古人的抽象思维能力，那么人们会轻易得出早期人类基本没有抽象思维能力或理性能力的结论，因为他们的思维中只有集体表象形成过程，且主客不分，没有今天人们谓之的形成概念、进行判断推理的过程。但是，事实上，在早期人类那里，人们是具有一定理性能力的（笔者在前文中保守地称这种理性为朦胧的或萌芽状态的理性）。如何解决这种"悖论"呢？笔者赞同列维—布留尔的观点，解决此"悖论"的关键在于我们必须认识到前文论及的古代人的思维与现代人的思维根本就是两种思维类型——一种是逻辑思维，一种是原逻辑思维。关于此，列维—布留尔认为，任何企图根据我们的思维的观点来解释原始人的观点和行为，其结果只能是解释得愈是讲得通，就愈加不可靠。他认为现代人们不应该把现代个体的人、单独的个体、个体的心理学的定律，作为研究整个人类理性思维和理性行为的出发点。同样关于这一点，列维—布留尔还在其《原始思维》一书中描述过一个精细观察者的感言："爱斯基摩人的推理方法给我们一种非常表面化的印象，因为他们不习惯于保持我们做推理的确定路线的那种东西或者一个单一的孤立的主题；换句话说，他们的思维没有上升到抽象化或逻辑公式的程度，而是固守着一些观察或情势的图景，这些图景的变化规律是我们难以捉摸的。"① 在列维—布留尔看来，我们现代人的思维首先是"概念的"思维，而原始人的思维则根本不是这样的。所以说，"欧洲人即使掌握了土人的语言，即使看起来也像他们那样的话，但要像他们那样思维，是不可能的，至少是很困难的。"②

所以，早期人类是可以形成抽象思维以及理性思维能力的。正是在这个意义上，以研究原始文化或原始思维而著称的英国人类学派的奠基人爱德华·泰勒在其出版的《原始文化》一书中就认为，原始人有"一个相等一致和合乎理性的原始哲学"，他甚至称原始人为"原始哲学家"或"古代野蛮哲学家"。③ 只不过原始人类的理性由于集体表象而具有特定地域的普遍性——个人与集体不分，个人的就是集体的，集体的也就是个人的。然而，由于其时人类共同语言的匮乏、低级化，由于不同地域集体表象的差异性、集体表象的神秘性以及集体表象往往融入意志情感的色彩，同时，还由于其时人们分析问题的强自我中心性，早期人类理性具有很强的境域化或语境化特征——语境理解各异，理性与非理性不分，不同部落

① ［法］列维—布留尔：《原始思维》，商务印书馆 1981 年版，第 414 页。
② 同上。
③ ［德］E. 卡西尔：《国家的神话》，耶鲁大学出版社 1946 年版，第 11 页。

氏族思考问题、行为做事的合理标准不同。早期人类理性的语境性可由列维—布留尔这样的论述表征："在我们和土人们的交往中，最大的困难是使他们懂得对他们说的话的准确意义和把握他们所说话的准确意义"。[①]

第三节　中西语境中的理性

人类特定的生理基础以及特有的社会性活动形成了其特有的理性能力，然而，由于文化路向（梁漱溟语，在第二章有详细阐述）的不同，"理性"的内涵在中西文化语境中的理解是不同的。从逻辑看，这种不同恰是理性"生发于语境"的一种展开与表现。

本节分别从西方理性文化与中国传统文化角度对"理性"进行释义，缘由在于：一是可以在更广泛的视域理解"理性"的深刻内涵；二是这种梳理得到的关于理性的中西理解的差异，可能包含着历史中沉积的那种理性语境化理解的"源"。

一　西方理性文化中的理性

理性，在西方文化中有着重要的地位，在某种意义上，理性是贯穿西方文化的主轴，即使当代许多被人们称之为后现代思潮的东西，也都内蕴着西方理性的基因，因此，不了解西方文化中的理性因素而妄谈后现代，可能会导致理解的肤浅化或者断章取义化。下面，从文化学的角度梳理西方理性在其源头阶段发展的脉络以及含义的变迁，因为："开端的确定所依据的，是在持续的往者中始终被重复的事情。"[②]

1. 逻各斯——理性的重要源头

逻各斯（logos），源于希腊文，希腊语 Legein。逻各斯的含义十分丰富，在中文中很难找到与之涵义匹配之词。著名哲学史家格思里在其《希腊哲学史》中曾细致分析了公元前五世纪之前这个词在历史、文学、哲学等文献中的用法，认为其涵义不下十种。但人们一般认为，逻各斯的

---

① ［法］列维—布留尔：《原始思维》，商务印书馆 1981 年版，第 414 页。

② ［法］弗朗索瓦·夏特莱：《理性史——与埃米尔·诺埃尔的谈话》，冀可平等译，北京大学出版社 2000 年版，第 6 页。

原意为"说"、"话语",即指任何讲的或写的东西,包括虚构的故事与真实的历史。或许是言说需要"合理"、"自洽",特别是人的经验的"共鸣",逻各斯后来有了"根据"、"关系"、"规律"、"命运"、"尺度"和"必然性"的含义。撇开这种假定不说,为什么在逻各斯意义上的理性含有规律、尺度、逻辑和必然性的意思呢?考察逻各斯产生的历史便可知其所以然。

就像康德在其《纯粹理性批判》导言中的第一句所说:"我们的一切知识都是从经验开始。"① 感性认识向理性认识的"自动"(就人类整体意义而言)发展是人类共有也是特有的能力,逻各斯正是基于人类这一共有与特有的能力而被提出,亦即,逻各斯正是基于人类所特有的立基于感性认识的那种抽象、推理、追问的能力而产生。

在古希腊,通过如上能力而对世界进行理性认识的第一人应数泰勒斯,他第一次用感性的自然物本身代替神话宇宙论来说明世界的本原,不仅如此,他将万物的变化统一为一个感性的实体,从个别上升到一般,提出了万物本原问题。具体而言,他提出"水是万物的本原"观点,并因此而被誉为哲学之父。② 其后,其学生阿纳克西曼德进一步提出始基(本原)的概念。

毕达哥拉斯学派将关于世界本原的问题朝着更加抽象和逻辑推理的方向发展,指出世界的本原应是"数"。在他们看来,"水"是无形性的东西,它连自己都是无定形的,怎能给世间的万物定形呢?万物的本原应为"数",突出了追求世界可理解的本质的思想追求。

最早将逻各斯引入哲学的是赫拉克利特。赫拉克利特综合米利都学派与毕达哥拉斯学派的成果,指出了万物始基的"火本原"说。他认为:"这个世界,对于其他一切存在物都是一样的……它过去、现在、未来永远是一团永恒的活火,在一定的分寸上燃烧,在一定的分寸上熄灭。"③ 火本原说不但用"火"这一自然元素去解释万物之本原,而且指出了转

---

① [德]康德:《纯粹理性批判》,邓晓芒译,人民出版社2004年版,第1页。
② 邓晓芒、赵林:《西方哲学史》,高等教育出版社2005年版,第16页。
③ 北京大学哲学系外国哲学史教研室:《西方哲学原著选读》(上卷),商务印书馆1981年版,第17页。

化的方式是按照"一定分寸"进行的。该学说认为,火的燃烧本身是无定形的,但它燃烧的方式却是有形的,有一定分寸的(如火苗的形状);同样,万物的运动,无论是火的燃烧和熄灭以及万物的生成和相互变化,都是按照一定的逻各斯进行的。"火是变化无常的,始终处于不断转化的过程中,但其'分寸'、'次序'、'周期'、'必然性'等却是永恒不变的,是万物所遵循的普遍法则。这种永恒不变的普遍的法则被赫拉克利特表述为逻各斯。"① 学者邓晓芒认为,"逻各斯"概念的提出是西方哲学史上一个里程碑式的创举。从此,规律、确定性、必然性、逻辑、理性遂成为西方文化的重要元素而渗透于诸多文化领域。

从逻各斯产生的源头可以发现,"逻各斯在赫拉克利特那里不仅具有客观规律的含义,同时也具有主观理性的含义,并且在这里,逻各斯的客观含义(规律或秩序)与主观含义(理性或智慧)是统一的,所谓理性或智慧就在于对客观规律或秩序的认识和把握。"② 其后,在巴门尼德看来,只有存在才能作为世界的本原,要把握世界的本原,只能由理性思辨和逻辑来把握,靠感性直观是靠不住的。显然,巴门尼德所指的存在,系抽掉了"一切感性"特征和数量规定的存在。

从逻各斯的"诞生"史中,人们不难看到作为理性之本意的逻各斯是如何蕴含普遍性、规律、尺度和必然性深意的,是如何一点点从感性走向理性,从具体走向一般,从偶然走向必然的。③

2. 对自然的哲学思考——理性起源与发展的基础

理性,无论就其起源抑或作为一个范畴,其内涵"一波三折"的完善过程,都与人们对自然本原的追问以及对认识自然方法的探讨活动相关联,亦即与人们关于自然的哲学思考相关联。

在古希腊,哲学家们以对自然事物进行抽象概括的方式去解释、看待世界,这种方式在事实上实现了对以宗教、神话方式理解世界的抛弃,使人第一次从无法抗拒的自然力的压迫和屈服中超脱出来,把自身从自然的

---

① 邓晓芒、赵林:《西方哲学史》,高等教育出版社 2005 年版,第 20 页。

② 周雪峰:《中西理性概念差异及其对传统法理念的影响》,《长沙理工大学学报》(社会科学版)2010 年第 3 期。

③ 参见周雪峰《中西理性概念差异及其对传统法理念的影响》,《长沙理工大学学报》(社会科学版)2010 年第 3 期。

宿命中解放出来。在关于自然的哲学思考过程中，古希腊自然哲学获得发展。考察其发展内容不难发现，经由泰勒斯、阿纳克西曼德、毕达哥拉斯、赫拉克利特、巴门尼德等人的论述，古希腊哲学已显现出了理性发展的最初脉络。到苏格拉底、柏拉图、亚里士多德，古希腊哲学迎来了发展的顶峰，其标志之一就是他们最终奠定了整个西方哲学理性主义的传统。苏格拉底"认识你自己"的口号，表面上要人们的注意力从自然界转向自身，实则主张通过研究自身这样的路径来研究自然。柏拉图基于苏格拉底的研究，提出"理念论"——理性是关于纯粹理念的知识。亚里士多德认为，探索世界本原乃第一哲学问题，现实世界是多变无常的，而实体却是不变的，是第一因；第一因的东西不能通过感性获得，只能通过理性的概念、逻辑、范畴才能得到。

对外部自然（世界）本原的探讨是古希腊哲学的突出特点，在探讨中人们近乎形成了这样的共识：本原是不能靠感性去寻找的，只有运用理性才能真正去发现，因为理性与概念、逻辑相关联，只有理性才具有确定性、恒定性、必然性和客观性。这里，不仅表明古希腊理性是一种自然理性或客观理性，同时也赋予了理性与逻辑的联系。

3. 文艺复兴后近代理性主义的确立——理性内涵的变化与发展

如果说古希腊的理性范畴是立基于自然宇宙论的客观理性，那么中世纪的理性则是立基于心灵哲学的一种主观理性，具体而言即宗教理性。这个时期，人们以对上帝的信仰及上帝所安排之世界秩序的追求取代对宇宙理性的尊崇，宗教理性无度地抬高上帝，使人的个性与主体性遭到了外在力量无情地扼杀。然而，正所谓"祸兮福之所倚"，这种扼杀恰恰催生了启蒙理性，它旨在把理性从神话中解放出来，使人们从恐惧中得以解脱，成为世界的主人。宗教理性虽然以子虚乌有的上帝来解释世界，但其依然隐含了理性的那种"可理解"、"合理"、"秩序化"的特征。

近代理性主义的诞生，使理性的内涵得以变化与发展。这里，以两位思想家——康德和黑格尔对理性的理解为例加以论述，这不仅因为二者是公认的思想巨人，更在于其对理性的理解，对于理性含义的变化发展具有里程碑式的意义。

康德曾将感性与理性作过严格区分，并在二者之间引入"知性"概念，"加深"二者的区分度。他将人的认知能力分为三种，即感性、知性和理性。在《纯粹理性批判中》，他认为：感性指人的认识的"接受性"，又叫"直观能力"。知性立基于感性，是那种主动产生概念并运用概念进行思维的能力，具有自发性和能动性。而理性则是一种比知性更高一级的认识能力，是利用知性产生的概念、理论进行推理的能力。知性立基于经验，而理性是超验的，可以不和经验对象直接打交道。由于理性只和知性已构成的知识相联系，因而是可以向上或向下连续推下去的，作为一条法则，则是要通过理念（理性概念）而获得完备性的整体知识。① 这里，康德给出了理性一个重要而基本的意义——人的利用概念与逻辑规则进行推理的能力。

　　黑格尔，作为德国哲学中由康德启始的那个运动的顶峰，把理性观发展到了较为完美的境地。他扬弃了康德关于理性和感性的区别，强调感性材料与纯粹概念（范畴②）推理得出的理性知识的真理性之间的关系。他认为感性和理性不存在绝对的划分，二者的联系在于思想的超越性，这种超越性实现了感性经验向纯粹思维（理性）的过渡。他提出"思维与存在同一性"的观念，认为，从本质上来讲，事物的本质只有在思想中才能得到规定；另外，人的主观意识在其发展过程中会通过思想超越而上升为客观精神。西方理性主义理论体系中有两个重要构成因素，即努斯（nous）和逻各斯（logos）。努斯一词的本意为"灵魂"，有能动性和超越性之意，努斯精神注重个体的超越性和个体自由。逻各斯即理性，逻各斯精神即理性精神，它注重逻辑和规范性。努斯精神和逻各斯精神，前者发展出了西方的自由主义，后者则发展出了西方的逻各斯中心主义。黑格尔认为，无论是逻各斯还是努斯，二者都是理性，努斯是超越性，人超越感性的束缚要靠努斯精神，亦即人的那种能动性、自由的精神。因此，在黑格尔那里，理性一方面是逻各斯，就是作为一种规范的理性，理性一旦成

---

　　① 邓晓芒、赵林：《西方哲学史》，高等教育出版社 2005 年版，第 211—215 页。

　　② 注：亚里士多德最早提出范畴一词，在《范畴篇》中，他提出"十范畴"。后来，康德提出十二范畴表。范畴的本意就是纯粹概念（它有别于一般概念），所谓纯粹概念，是指具有高度确定性和普遍性的那些概念，可适用于世界上所有的东西，即就事物的某些方面而言，任何事物都可以用范畴加以考察，如因果性，世界上万物都有因果性的一面，因此因果性就是范畴；再如，正义、权利与义务、责任等概念属于法学领域的范畴。正是在这个意义上，哲学中的范畴应用性是最广泛的。

为规范，那就是一种规律，一种必然的命运了。但是理性还有一种能力，那就是超越，超越感性。那么这里是否存在一种矛盾呢？逻各斯要规范，努斯要超越，要冲破规范。事实上，这似乎恰好是黑格尔辩证法之精髓的一种展现。在他那里，真正的规范要靠对感性的超越方能建立，而超越又不是任意妄为，必须在规范的基础上实现超越，二者是辩证统一的，不能走向任一极端。例如：如果逻各斯离开努斯，它就成为一种"铁的必然性"，成为一种让人无法冲破的束缚，正是在这个意义上，后现代反对逻各斯中心主义；如果努斯离开逻各斯的规范，就会陷入神秘主义、相对主义和主观主义，那一切便都是偶然的、完全主观的，甚至会倒向虚无主义。①

　　理性从它诞生起就没有停止过矛盾运动，在黑格尔之后，理性并没有停止发展的步伐，随着黑格尔"绝对理念"的提出，理性主义又一次被体系化、绝对化，理性注定又要向它的对立面发展。事实亦如此，此后，非理性主义逐渐兴起，后现代高举"拒斥形而上学"的大旗，解构和否定理性。不过，从古希腊到黑格尔，理性在它的发展历程中给人们展现了它基本的内涵、主旨，使人们得以在共同的语境下开展理性问题的研究。

　　以上是西方视野中"理性"的基本要义，那么在中国传统文化中，理性的表现形式及要义是什么呢？现略作探讨，以进一步深化对于理性意义的理解。

二　中国传统文化中的理性

1. "理"与"性"

　　对中国传统文化中的"理"与"性"进行拆解性解读是理解中国文化中"理性"要义的重要环节。中国文化中的"理"往往与"道"联系在一起，所谓"道理"就是二者的统一。"道"是中国传统文化中的一个核心概念，"道"就是"恒道"、"天道"，就是关于世界的"本原"、"原秩序"。老子在《道德经》第一章中提出的"道可道，非常道"表明，可以言说的道不是恒道，永久的道即"恒道"往往是不可直接言说出来的。

---

① 　邓晓芒：《中西文化比较十一讲》，湖南教育出版社 2007 年版，第 208—211 页。

"理"，最初的内涵系指按照石头本来所固有的纹理之路去把玉石解开的意思，《说文解字》指出："理，治玉也"（"王"字边旁即指治玉，就是玉匠把璞玉按照玉石本身所固有的纹路解开）。"理"即玉石中的纹路，纹理就蕴含着一定的条例和规律①。后来，"理"在韩非子那里指"规则"、"规范"②；到了宋明理学，"理"的地位得到抬升，上升为宇宙本体，被理解为"天地之理"，作为宇宙最高规律而存在。这个"天理"与人心灵相通，它不仅是天地万物的根本，又是社会等级、人生道德的由来。因此，中国哲学中的"理"既可被理解为一种哲学本体和统治正当化根据即可被理解为"天理"，也可以在行为规范意义上被理解为个体行为规范的"理由"、"根据"。

"性"在中国哲学主要指"秉性"、"性情"、"天然本性"。告子的"食色，性也"（孟子·告子上），其中之"性"即指天然本性之意。

从释义的角度看，无论是"理"还是"性"都与普遍的、一般的规范有相矛盾的一面——作为天理的"理"，由"道"决定，而"道"却不可言说，只能靠个体去悟，显然，对不同个体，其悟的结果是不同的，并且，谁悟得正确，亦无判断标准；再有，人的天然本性也是有个体差异的，体现个体的独特性。那么，中国传统文化中的"理"与"性"如何与普遍的、一般的政治规范以及伦理纲常相关联呢？事实上，在中国传统文化中，对道所悟是否正确是有标准的，那就是天道、先王所定下来的伦理道德③（何以有此标准？是古圣先王认为其是文明的表征，是有人格尊严生存的依据，其体现了人的类特征），且这方面的个体差异性是要受到天理压制的。在中国传统文化中，作为理性之"性"的个体的天然本性也是应该被压制的，以何抑之？主要用道德和政治规范即"理"。在中国主流的传统文化中，尤其是儒家认为人的自然本性需驯服于人的社会性，以体现人的文明生存。这种驯服主要以道德和政治规范即"伦"（类）之"理"来进行。

---

①　邓晓芒：《中西文化比较十一讲》，湖南教育出版社 2007 年版，第 94 页。

②　注：韩非在《解老》曾言"理之为物之制，万物各有理，而道尽稽万物之理"其所言之理意指物之可感知性，如大小、方圆、坚脆、轻重、黑白等。

③　周雪峰：《中西理性概念差异及其对传统法理念的影响》，《长沙理工大学学报》（社会科学版）2010 年第 3 期。

2. 中国哲学语境下的理性

许多学者（如张岱年）认为，当前所谓的理性一词是一个来源于西方的翻译名词，仅就词形而言，中国哲学中少有理性一词。那么，中国哲学中是否有与现代意义上的理性相当的观念呢？回答是肯定的。在中国哲学中，有许多观念表述着理性的意义内涵，虽然不取其为理性，虽然阐述的角度有所褊狭。

孟子的"心所同然"理性学说。学者张岱年认为，第一个较为明确地提出关于理性学说的人即是孟子。孟子在其性善论思想中阐述人是有理性的，他将人之性有所指向化，即"人之所以异于禽兽者"（《孟子·离娄下》），亦即，人与其他动物不同的特点，这个特点在孟子看来，就是人有思维作用。他曾区别耳目与心的作用，"耳目之官不思而蔽于物，物交物则引之而已矣。心之官则思，思则得之，不思则不得也。"（《孟子·告子上》）即耳目为感觉器官，心是思维器官。他进一步认为："心之所同然者何也？谓理也，义也。圣人先得我心之所同然耳。"孟子认为"理义"是人们"心所同然"即人人所共同承认的东西，人人都有理义为然之心，都有共同的是非之心。孟子强调人人都有道德意识与道德情感的萌芽，其乃人有"仁义理智"之性的基础，事实上它也是孟子关于理性学说的基本观点。

荀子"以心知道"的理性学说。荀子反对孟子的"性善"论，而讲"性恶"。荀子谓之的性与孟子所谓的性，意义也不同，荀子所谓的性，是指人生而具有的自然本能，其中也包含在社会中才存在的对权势、名誉的追逐，而不是孟子所谓的异于禽兽之特点。荀子十分强调心的思虑与抉择作用，这种抉择作用常常外化为心的节制欲望的力量。荀子认为，社会治理的关键在于"心之所可"（所可，即所以为然）是否合理，如何才能合理？关键要懂得"道"——通晓天地万物以及古今社会治理的普遍规律。荀子所理解的"心的抉择、节制"功能以及人的认识天地万物和社会治乱之客观规律的能力，是当今理性内涵的基本要义之一。

《中庸》之"德性"、《易传》和《大学》之"明德"所内涵的理性意蕴。孟子强调人的善性，但却没有为这种善性建立概念名称。在子思的《中庸》中（据考证，今之所见的《中庸》应有后人增益的内容），常有"德性"见诸其中；《易传》（传说《易传》是孔子的著作，但从《易传》

的内容看，《易传》当是孔门后学的著作，大概写成于战国时期——张岱年）、《大学》中常有"明德"见诸其中。"德性"、"明德"为何意？据宋代注释家的解释，"明德"、"德性"即指人的善性，亦即天赋的道德本性。《大学》云："大学之道，在明明德，在亲民，在止于至善。""德性"概念到宋代经张载、程颐的扬弃发展，成为中国传统哲学的重要概念，究其内涵的理性意蕴而言，其与近代的德国哲学家康德谓之的实践理性有相通之处。①

程颐的"理性"观。程颐曾提出"性即理也"的著名命题与"理性"概念，他曾曰："性即理也，所谓理性也，天下之理，原其所自，未有不善。"（《程氏遗书》卷二十二上）。学者张岱年认为："程颐所谓理有两层意义，一为道德原则，二为普遍规律。因而程颐所谓'性即理'也有两层意义，一是性中含有道德原则，二是体现了天地万物的普遍规律。"② 显然，程颐这里所谓的"理性"即"理"，不是思辨理性而是一种道德理性——普遍的道德原则与规律。

朱熹的"理之性"。朱熹继承了程颐的学说，肯定了其"性即理"的观点，指出性就是"天然赋予的仁义理智之理"，朱熹进一步地区分了两种不同性质的性，他说："有两个性字，有所谓理之性，有所谓气质之性。"（《语类》卷九十五）朱熹认为仁义礼智之性是"理之性"，它和"气质之性"不同。气质之性有善有恶，理之性则有善无恶。朱熹把"理之性"又称为"本然之性"，或"天命之性"，或"天地之性"。在这里，朱熹认为人具有天然的道德本性，因之人表现为具有道德情感，发展为道德意识。朱熹的"理之性"是超越情感和认识的一种观念，是一种超越的理性。基于朱熹"理之性"的观念，其弟子陈埴遂提出"义理之性"的观念，并逐渐流行起来。

王守仁的"致良知"观念。王守仁特别强调人的良知的意义，他认为人的良知即人的"是非之心"，"良知只是个是非之心"（《传习录》），是非之心是人人具备的，良知即天赋的道德意识；人只要肯定自己的良知，就可以达到很高的道德境界，"人若知这良知诀窍，随他多少邪思枉

———————————

① 张岱年：《中国哲学关于理性的学说》，《哲学研究》1985 年第 11 期。

② 同上。

念，这里一觉，都自消融。真个是灵丹一粒，点铁成金。"（《传习录》）
不过他同时认为，人的良知是可以通过人的思悟而得到扩充的，"我辈致
知，只是各随分限所及。今日良知见在如此，只随今日所知扩充到底；明
日良知又有开悟，便从明日所知扩充到底。"（《传习录》）王守仁的"致
良知"观念有承认人人具有独立思考、辨别是非能力的倾向，在一定程
度上蕴含着现代理性的一些要义。

王廷相关于知识来源于"见闻"与"思"的观点。王廷相反对"德
性之知"的观点，认为一切知识都来源于"见闻"与"思"的结合。没
有"见闻"为基础，人就不可能获得知识。"故神者在内之灵，见闻者在
外之资。物理不见不闻，虽圣哲亦不能索而知之。……夫圣贤之所以为知
者，不过思与见闻之会而已。"（《雅述·上篇》）王廷相运用唯物主义反
映论，强调了"不假见闻"的德性之知是不存在的，对于"思"的价值
给予了高度认同。王廷相的思想反映了人的理性能力，不仅依靠生物意义
上的人特有的思维认知能力，更依靠实践中的见闻以及在此基础上的
思考。

戴震的"心能辨理义"之说。戴震认为，理义不是人的心中所固有
的东西，而是存在于事物的相互联系中，人的心能通过对事物及其关系的
剖析而认识理义，"明理义之悦心，犹味之悦口、声之悦耳、色之悦目之
为性。味也声也色也在物，而接于我之血气，理义在事而接于我之心
知。……，心能辨夫理义。"（《孟子字义疏证》卷上）戴震不但强调心能
辨理义，同时指出心能"悦"理义，含有认识评价的意味。戴震的"心
能辨理义"强调理义是客观的，是事物的相互联系，否认先验的道德
意识。

道德准则能否被人认知、如何认知，客观规律能否被认知、如何认
知，是中国古代哲学领域经常讨论的问题，它们在一定意义上相当于当今
的理性论问题。基于上面的探讨，中国哲学语境中的理性可以这样理解：
中国之理性组合，从本体论视角看，是"理"在"性"中；从实践的视
角看，是以"理"来教化与规范"性"，以实现人性之完善。它不同于西
方文化中的那种追求逻各斯与努斯精神统一的"理性"，亦即中国哲学
语境下的"理性"非为人们所普遍理解、使用的西方文化语境中的理性，
西方文化语境中的理性在中国哲学中有别样的表述之辞与方式。即便程颐

所说的"性即理也，所谓理性是也"，也只是在强调人的"情性"与"天理"之间的内在统一——性中含有理，理体现于性，它与西方哲学传统所说的"理性"完全不是一回事。另外，从关注的视域看，中国哲学语境中的理性理论主要地不是寻求世界万物普遍的、客观的规则与规律，而更多在道德领域寻找那种事先预定好的，不容人们违背的道德准则，以及如何认知、内化这种准则。因此，它的视域范围更多是认知人类社会及其自身，而不像西方文化中的理性，将其视域中心更多聚焦于认知外部自然。在笔者看来，西方传统的"理性"，往往是剔除主观参与和主观感情的，因之，西方文化中少有"情理"一词。

因此，从某种意义上说，西方哲学传统所论及的"理性"问题，不在中国哲学传统的研究视野之中心，而被偏于一隅。因而，倘若把中国哲学语境下的"情理"思想与西方哲学语境中的"理性"精神不加辨析地混为一谈，必将导致由于混淆了不同的"合理"标准（合乎"情理"与合乎"理性"）而造成理论与实践上的混乱。因此，对中国哲学语境中的"理性"之内涵以及西方文化语境中的理性在中国哲学中的表述问题进行探讨，不但有助于加深对一般意义上理性范畴的理解，更有利于避免如上混乱的发生。

三 理性内涵

理性一词，不仅在中西文化中有着迥然相异的内涵，而且，即使在同一地域（如西方），不同文化、不同历史时代的视界均能赋予理性一词不同的内涵。笔者现从哲学的角度，结合中西文化语境下人们对理性内涵的理解，对"理性"范畴作如下解读[1]，试图达到对"理性"理解的些许超越。

在存在论意义上，理性是一个与动物性或物质性相对应的概念，表示一种特殊的实体，这种实体不同于一般事物，具有非凡的特质。如：动物虽然具有感知力和活动力，但与人相比，它们却不具有人缜密的思维与判断能力，这时的人就是一个非同于动物的有理智的理性实体。正是在这个

---

[1] 注：此处参考了学者韩震的部分学术观点，参见韩震《重建理性主义信念》，北京出版社1998年版，第14—17页。

意义上，笛卡尔曾言："严格来说我只是一个在思维的东西，也就是说，一个精神，一个理智，或者一个理性。"① 现在，将理性作为实体性范畴加以理解的人渐趋减少。大多数人认为，理性只是人的身体特别是大脑的机能，它是一种功能概念，而不是实体性概念。正如德国哲学家施奈德巴赫所说的："理性并不是宇宙或历史的本质或基本规律，同样也不是人的灵魂的本质或基本规律。这样就剩下了一个可能：理性是人的理智地存在的能力。"②

在认识论意义上，理性是指人所特有的有别于动物的一种能力，即一种按规则有条理地进行思考的能力，亦即"理解和思考的智慧和能力"③。对于人的这种智慧与能力，近代经验主义者，把人类的理性能力看作是感觉能力的复合。而唯理论者（如笛卡尔、斯宾诺莎和黑格尔等）则认为靠感性经验不能真正认识事物规律，理性主要是指人类在认识世界和获得知识时依赖理论推论和逻辑思维进行活动的能力，即人的大脑所具有的形成概念、利用概念之间的联系进行逻辑推理和判断的能力。在近代，科学的发展似乎证明了这种理性能力的重要与伟大，随着科学主义思潮的发展，以此为中心内容的理性概念得以确立。事实上，上述两种看法都有片面性。虽然人们常说，人有感性和理性两种能力。但问题是，有条理的思考是否绝对不依靠感觉经验，具备纯粹的逻辑推理能力是否必然能获致那种有条理的思考能力，回答均是否定的。唯理论理性观的缺点在于没有认识到"理性往往借助于逻辑手段，但不等于纯粹的逻辑思维能力"④。因此，作为人类独特能力的理性应是上述两种能力的有机统一，"它不像逻辑那样确定、严格、不易变更，也不像非理性因素那样飘忽不定，易入歧途，从而难以捉摸。"⑤ 这种能力实际上是人类用自己的理智机能支配机体活动，调节对环境刺激作出的反应来适应环境的一种能力。唯理论关于理性范畴认识的缺陷以及后来人们以此为基础形成的对于理性范畴的普遍

---

① ［法］笛卡尔：《第一哲学沉思集》，商务印书馆1986年版，第26页。

② ［德］赫·施奈德巴赫：《作为合理性之理论的哲学》，第171页。

③ 见《苏联百科辞典》（俄文版，1980年出版）之"理性"词条。

④ 杨耀坤：《理性、非理性与合理性——科学合理性的概念基础》，《科学技术与辩证法》1999年第5期。

⑤ 同上。

认知，在客观上造就了对理性境域化理解的必要。

在价值论意义上，理性表现为人按照合乎人的根本需要进行思维、活动的智慧和能力。人类对周围环境的反应，不仅仅是为了生存，人们还希望过一种有价值意义的生活，因此，人们往往为自己的活动设定理想目标，并以其导引人的行为。有理智（intellect）不等于有思想；有技能（technical abilities）不等于有智慧（wisdom）。失去思想和智慧的理性将是片面的、破碎的，并可能蜕化为一种像海德格尔所说的单纯的"算计"（Rechnen）——纯粹的技术理性或工具理性。

在人的行为方式意义上，理性表现为人的调节自我能力。当一个人遇事能冷静对待，不放纵自己，拒绝偏激情绪和行为，人们往往说这个人"有理性"。但人往往有矛盾的一面——行为方式合乎理性，但认知上违背理性。那么，做法到底是否合乎理性呢？这就要看具体的境域。

理性概念是个社会历史范畴，它随着人类实践的产生而产生，并随着社会实践的发展而发展。上述角度对理性内涵的解读既有联系又可能有理解上的冲突，既有差别又可能有一定层面的重叠。但是，尽管如此，人们还是可以通过上述对理性的解读获得对理性内涵的大致把握。总体而言，理性是人区别于动物的一种特有的能力，是指人在认识和适应环境中表现出的那种带着一定目的、按特定规则有条理地进行思考与活动的能力。必须承认，即使在今天，人们仍不能为理性确立一个严密的定义，使其涵盖这个概念所曾携带的全部历史意义，但是人们又相信：在其相对的和具体的社会背景（social context）下对它的理解又是可以相互沟通的。

本章小结

本章首先对"语境"进行了前置性解读。接着，主要从认知学、社会学角度对人类理性产生的根源进行了历史解读，以寻找人类"理性"产生的"源"及过程性特征。同时，分别从中西文化语境角度对"理性"一词进行了综合性探讨。

探讨原始人类理性思维活动的重要抓手之一就是运用思维领域的"生物重演律"，它给了人们认知早期人类思维和理性能力形成与发展的科学视角。原始人类理性能力的形成有其特定的生理基础与社会基础。从生理结构机制看，人类理性思维能力形成的物质基础是：健全的大脑和特有的神经生理系统。从社会因素看，运用工具等生产实践活动使人的目的性思维得以形成；同时，使活动和结果的联系成为人的心理反应的主要内容，尤其重要的是，形成了人们依靠手段追求目的、效率的技术理性思维的萌芽。早期人类理性思维活动的特点在于，以"主客不分"为特征；以"集体表象"为基础、以"原逻辑"的"互渗"为基本规律。原始人类在理性能力的形成、理性判断的合理标准等方面往往具有语境性的一面。

理性的内涵在中西文化语境中的理解是不同的。在西方，逻各斯是理性的重要源头，它不仅具有客观规律（或秩序）的含义，同时也有主观理性之意，二者在西方理性文化中实现了统一。在逻各斯的意义上，理性就在于对客观规律或秩序的认识和把握。对自然的哲学思考赋予了理性与逻辑的联系。宗教理性虽然以虚无的上帝去解释世界，但其依然隐含着理性那种"可理解"、"合理"、"秩序化"的特征。近代理性主义的诞生，使理性的内涵得以相对完善。

在中国哲学中，对"理"与"性"进行分别解读，是理解理性的重要环节，许多学者认为，中国哲学中少有西方意义的理性，但有与现代意义的理性想当的观念。中国哲学中的理，既可被理解为"天理"，也可被理解为行为规范的"理由"、"根据"。"性"在中国哲学语境中，主要指秉性、天然本性。中国哲学语境中的理性即是"理"和"性"的组合，它强调以"理"来教化、规范"性"。显然，中国哲学中的理性不是要寻找普遍客观的规律，而是试图在道德领域寻找那种预先设定的道德准则以及如何认知内化这种准则。

通过考察，人们一般从这样的角度理解理性。从本体论角度看，理性就是"逻各斯"，表示一种特殊的实体，即规律、规则；从认识论角度看，理性是指人们利用概念、判断、推理等形式进行思维活动的能力。从价值论角度看，理性表现为人按照合乎人的根本需要进行思维、活动的智慧和能力；在人的行为方式意义上，理性表现为人能进行自我约束等调节自我的能力。

第 二 章

近代西方理性的去语境化

在追求知识的道路上，从远古到古代（古希腊、希腊化、罗马）再到近代，理性经历了"境域性"、"脱域、去语境化"的过程。近代理性形成后表现出明显的自足性和逻辑理性特征，特别是近代唯理论者将理性的先验必然性绝对化，不论是笛卡尔、莱布尼茨的"天赋观念"，还是康德的"先验范畴"，都是排除了感性、偶然性等不确定性的，在他们那里，理性就是要求人们按照客观的严格的逻辑规范去思维与活动。本章从人的逻辑思维能力的跃升、古代理性中的逻辑理性及其对近代理性去语境化的影响、近代理性的逻辑化与绝对化倾向等角度，对西方近代理性产生、发展的历程进行系统梳理，以揭示近代理性的自足性以及追求"逻辑"、"明晰"、"有序"等去语境化特征。

关于近代理性的梳理性研究已相对成熟，本书所作的梳理将有别于其他学者的纯理论探讨，而是将这种梳理置于近代科学技术发展及其社会影响的大背景下进行，因为纵观西方社会发展与文明进步的历史，可以说，在近代，理性及其诸形式主要在科学活动和技术活动中经由抽象而形成，具体地说，是在那些具体的对知识确定性的追求和对世间万象的逻辑追问活动中形成的。

第一节　从原逻辑思维到逻辑思维①

按照列维—布留尔的说法，早期人类的思维是"神秘的和极少逻辑

---

① 注：本部分研究参考了俞吾金先生在《论哲学发生学》一文中的部分观点，参见俞吾金《论哲学发生学》，《复旦大学学报》1986 年第 1 期。

性的"①，这在实际上于一定程度上否定了早期人类思维的理性特征。列维—布留尔的观点长久以来经常受到人们的质疑，如批评进化论的文化相对论者弗兰兹·博厄斯（Franz Boas）就认为早期人类与现代人类在理智上没有多少本质的不同。笔者认为，列维—布留尔把原始理性思维与现代理性思维的差别过分夸大，博厄斯则模糊了双方的差别。早期人类同样有理性与理性思维能力的一面，只是他们是用别样的方式、用属于萌芽时期的理性思维进行着理性化生活。"人类的理性思维，确有一个在历史中不断发展的过程。这是不容否认的事实。"②

列维—布留尔的说法在结构主义的创始人列维—斯特劳斯那里同样遭到了质疑，但后者显然也不同意博厄斯的观点。在他看来，原始思维并不缺乏逻辑，只是他们有与我们不同的逻辑。他说："如果说原始人的神话思维是'修补匠'（bricoleur）的工作，那么现代人可以说是从事'工程师'的工作……工程师靠概念工作，而'修补匠'靠记号工作……记号与概念对立的一种方式至少在于，概念的目的是要使与现实的关系清澈透明，而记号却容许甚至要求把某些人类中介体结合到现实中去。"③ 在此，中介体的介入说明了观念理性与人类行为的不可分离。如我们现代人说某人勇敢，原始人类可能会说这个人是"雄鹰"；我们说某人懦弱，他们会说是"兔子"。"野性的思维在与我们的思维相同的意义上与方式上是合乎逻辑的。"④

因此，讨论早期人类思维与近现代人思维在理性维度的联系，不是彼无此有的问题，而应是早期人类思维中的理性因素如何发展到、发展为近现代被称作理性"主义"或"传统"的问题，后者更有意义，因为正是在对自然、社会的认识上理性的增长，才有了今天的科技、社会的文明。讨论后者这个话题有两条基本路径，一是，从认知学角度，人的理性思维能力是如何进化到近现代水平；二是，哪些社会性因素推动着人的理性能力的发展成熟。下面，首先对第一个问题进行探究。

---

① ［法］列维—布留尔：《原始思维》，商务印书馆1981年版，第427页。
② 韩震：《重建理性主义信念》，北京出版社1998年版，第158页。
③ ［法］列维—斯特劳斯：《野性的思维》，商务印书馆1987年版，第26页。
④ 同上书，第307页。

前文述及，根据"理性"范畴的基本内涵，从认知学角度看，逻辑思维能力问题应该是理性能力问题研究的中心地带（这里仍然要说，理性能力不等于逻辑思维能力），逻辑思维能力的形成、发展是理性能力形成的主要前提，理性能力发展问题可由逻辑思维形成、发展的过程得到说明。因此，认知学角度人的理性思维能力进化问题不能回避人的现代意义上的逻辑思维能力主体性地（与"零散性地"相对）形成问题。

许多学者认为，迄今为止，在人类思维发展过程中，的确有两种不同类型的思维类型，即早期人类的原逻辑思维和现代人的逻辑思维，也就是人们通常所说的原逻辑思维和文明思维。那么人类的思维活动是如何从原逻辑思维过渡到逻辑思维的呢？或者说，历史上真正的理性的哲学思维是如何发生的呢？下面只从认知行为学的角度加以研究。

现行的许多观点特别是哲学教育类书籍，关于哲学思维如何产生的问题通常是这样回答的：生产的发展使原始社会逐步瓦解。随着脑力劳动和体力劳动的分工成为现实，哲学开始作为一门独立的科学产生了。这样的解释，在基本方向上正确，但是过于外在、笼统，忽视了对个体观念"习惯"（其实在现在已成为一种能力）形成的考察。毋庸置疑，原始人的集体表象、原逻辑思维形式是和原始人的集体生活方式一起消退的，问题是要考察由原始思维过渡到文明思维的历史过程中，哪些内在的因素起了重大作用。

一　个体主体性的自我意识的形成

现代人的思维意识能够把关于事物的概念和对事物发生反应的情感与行为较为明晰地区别开来。然而，原始人的思维意识却没有这种能力。

当原始人思维意识主要地受集体表象控制的时候，意识中占主导地位的往往是不间断的互渗感。只是在后来，"当个体开始清楚地意识到作为个人的自我，当个人开始清楚地把自己和他感到自己所属的那个集体区别开来，只是在这时候，自己以外的人和物才开始被个人意识觉得是在活着的期间和死后都具有个体的精神和灵魂。"[1] 亦即只有当原始人

---

[1]　克雷特语，转引自［法］列维—布留尔《原始思维》，商务印书馆1981年版，第432页。

类开始有了个体（或自我）意识，即主客体发生分化之后，灵魂观念才得以产生。

当原始人的个人意识开始感知到作为主体的自我，从而开始在周围的人群中能够分清各个个体的时候，人们的观念也就或多或少明确地规定了作为集体的集体观念，进而也规定了能够把一个集体的各个个体，以及依次把各种集体彼此联合起来的神秘联系的观念。此时，原始先民们的互渗感，已经不再是直接地、真实地被体验的东西，而是可以借助于一些中间环节来获得。例如南美洲的波罗人过去一直认为他们就是金刚鹦鹉，后来他们不再断言自己是金刚鹦鹉了。①

随着早期人类思维中的互渗感通过各种媒介逐渐地与人或物分开，人们的集体主体对一切客观存在的人和物失去了自己的原逻辑兴趣，并开始联系着经验的材料对它们进行分类。这样的结果是，逻辑思维的成分在人们的思维过程中自然地增长了起来。进一步地，随着社会生产与生活的发展，人类的个体意识与集体表象按照相反的比例在变化，大多数世俗的人对神秘的互渗逐渐失去了兴趣，而是以不太神秘、更为客观的方式看待对象。在此过程中，人的文明的逻辑思维能力迅速增强。

二　知觉经验和矛盾律的渗入

随着集体表象的逐渐瓦解，人类的思维中的表象因素开始接近现代心理学所说的那种真正意义上的表象。同时，思维中的经验性的因素作为主导性因素决定思维到的究竟是什么以及随后的行为。

一旦知觉的神秘性逐渐消失，人类就会以较少成见的眼光来看待周围的自然界，于是，不附加多少神秘因素的客观关系，就开始袒露在人们的眼前。比如，原始的农业经济和畜牧业经济，就是人类在渔猎经济的基础上，通过重复性活动而产生的。生产的重复性对于逻辑思维能力与习惯的形成很重要，它不仅使得事物间的必然联系明显化，而且为人们对过程的开端和终结的稳固联系——逻辑联系进行仔细地考察，提供了现实基础。早期人类在重复性的生产活动中靠所积累的丰富经验使事物的必然性特征以及事物之间的本质联系，获得了规律性、概括性的表现。进一步地，人

---

① 张浩：《思维发生学》，中国社会科学出版社 1994 年版，第 414 页。

们"自然地"在思维中建立起了事物间的较为稳定的逻辑联系；同时，可以想象得到的是，人们在思维中也同样建立了违背事物本来联系的行为与所受的"责罚"之间的联系。因此可以说，早期人类的再现性活动是人类逻辑思维的"发生器"。诚如列维—布留尔所说的那样："当原始民族的思维成长到比较能让经验进得去，这时，这种思维也变得对矛盾律比较敏感了。"①

三　概念从生产生活中"沉淀"

从认知学与行为学意义上说，人类理性认知、行为的基础在于概念——通过概念与概念之间的关系来反映事物的本质和规律，通过进一步的判断、推理给出行为导向。在早期人类的思维活动中，由于前述的知觉经验和矛盾律的渗入，用以固定和交流人们思维成果的概念，也逐渐随之形成和发展起来。知觉经验和矛盾律的渗入使思维中神秘的前关联随之削弱，而人和物之间的另一些客观的真实的关系则通过不断的现象重复和过程性重复被感知，表象遂具有一般和抽象的概念的形式。同时，在生产与生活中，一些关于事实上可能或不可能的感觉和观念，也将变得更加明确。更为重要的是，随着思维的发展与实践的复杂化，具有一般和抽象的概念形式的表象和事实上可能或不可能的感觉和观念实现着现实的联系。从前，在人们的脑海中，实际的谬误与逻辑的谬误可能没有区别，其原因是原逻辑思维对二者"漠不关心"。现在，同一个变化、同一个进化过程，往往能使人感觉到同时肯定两种矛盾的说法是不可能的。而那些与经验不相容的关系，也是不能相信的。或者反过来说，这两种不可能性，只是在这样共同的条件下才会被感觉到：那就是必须使集体表象趋向于获得概念的形式。惟如此，原始人的思维才能够区分实际的谬误和逻辑的谬误，同时也就能够摈弃那些与经验无关的神秘的前关联了。总之，对于早期人类，只有形成了关于人和物的足够明确的概念，某些神秘的前关联的谬误才开始被感觉出来。例如，当树木的本质特征能够蕴含和固定在"树"的概念中时，人们要想象树木能说话、能随意移动、能生出人来等等，就成为不可能了。

---

① ［法］列维—布留尔：《原始思维》，商务印书馆1981年版，第442页。

"纯粹"的概念是一种无定型的精神性的东西，它必须借助于它的代替物——可感知的符号（语言、文字等）而获得完善并得以显示（至于符号的含义，往往由特定共同体中人的历史性的社会实践活动所赋予）；必须有一个在一定地域、一定范围人的共同体进行"通约"或"约定"化的过程。否则，人们既无法使自己的思想清晰化，也无法做到相互交流和沟通，更无社会公共理性可言。

因此，概念的形成与进化是特定历史"沉淀"的产物，概念的进化和"沉淀"是一个长期的过程。正如列维—布留尔在谈及逻辑思维的形成基础——概念时所说："概念仿佛是它的先行者——集体表象的'沉淀'，它差不多经常带着或多或少的神秘因素的残余。"① 正是社会性劳动实践活动的发展，人类语言文字等符号的出现与不断丰富，使概念在人们的生产生活中得以不断"沉淀"，进而使现代意义上的那种理性思维活动得以快速发展。

这里似乎不难得到一种启示，要使概念不断满足人类的理性生活需要，特别是科学研究等理性活动需要，就必须使概念具备一种与时俱进的内质，即必须使关于一切种类的实在的概念成为可塑的、易变的、与时俱进的东西，以便让它们在经验教训、新出现的事实的作用下不停地扩大，在固定的范围内变形、分解和重新组合。对此，列维—布留尔早就忠告过："假如概念凝结了，僵化了，使自己形成一个趋向于自足的体系，则应用这些概念的智力活动，便会无限期地运用这个体系，而与概念所要求表现的那些实在不发生任何接触，这些概念就会变成捕风捉影、空洞无物的议论的主因，变成抱残守缺的根源。"② 与此相关有一个有趣的现象，那就是历史上许多古老文明的民族和国家，后来落后衰败了，其原因当然是多方面的，但是思想的守旧和概念的僵化、缺少应有的创新精神，不能不说是其中的一个重要因素。近现代以来"场"、"超导"、"量子"、"信息化"、"生态文明"、"价值理性"等等概念的提出对一个国家乃至整个社会所产生的影响无不说明这一点。

---

① ［法］列维—布留尔：《原始思维》，商务印书馆1981年版，第446页。
② 同上书，第447页。

四　想象力的跃升

关于想象力，现代人一般的共识是，它属于非理性的形象思维。但是，从历史上看，原始人类在类似于寻找规律、解释现象等构建元理论的活动中，由于缺少在我们今天看来科学理论的奠基，而往往依靠想象、思辨性的猜测来构建逻辑框架。因此，此处要表达的想象力有"抽象能力"、"逻辑构建能力"的意味。

在思维由低级思维向普遍性的高级的文明思维变化过程中，上述意义上的想象力起着十分重要的作用。列维—布留尔曾用休谟的名句"任何东西可以产生任何东西"来概括早期人类思维所具有的"想象力丰富"之特征。其时人的想象力不可否认具有两面性：既想象出了许多虚假、荒诞的观念意识，又为人们逐步脱离这个观念世界准备着能力条件——人们的想象力既然能创造神话，也就可能有朝一日用科学和哲学的思维来取代神话。

历史也确实是这样演绎的：在观念方面，早期人们用他们极其丰富的想象力，创造出了许多马克思称之为具有"永久的魅力"的神话，这些神话，至今还能给人们以极大的艺术享受，如中国的女娲抟土造人神话、① 嫦娥奔月神话等。女娲抟土造人神话逻辑性地解释了中华民族人们黄皮肤的原因——抟土所用之土来自黄河流域，为黄色。

在生产生活实践方面，人们同样通过富于想象力的大脑，创造出了萌芽状态的科学与技术。这种萌芽状态的科学技术，虽原始、古老，但却以其独特的方式不断地转化为社会生产力。而随着社会生产力的发展，人们的社会交往相应地不断地扩大。由于劳动中共同协作的需要，产生了言语，进而形成简单的语言和语法并使之不断丰富发展，这在现实意义上为人类逻辑思维能力与应用水平的跃升提供了不竭的动力。

对早期人类而言，如果他们没有如此丰富的想象力和起码的理性推理能力，许多发明创造是永远也不会产生的。果真如此，我们现在恐怕还在与动物为伍。

总之，从认知学角度看，正是随着早期人类个体主体性的自我意识的

---

① 注：关于女娲抟土造人神话始见于汉末应劭的《风俗通义》。

形成、知觉经验和矛盾律的渗入、概念从生产生活中"沉淀"出来以及想象力的跃升，人们的逻辑思维能力才得以从原逻辑层面跃升到现代意义上的逻辑层面，人的理性思维能力才能实现里程碑意义上的进化并发展到近现代水平。

第二节　博弈论视野下西方理性主义逻辑理性特征的形成

传统的西方理性主义之所以具有"讲究秩序，强调以推理作为一切知识的来源，追求知识的逻辑确定性"等逻辑理性①的内质，是由于这样的两个前提：其一：人们具有必要的逻辑思考与抽象概括能力；其二，西方社会特定的语境。对于第一点，自从如上文所述的实现了由原逻辑思维向现代意义上的逻辑思维质的转变后，人类在真正意义上的现代文明起步的地方——古希腊，有了进化成熟的大脑，卓越的思维能力。关于第二个前提，西方有什么特殊的语境使逻辑理性得以形成发展呢？其实，从泛泛意义上而言，西方有许多不同于其他地方的社会文化特质，然而，就本主题而言，这种特殊的语境就在于人与自然博弈的科学传统和"意欲向前"的精神追求。可以从博弈论的角度阐述这个培育了西方特色的文化语境②。

一　西方社会的博弈取向与文化路向

梁漱溟先生曾提出著名的"文化三路向"说，他把整个世界文化系统划分为并存不悖的三个文化子系统，即西洋文化——"以意欲向前要求为其根本精神"，它引领人们在与自然的博弈中一路高歌猛进，成就了作为现代文明奠基性东西的西方科技文化；中国文化——"以意欲自为、

---

①　注：学者杨耀坤认为，就理性而言，古代（主要指古希腊）理性的主要表现形式是逻辑—思辨理性，近代理性的主要表现形式是经验—数学理性，它们最核心的内质是逻辑理性（即使对于经验的推崇，也是为了获得逻辑上可理解的那种知识的确定性，如培根的经验归纳法）。具体参见杨耀坤《科学合理性的历史演变（上）》，《科学技术与辩证法》1999年第6期。

②　参见吕乃基《自然，西方文化之源——博弈论的视野》，《东南大学学报》（哲学社会科学版）2011年第5期。

调和、持中为其根本精神"，它教导人们在人与人博弈中的待人接物、管理社会之道；印度文化——"以意欲反身向后要求为其根本精神"，引导人们追求内心的宁静和满足。梁漱溟先生所言的"文化三路向"说其实对应着特定地区、民族的人们对于传统三大关系的关注取向。从博弈的视角，人生活于世界之上主要进行着三种博弈：与自然、与人（社会）、与自身，相应形成三大关系——人与自然关系、人与人（社会）关系以及人己关系。从历史进程看，一个地区、民族，对梁漱溟先生谓之的三大文化取向的关注与选择，往往"锁定"着该地域、民族的文化路向，在更深的层面影响其文明进步与社会发展的内容与进程。

　　西方社会为什么选择了把与自然的博弈作为人的主要旨趣？在古希腊，人们热衷于考察自然、探究自然，并形成了其特有的自然哲学体系和后来被人们称之为自然哲学的科学传统。然而，古希腊文明并非一夜从天而降，任何文化都有它的源流。丹皮尔认为，希腊文化系基于这样的基础而形成："古代世界的各条知识之流都在古希腊汇合起来，并在那里由欧洲的首先摆脱蒙昧状态的种族所产生的惊人的天才加以过滤和澄清，然后再导入更加有成果的新的途径。"① 例如希腊神话总是力图将反映各种自然物和自然现象的个别神及其行为编织在一个庞大的神的谱系之中，对各种自然现象乃至社会中的一切给出一个无所不包的解释。然而，从生存斗争的角度看，希腊文明中崇尚"自然"的特质，与恶劣自然条件下的人与自然的顽强博弈密切相关。希腊，自然条件可谓恶劣——多山少雨，三面临海，不利农业发展……把与自然的博弈作为人的主要旨趣以及对自然的"苦思冥想"，使汇聚着多方文明的古希腊人破天荒第一次以自然本身而不是神力来解释外部自然，从自然内部寻找其运动、变化的原因。博弈、思索、再博弈、冉思索，这一切，不仅诞生了摇篮中的科学，也形成了追求自足性的逻辑理性。

二　人与自然博弈的特点

　　从一般意义上看，博弈是指主体为了某种目的，基于其所掌握的信息和能力，在与其他主体的互动中作出决策的行为和过程。从博弈系统的角

① ［英］W. C. 丹皮尔：《科学史》，商务印书馆 1989 年版，第 40 页。

度看，影响博弈的因素包括博弈系统内因素和博弈环境。博弈系统内因素主要包括局中人、博弈的规则、博弈的次数与频度。局中人亦即博弈者，是指存在直接利益关系的决策者，其质的规定在于，在多大程度上可以独立决策、承担风险，以及由此可以得到怎样的利益与价值。

关于博弈规则，应包括：首先，各方之间的平权，以保证博弈的公平以及规则的有限和可操作。对于规则而言，规则有限才能保证可操作并且有效，可操作意味着便于自身遵守和对其他博弈者的监督。规则无限实际上等于没有规则。其次，规则须得到博弈各方的认同或参与，这是博弈行为得以进行的基础。再次，博弈规则应公正、一般和稳定有效，以便博弈各方能通过胜或负的经历获取经验教训、积累知识，以及培育信用（对此，亚当·斯密曾早就做过论述）；基于这种规则的众多博弈的深远后果是节约社会运行成本，促进社会的发展进步。反过来说，正是在长期和普遍的博弈中，才可能形成这样的规则。局部和临时的规则将多次博弈转为一次博弈，可能导致失信、背叛和人性的堕落。① 如在当下社会的一些人才招考中，因人制定的局部的、临时的博弈规则，导致的不仅是相关博弈方切身利益的损失，更是政府公信力的削弱。

考察自古希腊以来西方文明的发展历程，可以看出，智慧的西方人正是在内在意义上的与自然的绝妙博弈中，发展出了人们称之为哲学和科学的东西，同时，与之相伴而发展的孪生姐妹便是逻辑理性，她们携手共存，互促互进。

相对于与人的博弈以及与自身的博弈，与自然博弈具有如下的特点。

1. 在博弈中自然的久远性与普遍性

相对于人的存在，自然界可以足够久远，久远到可以对博弈的另一方——人永远奉陪到底。同时，作为博弈一方的自然，具有普遍性的特征，即很少因纯粹的时空改变而改变自己的"行为"方式。再有就是对所有人一视同仁。博弈对手之如是特点使另一方的"人"不得不固化自己的博弈对象——挥之不去，不得不长久地与其博弈，专注于对方出牌的规律特点。同时，总是获得一种动力，即积累前辈应对招数以便更好博弈

---

① 吕乃基：《技术理性在中国———一种对技术理性的后现代解读》，《东北大学学报》（社会科学版）2011年第6期。

的动力。从这个角度便可在一定层面理解人类特别是西方热衷自然规律研究的原动力。理解如下历史史实为何会发生：尼罗河流域的古埃及的水利业从前王朝后期开始，延续到后来的古王国、中王国和新王国，直到托勒密时期，始终保持着发展的势头，在西方水利史上书写了较为灿烂的篇章；狩猎者们从长期的累积性的认识他们猎物的形状、大小，以及它们（动物）的居住地与打猎地之间的距离、打猎地在居住地的方位等实践中积累了许多有关物体的形状、大小和相互之间的位置关系的知识，为几何学的发展奠定了基础；前文述及的希腊人总是力图将反映自然物和自然现象的个别神及其行为编织在一个庞大的神的谱系之中，试图对自然现象给出合理的解释。总之，作为博弈对方的自然界足够久远的特点使作为博弈另一方的人类不得不关注对方，关注对方的出招规律。相应地，这种特点自然可"培育"出人们追求规律，崇尚逻辑理性的特质。

2. 使博弈实现"重复"和"有限"

作为博弈方的自然，具有"一视同仁"的"公正"秉性。同样的语境下，"一视同仁"，有两种情况：一是对于与之博弈的不同主体，不"见异思迁"。对于自然而言，对于与之博弈的人，只要他（们）以相同的方式出同一张牌，那么自然界一般不会变招。二是，对于人类或某些相同主体而言，只要他（们）仍以相同的方式出同一张牌，自然界不会随时间之易而变招。这两种"一视同仁"使人与自然的博弈成为一种"重复"和"有限"博弈。"重复"意味着只要博弈者出一样的牌，那么自然界亦然。"有限"意即不轻易变招、不常变招、招数有限（这里没有"黔驴技穷"之意）。一句话，自然是这样一个与人相对的博弈者：在一定范围内，可以说"道不变，天亦不变"，因而和自然的博弈是"有限规则"和"重复博弈"。或许了解一卜人与人的博弈，能使人们更深刻理解与自然博弈的如上特点。人与人博弈，不管哪一方，若是第一轮输了，第二轮多半会变招，"吃一堑长一智"。这可称为"一次性博弈"；甚至"变换规则"，乃至"无招胜有招"，是为"无限博弈"。若是哪一方或双方换了一个人，同样的博弈内容，结果可能面目全非。

与自然博弈的"重复"和"有限"，决定了其在三大博弈中的简单性。这在客观上给了人们关于自然的特别的印象——"厚道"、"不狡黠"，因而人们总认为，自然呈现给人们的往往是简单而可理解的东西。

对此，牛顿曾进行过表述："自然是单纯的，并总是同自身一致的。"① "寻求自然事物的原因，不得超出真实和足以解释其现象者。"② 为达此目的，哲学家们说，自然不做徒劳的事，解释多了白费口舌，言简意赅才是真谛。因为自然喜欢简单性，不会响应于多余的侈谈③。这一切对于人与自然关系的意义在于：增强了人们认识自然的信心——自然有其规律性，并且是简单而可理解的。

与自然博弈的"重复"、"有限"和"简单"，加之自然对人生存不言而喻的重要价值，使西方人找最容易的对手——自然与之进行博弈。同时，在与自然的博弈中，他们又选择了最容易对付的对手——丈量土地，博弈对手的"招数"几乎最少，可重复性最高，只要寥寥数招，便可洞悉对手的伎俩。初次博弈的顺利，使西方人爱上了与自然打交道，他们在对自然的信任、信心中不断向前。

3. 可以达至"演进性博弈"

前文已述，与自然博弈的"重复"、"有限"性并不代表作为博弈一方的自然是个招数有限的"庸才"。事实上，自然是这样的博弈者：如果超出约定的阈限，或作为对手的人类变招，自然一定会作出反应——用新招加以应对，并且奉陪到底。这样，人与自然的博弈遂演变成了"演进性博弈"。对于人类而言，"正是面对这样一个普遍、持续以及不可穷尽的对手，人类才得以在各项博弈中不断成长、进步，同时也认识到，永远不可能彻底认识和战胜自然，必须尊重对手，进而与对手和谐共处"④。因此，从某种意义上说，自然是一个可以促进你进步的博弈对手。人类只要在与自然的博弈中在尊重的前提下巧妙用招（如实验），达至"演进性博弈"，自然就会毫不吝啬地给予你该得的东西。

人与自然博弈的外化形式主要有两种：其一为科学活动，其二为技术

① 牛顿：《自然哲学之数学原理》Ⅲ，规则111。转引自 [美] 莫蒂默·艾德勒、查尔斯·范多伦《西方思想宝库》，姚鹏等译，吉林人民出版社1988年版，第1354页。

② 徐飞、孙启贵、邓欣：《科学启蒙大师文库——牛顿》，上海交通大学出版社2007年版，第3页。

③ 同上。

④ 吕乃基：《技术理性在中国——一种对技术理性的后现代解读》，《东北大学学报》（社会科学版）2011年第6期。

活动。虽然也会有其他活动如艺术活动等，但人类主要通过技术活动与科学活动和自然界进行博弈。科学重在认识，技术重在实践。自古希腊以来（除去中世纪的一些历史片段），在与自然的博弈中，西方人通过有意识的科学技术活动，积累了大量的知识财富，相应地，也正是依靠这些积累，西方社会也才能在与自然的博弈中步步为营，不断前进。同时，对于人类而言，走过的科学活动育成了科学理性，技术活动则在一定程度上提炼出了技术理性（它们不是绝对对应关系，如人的许多其他性质的活动均可抽象出技术理性）。

三　逻辑理性何以在人与自然的博弈中形成

前面我们说过，从古希腊到近代，甚至是现代，人类理性的重要特质就是逻辑理性，或者说，人类崇尚的理性是一种具有自足性的逻辑理性。那么这种理性是怎样在人与自然的博弈中形成并得到强化的呢？

1. 与自然博弈的"重复"、"有限"和"简单"使人们首先认识到自然的规律性、秩序性

博弈论认为，博弈主体的特点，作为博弈前提，决定着博弈的规律和特征。对人而言，与自然博弈呈现出的"重复"、"有限"和"简单"性特征，必须以自然具有"循规蹈矩"性的一面为前提。或者说，如果自然变化无常，变动不羁，是不可能呈现"重复博弈"、"有限博弈"形态的。

从另一方面看，"博弈的效能之一是双方关系的不断建构和创生"。在人与自然的博弈中，人与自然建立了起码的认知关系、实践改造关系（当然还有审美关系、价值关系）。在人对自然的认知与改造中，由于自然的足够久远，由于自然不轻易随主体的变化、时空的转换而变招，因此，人们得以有条件与机会去洞悉自然的伎俩，从而发现其规律性的一面。这里笔者说明一个问题，以免遭受不必要的诘难或使所言道理遭受怀疑，即不要指望人类或某个主体接触、研究一切事物与现象后再下"自然是有规律、有秩序的"之结论，那样的话，无人做到，也不必。在人与自然博弈中推出自然的规律性、秩序性之本质，人们往往是用一种基于实验论证的由此及彼、由表及里思路加以完成的。这种认知事物的方法，不但为许多大家所认同，更被不断发展着的历史所证实。

弗兰西斯·培根就认为："人类理解力依其本性容易倾向于把世界中的秩序性和规则性设想得比所见到的多一些。"① 文艺复兴时期法国人文主义思想家蒙台涅也认为，自然总是按照其固有的秩序规则运行，自然的变化是自我控制的过程，"正是自然本身控制着它的过程。如果有人对它现在的状态作出了充分的评价，那么他就能很有把握地推断出它的过去和将来的全部情况"②。该观点虽然以反神性为主旨，但其中关于自然的规律秩序性思想同样是明显的。

2. 博弈的"重复"、"有限"以及"演进性"的形成为逻辑理性的确立与发展提供着抽象的基础与强化的条件

柏拉图曾通过其著名的洞穴假象比喻告诉人们，真正的哲学家就是从这个洞穴逃到真理之光中的囚犯，他因与真实的自然的交往而变成一个具有真实知识的人。要实现知识的超越，必须从人与自然的真实交往开始。

和自然所进行的"重复"、"有限"乃至"演进性"的博弈，以及对自然规律性秩序性的把握，使人们得以在长期的广泛的时空中通过一致和稳定的"案例"抽象出逻辑理性。

在抽象过程中，人的主观逻辑性的思维能力的形成非常重要。自然界的自在运动，是一种无意识、无目的的自发运动过程，自然事物以相互作用、相互联系的形式呈现出的各种物质形态的辩证运动和发展规律就是人们谓之的客观事物的辩证法。而主观辩证法则是指人类认知和思维活动的辩证法，即以概念作为思维细胞的辩证的和理性的思维运动和发展的规律。显然，客观事物的辩证法与人的思维活动的辩证法从形式上看是两个系列的运动，彼此之间遵循着某些不同的运动规律并呈现出不同的特点。但是，从两个运动系发展的历史看，二者却具有内在的关联性。

在科学史上，苹果落地是地球引力的结果，然而，正因为苹果落地才使牛顿受启发而想到"万有引力"（剑桥大学三一学院博物馆中至今还陈列着那棵苹果树的一段枝干，以示纪念）；开普勒能够在数理天文学方面

---

① ［英］培根：《新工具》Ⅰ，45，转引自［美］莫蒂默·艾德勒、查尔斯·范多伦《西方思想宝库》，姚鹏等译，吉林人民出版社 1988 年版，第 422 页。

② ［法］蒙台涅：《散文集》Ⅱ，12，转引自［美］莫蒂默·艾德勒、查尔斯·范多伦《西方思想宝库》，姚鹏等译，吉林人民出版社 1988 年版，第 1392 页。

取得杰出成就，除了弟谷的因素①，还在于他有两个坚信：由于他是一个毕达哥拉斯主义者而坚信宇宙间充满数的和谐；由于坚持存在与思维的统一性而坚信运用数理逻辑思维能揭示宇宙和谐的真相。② 太阳系中的天体运行普遍遵循开普勒的行星运动三定律，牛顿对它的解释是，正因为"行星之间本身就存在那种被人们后来所理解的天体引力因素"。按牛顿的说法，先有行星之间力的关系的和谐，才有弟谷所观测的行星在位置、现象方面的稳定一致，才有开普勒对行星规律的逻辑解释及其结果——行星运动三定律。"历史的东西是逻辑的东西的基础"，客观事物存在的辩证法与人的思维活动的辩证法具有内在的统一性、同一性。特别是，事物存在的规律性与人的思维活动的逻辑性之间具有内在统一的一面。否则，如果没有抑或不承认这种统一性，则人的逻辑思维能力将变得神秘化。

在哲学史上，早在古希腊，巴门尼德就探讨了思维与存在的同一性与同构性问题。在前人思想的基础上，巴门尼德看到了现象与本质、经验与理性的混乱以及确定性知识获得的迷茫，试图在思维中划定现象与本质、经验与理性的绝对界限并建立同构关系来获取确定性知识。巴门尼德认为，探求确定性知识，人只能设想两条探求道路，"第一条是：存在者是存在的，是不可能不存在的，这是确信的路径，因为它通向真理；另一条是：存在者是不存在的，非存在必然存在，这一条路，我告诉你，是什么都学不到的。因为你既不能认识非存在（这确乎是办不到的），也不能把它说出来。因为思维与存在是同一的"③。进一步地，巴门尼德通过在纯思维与纯存在之间建立的同一性，划定了思想中理性思维与感性经验的不同，以及现象与本质的不同。他认为，作为获得确定不变知识的认识路线，只能是用逻各斯的理性能力去把握对象不变的本质；只有通过纯思维的抽象规定，思想给思维和对象"立法"，才能获得那种确定性的知识。

---

① 注：开普勒为弟谷的助手，弟谷擅长天文观测，但不擅长数理思维。而开普勒则因生理原因（小时因得猩红热而损坏了视力）无法获得第一手的科学事实材料，擅长数理思维的他利用弟谷观测的成果进行数理分析，成就了天文学领域的行星运动三定律。二者精妙的合作，成为科学领域的佳话。

② 童鹰：《世界近代科学技术发展史》，上海人民出版社1990年版，第124页。

③ ［古希腊］巴门尼德：《论自然》残篇D4，转引自北京大学哲学系外国哲学史教研室《古希腊罗马哲学》，商务印书馆1961年版，第51页。

现代马克思主义哲学认为，主观世界和客观世界在内容上具有同构性。同构，指具有彼此对应的基本要素及其结构方式。主客观世界的同构性是由主观世界本身形成的前提、条件和基础造成的。主观世界是不能脱离客观世界而独立自存的实体，更不是一个超然于客观世界而自在存在的世界，它在根本上是由客观世界派生的。从本质上说，主观世界是对客观世界的反映，它在观念的形式中反映着客观世界的内容，在概念中凝结着对客观世界本质的理解。并且，人类总是立足于实践，并从实践出发去验证人的思维活动的辩证法与客观事物辩证法相统一的程度。

关于人的思维活动的辩证法与客观事物的辩证法的统一性，恩格斯同样有过精辟的论述。"所谓的客观辩证法是在整个自然界中起支配作用的，而所谓的主观辩证法，即辩证的思维，不过是在自然界中到处发生作用的、对立中的运动的反映。"①

因此，人们在和自然的博弈中，把握了自然的规律性与秩序性，发展了人的主观的逻辑思维能力，并使逻辑理性得以由抽象而诞生。

逻辑理性的形成，因其在逻辑论证、追求确定性知识中的作用，特别是在认识抽象的一般概念的本质实在中的作用——逻辑理性把概念和概念之间通过与第三个概念的联系来建立可理解的一般概念之间的逻辑联系，进而形成理论②，这种具有自足特征的理性形式可很快成为人们的一种信念并得到发展。即使在遥远的古希腊，人们也狂热地追求这种能力。近代哲学家怀特海指出，希腊的天才人物是"富于哲学性"的，并且"长于逻辑"；"他们要求得到清晰而大胆的观念，并用严格的推理方法把这些观念加以推演"；"他们都是明智的思想家和大胆的推理家"③。哲学家巴伯认为，在亚里士多德对推理规则做出卓越的正式阐述以前很久，就存在"理性思维"，并且"推理的逻辑规则在其中是隐含的和有效的"④。他们善于理性的悬思，"更感兴趣的是一个系统内部的一致性而不是客观的实验；他们主要诉诸于'合理之某种主观的体验，'以及'内在一致的推

---

① 《马克思恩格斯文集》（第9卷），人民出版社2009年版，第470页。
② 王荣江：《未来科学知识论》，社会科学文献出版社2005年版，第25页。
③ ［英］A. N. 怀特海：《科学与近代世界》，商务印书馆1959年版，第7—8页。
④ ［美］巴伯：《科学与社会秩序》，三联书店1991年版，第7页。

理'。"① 也就是说，希腊的思想家专注于在逻辑上组织知识的能力，要求知识获取逻辑论证的普遍必然的确定性。

古希腊之后，科学发现的节节胜利使西方的人们更加信仰逻辑理性的力量，并不断发展其内涵（关于这一点，将在下节详述）。这一点，到笛卡尔时期达到了顶峰。"我可以毫不踌躇地说，我觉得我有很大的幸运，从青年时代以来，就发现了某些途径，引导我作了一些思考，获得一些公理，我从这些思考和公理形成了一种方法，凭借这种方法，我觉得自己有了依靠，可以逐步增进我的知识，并且一点一点把它提高到我的平庸的才智和短促的生命所能容许达到的最高点。"②

从古希腊的本体追问，到近代经验范围内对确定性知识的追求，逻辑理性的形成与发展，在客观上促进了科学与知识论的发展。而反过来，科学与知识论的发展也在证明着逻辑理性的能量，使其在近代取得了信仰的形式。在这个过程中，近代逻辑理性的自足性、机械性、绝对化倾向越发彰显，她拒斥实践的、建构的理解方式。然而，近代逻辑理性的这种倾向恰恰为其向自己的对立面——语境化理性转化准备了基础。

第三节　近代西方理性的逻辑自足性

本节从古希腊开始，对近代西方逻辑理性的发展及其特征作梳理，鉴于学界关于这方面的内容研究相对成熟，在此仅作扼要概述。

从人和自然博弈的视角所探讨的人的逻辑理性的形成与发展问题，只是揭示了逻辑理性在西方形成与发展的内在的"源"与逻辑根据。但毋容置疑的是，这种逻辑根据一定以某种外在的形式在具体的历史活动中被演绎着、表现着，亦即逻辑理性的形成与发展有其特定的外在表现形式。对这种外化的表现形式进行梳理，对于深刻理解近代西方理性的特质同样重要。科学活动和技术活动是人与自然博弈的两种主要外在表现方式。纵观西方社会发展与文明进步的历史，可以说，逻辑理性主要在科学活动和

---

① ［美］巴伯：《科学与社会秩序》，三联书店 1991 年版，第 50 页。

② ［法］笛卡尔：《谈方法》Ⅰ，转引自［美］莫蒂默·艾德勒、查尔斯·范多伦《西方思想宝库》，姚鹏等译，吉林人民出版社 1988 年版，第 529 页。

技术活动中经由抽象而形成，具体地说，是在那些具体的对知识确定性的追求和对世间万象的逻辑追问活动中形成的。

一　古代理性观：近代理性形成的摇篮

正确考察近代①理性的特征属性，不应遗漏其走来的历史，就像关于近代知识文明与古希腊的关系，恩格斯曾指出的那样——"在希腊哲学的多种多样形式中，差不多可以找到以后各种观点的胚胎、萌芽"②。基于此，对古希腊以后的古代理性观的内容、特点进行考察十分必要。

有人认为，科学是理性的象征。这种思想表达了科学突出理性第一的精神。这种理性是什么？实际上就是科学知识的确定、合逻辑、可理解。科学是一种追求知识的活动。事实上，反过来，不论是古代，还是在近代，理性主义的色彩体现得最充分的领域就是科学求知活动领域。

古希腊人第一次破天荒地以自然本身去解释自然，从自然内部寻找自然运动、变化的原因，而不是如这之前的以求助于神灵或某种超自然物的原始宗教形式。古希腊人解释自然的具体方式体现于其科学活动中。"古希腊的科学可分为前后两个发展阶段，分别具有不同形式。前一阶段自公元前7世纪至公元前5世纪，主要表现为自然哲学；后一阶段由公元前5世纪至公元前3世纪，科学与哲学开始分化。在科学中既增添了理性色彩、逻辑的力量，也开始对具体事物感兴趣，逐步分门别类地研究。"③

（一）以物理学为主干的自然哲学期

第一阶段的自然哲学，若以今天的眼光视之，它同时具有哲学与科学的表现形态。你若认为它是科学，但它却主要以思辨的形式探究自然万物的本原、第一因，而这恰恰是物理学，即古代与近代泛指的自然科学，之后的研究对象，因而具有哲学的"品质"；你如果认为它是哲学，但从考察的对象角度看，其考察的东西恰恰是自然，有科学活动的特征。

崇尚智慧、理性和正义是希腊民族优秀的品格和精神素养之一，这种

---

① 注："近代"是个有歧义的概念，歧义的表现更多在于时期阶段的划分，根源在于学者们从不同角度以划分。本书从科学技术与社会文明发展两个维度将"近代"作这样的划分：由文艺复兴到19世纪末。相应地，现代大致贯穿20世纪。

② 《马克思恩格斯选集》（第3卷），人民出版社1972年版，第468页。

③ 吕乃基：《科学与文化的足迹》，中国科学文化出版社2007年版，第7页。

精神和品格使古希腊学者普遍追求一种"理性至上，理性支配、主导非理性"的唯理主义倾向，以及崇尚一种通过抽象概念和原则的思辨发展自然哲学的理性方法。与此相一致的是，以自然哲学这种特殊形式出现的对自然的那种科学活动与哲学研究，就凸显着两种理性形式——逻辑理性与思辨理性。

1. 逻辑理性

古希腊学者常常将逻辑的知识与方法应用于科学活动，并用于建构理论、解释现象。从古希腊科学（如果可以这样称呼的话）发展的历史看，自然哲学的具体内容虽然因人而异，但一般都是从有限的直觉的观察中抽象出所需要的结果——万物的始基即世界运动变化的原因，再由此推演解释其他原因与现象。具体说来，古希腊科学的研究手段主要有两个，即思辨猜测和逻辑推理，并且二者常结合使用。"一种上升式归纳：从少量、单个的事实出发，经过想象、类比、猜测，概括提升出普遍性结论"是古希腊人常采用的发现模式。

伊奥尼亚学派的泰勒斯是希腊自然哲学的第一位代表人物。他首先认为，自然间存在一种东西，它是世间万物形成的原——始基，其他事物毁坏后将又复归于斯。那么这种东西是什么呢？他观察到，万物或多或少都含有水，水具有不灭的特性，变化的只是其存在形式和含量的多寡。就此，他认为，万物的始基应是"水"。"万物始基是水"的哲学命题，是关于世界万物本原的最一般的抽象，虽然在表现形式上有感性经验的成分，但它是"关于自然界的理性观点的开始"[①]，这种理性抽象的概括，表明古希腊人通过思辨与逻辑获取普遍知识的那种理性努力，它虽然从感性经验开始，但是它一开始就指向那不同于经验事实的本质存在。

更为重要的是，泰勒斯在几何学上的革命性贡献及其对人的逻辑理性增长的影响。或许是出于"好奇"，抑或是出于追求与感性变化的事物不同的、具有普遍性的那种知识，泰勒斯把原来属于古埃及和巴比伦的"实际几何学"（经验几何知识）变成了"推理几何学"。据考证，在泰勒斯早年时期，他就开始学会借助于一些公理或真实性的确定命题来证明

---

① ［美］M. 克莱因：《古今数学思想》（第一册），张理京等译，上海科学技术出版社 1979 年版，第 32 页。

某一论题的真实性，并且，至少有五条几何学定理是由泰勒斯所证明的[1]。泰勒斯的革命性努力，"率先探索了科学知识获取的途径，展现了科学知识理论化的理想"[2]。同时，这种追求知识的理性努力，也体现了一种运用逻辑推理获取知识的一种倾向。后来的古希腊自然哲学家们，在"推理几何学"的吸引下，逐渐对具体的经验事物缺少兴趣，试图追求一种通过思想自身的能力从总体上把握世界的能力——逻辑理性能力。他们对人的理性智慧寄予了很大希望，认为人的理性具有至上的力量，可以直面世界的本质。从这里，不难看出，在古希腊人那里，人的理性能力与人的逻辑推理能力以及获取确定性知识的能力几乎是等同的。

然而，也有违背"从事实出发，经过想象、类比、猜测，概括提升出普遍性结论"的逻辑思维规则的，但是，这种违背，并没有否定人的逻辑理性能力，而是对其极好的运用。泰勒斯的学生阿那克西曼德接受其老师关于万物有其本原存在的思想，但他同时也看到了泰勒斯"水"本原论的矛盾——万物如何由水而得以生成。他认为，万物的本原不可能是任何诸如水火之类的可见物质，而是某种不生不灭的东西。他称之为"无限"。这个不可觉察的物质处于分离成诸如冷与热、干与湿等对立性质之前阶段，因而体现了一切现象的最初的统一。于是，他提出"无限者"为万物之本原。他扬弃泰勒斯本原论的思路是：用观察的感性的方式寻求万物的本原往往不能得到具有本原原初意义的那种万物的本原，而应该反过来从万物的各种性质出发，去找到一种在逻辑上可能产生出万事万物的存在物，即通过对万事万物性质的分析，从逻辑上导出那种能产生万事万物的确定的本原应该是什么。为此，他指出这种本原应具有的规定性：时间上具有先在性，具有包含万事万物一切性质的无所欠缺性，它是永恒的和能动的，万事万物产生于它同时最终将复归于它。阿那克西曼德尽管是遵从一条与泰勒斯不同的寻找本原的路径——从要作为万物本原的的本原应该具有的规定性出发寻找本原，但显然他抓住了泰勒斯思考问题

①　吕祥：《希腊哲学中的知识问题及其困境》，湖南教育出版社1992年版，第12—13页。

②　周昌忠：《西方科学方法论史》，上海人民出版社1986年版，第6—7页。

的精髓——逻辑推理①。

阿那克西美尼循着阿那克西曼德的思考方式，逻辑性地推导出"埃尔"（气）是万物的本原——因其无具体性质。由于以泰勒斯、阿那克西曼德以及阿那克西美尼等为主要代表的米利都学派受限于要从感性化的世界中去寻找万物的本原，阿那克西美尼最终还是将气视为感性的存在物。但有意义的是，他们这种从"应然"的本原是什么去寻找本原的思维方式，导致了以后的哲学家对感性和思想的区分，并用这两种不同的认识方式把握不同的认识对象（如对于抽象的思想之物——如质点、电子云只能用思想方式去把握），这对于后来的西方哲学认识论的发展是极为重要的。

毕达哥拉斯学派提出"数是万物的本原"，突破了米利都学派从感性化的世界中寻找万物本原的阈限，试图通过事物中的数及其关系的确定不变性来获取关于对象的精确的知识。该学派的观点过于强调抽象的数及其关系对世界的本质意义，反映了一种超越现象事物而直接追求事物背后那种不变本质的认识方式在形成，追求这种认识方式的目的在于"达到一种更高级的实在"②。同时，他们也开创了一条认识方面的先河：有别于以往"感性经验——理性概括"的认识路线，走出了一条直接从某种理性的抽象原则"下到"经验世界万事万物的认识方式③。该认识事物方式的形成，可以说与米利都学派不断强化思维逻辑理性的那种努力不无关系。毕达哥拉斯学派的这番努力，使思维逻辑理性不断得到人们的尊崇，知识的探究走上了一条跨越感性、追求思想观念中不变的实在本质的"本质主义"道路。

需要指出的是，从自然哲学的发展内容看，古希腊前期，大多数思想家走的是一条"从经验事实出发，经过想象、类比、猜测等形式，概括

① 注：当时的思想家一定是有思维推理能力并按照一定的推理规则进行推理的，只不过，当时的思想家们没有将其作为重要的对象而进行专门地研究。对思维推理及规律进行专门研究始于亚里士多德，他的研究及成果的取得可以看做是其自己苦心求索的结果，但不管怎么说，也有历史总结的成分。

② 北京大学哲学系外国哲学史教研室：《古希腊罗马哲学》，商务印书馆1961年版，第39页。

③ 参见陈修斋《欧洲哲学史上的经验主义和理性主义》，人民出版社1986年版，第35页。

提升出普遍性结论"的求知方式。然而，这类思想家也罢，以阿那克西曼德以及阿那克西美尼为代表的后米利都学派以及毕达哥拉斯学派的思想家也罢，虽然他们对认识事物的方式有异，甚至存有较大差别，但是，他们在追求知识活动中所体现的逻辑理性特征以及人们对逻辑理性的尊崇却是共同的。

2. 思辨理性

如前所述，虽然有阿那克西曼德、毕达哥拉斯等对经验世界的"忽略"，但古希腊自然哲学家们的认知逻辑仍然更多的是"经验现象—普遍原理—更多现象的解释"。不但如此，在从"经验现象—普遍原理"环节，所实现的"跨越"模式往往是在简单的经验事实启发下的思辨猜测的模式。阿那克西美尼关于世界本原的"气本原"说，有逻辑性的推导，但作为论据或前提的许多东西却是靠猜测得来的。他认为，"埃尔"（气）之所以可以成为万物的本原，是因为：它无具体性质；物质之所以有不同的形态是气的收缩与扩散的结果；气稀薄时便形成火，凝聚时就依次形成风、蒸汽、水、土和石。类似的还有前述的阿那克西曼德的万物"无限"本原说，德谟克利特的"原子"本原说……等等，不一而足。

以逻辑推演为基础的思辨理性在当时具有广泛的普遍性。究其原因，应该是其形成时人们的经验基础薄弱、缺乏正确的理论基础、实验条件不具备，而希腊人又具有强烈的理性探索精神所决定的。

同其他民族相比，闲暇的希腊人对于宇宙事物有着特有的好奇心。"求知是人类的本性"[①]。在求知好奇心的驱使下，希腊人以他们的爱好、果敢与特长追求爱智慧的知识——永远正确的、具有普遍解释力的那种确定的元知识（Meta-physics）。但是，这种追求是在一种没有前人理论作前置性铺垫、实验思想与条件尚不具备、关于自然的知识经验尚缺乏的情况下进行的，因而，在方法手段上难免有主观猜测性。再如公理方法，它是希腊人进行知识演绎并试图使之系统化的一种理想化手段，但是，在今天看来，"公理的直观性、自明性、公理选择的自由度等等均说明作为理论

---

① 注：亚里士多德在其《形而上学》中表述的第一句话就是"求知是人类的本性"，这从一个侧面揭示了古希腊哲学家认识和把握世界的一个重要动力——求知的好奇心。后来人们揭示的科学发生的前提，在一定层面证明了这一点。

体系演绎前提的公理具有虚构性、猜测性"①。

对于思辨，古希腊人为其是设立了逻辑框架的，亦即不是随意的无原则的思辨与猜测，所作猜测应在理性可以理解的范围。关于这一点，有两个极可宝贵的东西体现于古希腊的思辨理性中②，其一，虽然经验依据薄弱，但思辨猜测总是立基于经验启发之基础上，并且总是力图让猜测的结果回到观察，以便解释所观察到的具体现象；其二，思辨性猜测往往在一般理念（观念）的指导下进行。前者保证了思辨的可靠性，后者则使猜测易于理论化。在此，不妨考察中国古代科学活动中的思辨猜测，与古希腊相比，它显然有一缺陷：对经验的研究往往停留于现象描述，经验同理论脱节；而理论构建往往以不以经验为依据的纯思辨为手段，思考总是陷于整体的混沌的猜测。这些不足使中国古代科学的理论构建遭遇难以克服的困难。

逻辑理性与思辨理性是以物理学为主干的自然哲学时期希腊理性的重要表现形式，它们使希腊人凭借对自身这两种理性能力的信仰，在猜测与思辨中寻找逻辑，用逻辑解释思辨猜测，为后来逻辑理性的发展奠定了基础。

（二）科学与哲学的分化期

在第一阶段的那种追求确定性知识的科学活动中，人们以大胆而果敢的猜想来代替今天看来所必需的确凿的根据与严密的推理。第一阶段虽然以这样的形式探究知识，但它让人们看到了逻辑理性鲜明增长的影子，看到了逻辑为理性立法的历史演绎真相。

随着人们思维的进一步发展，人们不免会提出这样的疑问：靠经验所感知到的类似于水、土、气、火的具体的个别的东西如何能解释无限丰富多彩的万物？于是人们开始提出一些较为抽象的始基概念，如巴门尼德（可以认为是第一、二阶段过渡时期的人物）的"存在"、"理念"等。同时，在第二个阶段，人们的认识取向开始分化：一部分人转向远离感性世界的抽象化哲学研究，一部分人转向具体的物理学研究，还有一部分人开始关注人生、社会。总之，这个时期，物理学（自然科学）与哲学开

---

①　杨耀坤：《科学合理性的历史演变》（上），《科学技术与辩证法》1999 年第 6 期。

②　参见杨耀坤：《科学合理性的历史演变》（上），《科学技术与辩证法》1999 年第 6 期。

始分离。相应地，这个时期在对自然认识方面的理性增长主要表现为数学理性和逻辑理性。

古希腊的数学理性有着极深厚的知识和观念基础。从知识角度看，毕达哥拉斯学派在当时有着很深的数学造诣。"古埃及、印度等地由经验来画直角，在中国是'勾 3 股 4 玄 5'。这一学派则首次用演绎方法加以证明。另一项突出的成就是认识到第一个无理数 $\sqrt{2}$，被后人称作数学史上的第一次危机。$\sqrt{2}$ 是经验器官、实地测量所无法把握的，唯有凭籍理性。"① 这些造诣显然以其演绎、逻辑的特征与能力显示着数学理性发展的层次水平。在观念方面，崇尚数学方法并在客观上服务于科学认识的主要观念有：（1）宇宙理性论中浸透着数的和谐。毕达哥拉学派认为数即宇宙的"始基"，为万物之源。万物的规律和秩序必然体现为数的和谐。柏拉图充分认同这种数学理性主义观念，并将其发扬光大。他把数看作是通往理念世界的唯一道路（这里，人们可以想象这种理性合理性标准的苛严性甚至是绝对性——是拒斥语境的），并声称不通数学者不能做他的学生。关于宇宙充满数的和谐的观点后来成为一种影响深远的科学思想，它对许多科学家的科学活动产生影响，如开普勒、牛顿。（2）数学是获取宇宙奥秘的钥匙。这是"宇宙数和谐论"的逻辑推论。（3）数学模型能够"拯救现象"。该观念认为，对于现象的本质探究，可以先确立先验的数学关系，然后看现象是否与数学关系推演的结果相符，如果相符，迷乱无序的现象便得到了"拯救"。这同样是一种影响深远的科学思想，因为这意味着，对现象提供辩护的原理可以首先进行假设，它们完全可以不是物理上真实的。实际上，这和我们今天科学发现的逻辑之一——先提出假说，然后验证、修正假说是相承的。事实上，在古希腊，"数学模型能够'拯救现象'"的观念在认知实践中的确在被一些学者实践着。在天文学领域，托勒密的关于宇宙结构的模型实际上就是一个旨在"拯救现象"的数学模型。

希腊科学的数学理性对后来近现代科学的发展影响很大，在近现代科学时期，许多科学家在信仰方面，首先把上帝作为一个数学家，认为上帝

① 吕乃基：《科学与文化的足迹》，中国科学文化出版社 2007 年版，第 9 页。

是按照数学法则来构建宇宙的，因而，要获得上帝构建宇宙秩序的奥秘，唯有数学方法。具体而言，除了前述的开普勒、牛顿等近代科学家基于这种数学理性获得重要发现，即使现代一些著名的科学家也十分注重这种理性能力的运用与培养。如关于黎曼与"黎曼几何"，爱因斯坦认为，黎曼用纯粹数学推理的方法，得出了几何学同物理学不可分割的思想。

相比而言，中国古代与近代数学实质上只是在计算技艺与具体的解题技巧方面有所发展（如《九章算术》），中国数学既没有为宇宙论等提供概念基础，也没有为科学发现提供方法论原则，更没有成为科学理论体系建构的手段。数学理性残缺不全，是中国古代科学（包括技术）整体残缺不全的重要原因。

在第二阶段，逻辑理性依然是继续增长的理性形式，表现在对逻辑思维方式的崇拜与研究上。其中最著名的是亚里士多德的《工具论》，主要讨论以三段论为核心的演绎法。另外，亚里士多德还最早提出两类归纳法：简单枚举法（近代自然科学研究中盛行的归纳法实际为改进后的简单枚举法）和直觉归纳法。亚里士多德倡导将两种方法综合使用以发现知识世界的奥秘。他强调，科学发现应遵循"归纳—演绎"的逻辑模式（实际上，在他那里，该模式的非逻辑因素被"隐去"了），并具体指出了如下研究程序：认知活动首先从观察开始，然后进行理论概括上到一般原理，而后从所获得的普遍性原理下到观察。前者是归纳过程，后者是演绎过程。演绎阶段的目的在于进一步解释观察现象，而不在于以观察事实去检验一般原理。古希腊（包括亚里士多德）高度发展的是演绎逻辑，而非归纳逻辑；亚里士多德所注重的是演绎阶段，而归纳则是"匆忙"的，它主要起着为演绎提供前提的作用。

另外，在对确定性知识的探索中，先哲们还发明了"下定义"方法，同样凸显了人们逻辑理性增长发展的一面。"下定义"的求知方法为苏格拉底首创。苏格拉底认为，对概念的求索（虽然对他来说，这些概念更多地只是伦理概念）就是认识事物的本质，它对知识往往有着普遍的意义。同时，他认为，事物的概念不是人凭纯粹的思想的能力造出的，而是为人所发现的（这一点很重要，否则事物的本质概念就没有客观确定性），即是说，关于事物本质的概念可以认为是早就存在在那里的，它需要人从它所隐蔽于其中的个人经验和意见中"助产"出来。概念一旦被

"助产"出来，即通过"下定义"，人们即获得了关于事物的本质或科学知识，人们就会排除纷繁意见的干扰而拯救现象世界。

"下定义"的过程实际上是个归纳推理的过程，即利用特殊观点和个别感官表象的对比而导致一般概念的过程。但这种归纳的意义不同一般，文德尔班曾对苏格拉底该方法做过如下评述，"他的归纳法的价值不在方法论上，而是在逻辑上、在认识论上。它规定了：科学的任务是在事实的比较中努力建立一般概念，这对未来起了决定性的作用"①。

综上分析可知，无论在古希腊第一时期，还是在第二时期；无论是自然哲学研究，还是科学研究，尽管在不同阶段、不同研究对象上人的理性表现形式有所不同，古希腊哲学与科学活动却在客观上使逻辑理性得到进一步抽象并获得了成长的营养，逻辑理性那种自足、追求精密性与确定性的特征也通过求知活动而得到历史性地演绎。古希腊理性观的形成，为近代理性发展锁定了方向，奠定了基础，实为近代西方理性主义的摇篮。

二　近代理性观：走在古希腊开创的道路上

（一）从希腊化时期到文艺复兴

古希腊之后，西方历史相继走过了希腊化时期、罗马时期以及漫长的中世纪阶段，从文艺复兴走入近代阶段。这一阶段也不例外，理性的增长、特征的变化是一直与人的追求知识的活动（包括技术技能知识）如影随形的（理性主要在实践活动中经由抽象而形成，脱离具体实践活动谈理性的发展问题必将走入神秘主义）。

1. 希腊化时期（公元前3世纪—公元前30年）

希腊化时期，科学研究分化趋势继续发展，数学、力学、天文学、医学成果纷呈。这一时期科学发展的特点是：（1）继续崇尚理性精神，并将希腊的理性精神与西方古老文明中的经验相结合。在数学领域，埃及等西方古老文明中有关土地丈量的实践经验与古希腊理性精神的结合，成就了欧几里得的几何学。他从经验中得出一些不证自明的公理，然后以此为基点，通过演绎建立严密的几何理论体系。该方法与前述古希腊的"数学模型能够拯救'现象'"的观念具有同源性。欧几里得几何体系的建立

---

① ［德］文德尔班：《哲学史教程》（上卷），商务印书馆1987年版，第135页。

使人确信宇宙的有序性、规律性。在力学领域，阿基米德将希腊的理性精神与杠杆使用经验结合，同时在方法论上将公理方法与实验方法结合，成就了作为非嵌入性知识的杠杆原理。大概出于对人的理性力量的狂热崇拜以及对逻辑、公理等自足性的极度相信，他喊出了震天的口号："给我一个支点，我将撬动整个地球。"进一步地，通过演绎，他推论出："宇宙就像一架按机械力运行的庞大机器。"① 从一定意义上说，这又构成了日后哲学史上机械唯物论的一个源头。（2）由思辨的研究转到从经验观察开始，从积累资料开始。这种变化，实现了科学研究方法论方面的重大转向，成为日后培根归纳法的重要前置。（3）借助科学知识，开始了较为系统的技术研究。与古希腊追求纯粹的本质知识以及靠在实践中不自觉地获得经验技术知识不同，这个时期的人们开始有意识地借助科学知识进行技术研究。如希腊化末期希罗的虹吸器、空气抽压器等。虽然在原始社会、古希腊都有技术理性的萌芽，然而，技术与科学的结合以及由此导致的技术的社会价值的重大变化，预示着技术理性将以一种独立的形态引起人们的关注。

2. 罗马时期（公元前 30 年—公元 4、5 世纪）

罗马时期，科学在学术上呈现劲头渐减之势。但从史实中可以看到，其一，追求逻辑上合理、可理解的那种逻辑理性传统得到继承；其二，实用主义盛行，体现技术理性有显著增长。罗马科学主要的成就体现于医学、工程技术科学以及作为化学学科知识基础的炼金术。在医学方面，统一当时医学流派并使医学知识系统化者为名医盖伦。盖伦医学体现中最显著的特色就是构建可理解的逻辑理论体系，以使人们信赖、理解，甚至是达到和宗教教义理论的"契合"，即使有些理论构建立基于思辨性的猜测。为此，他基于思辨性的猜测构建了血液运动的潮汐理论②。盖伦不但

① ［美］罗伯特·E. 勒纳、斯坦迪什·米查姆、爱德华·麦克纳尔·伯恩斯：《西方文明史》（第 1 卷），王觉非等译，中国青年出版社 2003 年版，第 438 页。

② 在血液运动的潮汐理论中，盖伦认为：血液在肝脏内由食物变成之后流到心脏，其一部分血液经过静脉流经全身，然后又沿着同一道路流回心脏，就像潮汐那样在心脏的作用下涨落不息；另一部分血液则在心脏中经过隔膜中不可见的细管由心脏的右边流到左边，在那里与肺部吸来的空气混合，然后通过动脉流经全身，同样在心脏的作用下像潮汐那样涨落不已。参见［英］W. C. 丹皮尔《科学史》，商务印书馆 1979 年版，第 104 页。

构建血液运动理论，还试图给出背后的因，他运用"三灵气说"解释血液运动的潮汐理论。这里可以看到，盖伦不但用逻辑体系描述现象，而且努力构建逻辑体系寻找现象背后的因，给人以明证的知识。或许正因为这一点，后来的基督教神学代表人物奥古斯丁以此为基础，提出了"三位一体"的理论体系，它构成了神学体系的核心。

在炼金术方面，炼金术士们在进行大量炼金活动的同时，也在试图构建逻辑化的理论体系，以为他们的活动行为辩护。他们借用宗教的"灵魂与机体可以相分离"理论，提出了金属实体与属性可以相分离的观点，进而指出，贱金属在努力向上完善自身的过程中，只要被赋予贵金属的灵魂，便可以进入到贵金属行列。或许是在该理论"指导"下，当时金属赝品制造盛行。从这里人们也可以看到伪科学的理念如何影响罗马科学的发展；更可以看到逻辑理性的危机性——没有实践理性作为根基的逻辑理性往往可导致谬误；知识合理的标准不仅在于逻辑，也需要实践参与"制订"。就如盖伦的医学体系，其中的许多所谓的逻辑体系源于猜测和臆想，理论看起来是自洽的，但终究经不起实践的检验，其理论最终被维萨里推翻，实有其必然性。

罗马的工程技术在古代是首屈一指的，工程技术的发展体现了技术为舒适、便捷、效率化的生活服务的一种理念，在深层次上引领着西方技术理性的成长。关于这一点，在下节将作细致探讨。

3. 阿拉伯人对逻辑理性的继承与超越（7—12 世纪）

一般人认为，中世纪六七百年（6—11～13 世纪）的黑暗时期（欧洲自 9 世纪开始复苏，在 11～13 世纪达到鼎盛），是科学和哲学的沦丧、理性被扼杀的阶段。的确，在科学、哲学发展方面，从科技史中考察中世纪这个最黑暗的阶段，科学、哲学表现为某种停滞、断裂，甚至是误入歧途：希腊的实证科学到罗马后期名存实亡，中断了几百年，直到 8 世纪左右由阿拉伯人兴起；科学沦为宗教神学的婢女，所作研究主要在证明上帝的存在与伟大。然而，必须看到，撇开欧洲，还有一些人所做工作对于古代科学哲学以及逻辑理性发展具有延续与超越的价值，这主要表现在阿拉伯。在 9—12 世纪，阿拉伯人在科学、哲学的许多方面都有重要建树：如，在化学方面（在炼金术中体现），海阳认识到化学物质按照可度量性的关系构成,从而"播下了定量化学的种子"①;在医学方面,医学家纳非通过实证研究提出了血液循环的小循环(肺循环)理论,尽管在当时不被重视,但为后来科学革命时期医学革命先驱维萨里的学生塞尔维特发现小循环理论提供了帮助。在哲学方面,思想家阿维罗伊推崇亚里士多德的逻辑理论,对认识与理性、宗教与逻辑进行过权威性陈述,他声称:认识应服从理性的判决,哲学对伊斯兰教并无害处②;宗教是一种内心感受,不能还原为命题形式进行推理,信仰必须与逻辑进行区分③。这是一种极为宝贵的思想,它使古代关于逻辑与理性意义的思想得到继承,并较好地在观念上解决了逻辑、理性与当时社会现实问题(宗教的强势)的矛盾,在一定层面上,实现了对理性论的一种超越。阿维罗伊"沿着把宗教真理和科学真理截然分开的道路来发展亚里士多德的学说,从而为把科学研究从基督教和伊斯兰教神学教条的束缚下解放出来铺平了道路"④。阿维罗伊的这一观念后来被传到欧洲,发展成了"二重真理说"。

4. 经院哲学培育的理性精神

初显于希腊化时期的实证科学,至罗马末期彻底走向衰微,撇开阿拉伯人的继承与发扬,单就欧洲而言,这种科学出现了几个世纪的断裂(直到 10 世纪)。但这期间也并非无科学。10 世纪后,随着生产力的恢复和社会渐趋稳定,社会中人的注意力也逐渐从信仰世界、本体世界转向世俗;同时,在社会对于教育的增长性需求下,新的世俗大学不断兴起(如帕多瓦大学、牛津大学等),这样,人们重新找回了对于科学的兴趣。正如罗吉尔·培根所言,必须先认识"此岸世界",方可能进入"彼岸世界"。认识"此岸世界",正是科学的功能⑤。在这种背景下,哲学、医学、物理学、天文学逐渐进入人们关注的视野,如 12—13 世纪巴黎大学、牛津大学对于冲力的研究。

与此同时,"理性主义和人性倾向缓和了刻板的宗教",前者主要指

---

① [荷兰] R. J. 弗伯斯、E. J. 狄克斯特霍伊斯:《科学技术史》,求实出版社 1985 年版,第 71 页。

② [美] 斯塔夫里阿诺斯:《全球通史》,上海社会科学院出版社 1988 年版,第 394 页。

③ 张功耀:《文艺复兴时期的科学革命》,湖南人民出版社 2005 年版,第 10 页。

④ [英] 韦尔斯:《世界史纲》,人民出版社 1985 年版,第 679 页。

⑤ 张功耀:《文艺复兴时期的科学革命》,湖南人民出版社 2005 年版,第 27 页。

经院哲学①。的确，就理性的发展历程而言，在中世纪前期的欧洲，崇尚逻辑与数理合理性的理性观遭到很大程度的遮蔽，即被基于对于神本体（如新柏拉图主义者的代表人物普罗提诺的"三本体"神说②）信仰的客观理性所取代——用神秘的本体作为解释、评判事物合理存在的原则。这段时期，人类在长久演进中"积淀"出来的那种特有而宝贵的逻辑理性陷入了教义和权术之中，愚昧反而成为受到恭维的德行。"幸运"的是，这种情况在中世纪后期（10世纪后）发生了变化，随着由来世转向今世、彼岸转向此岸以及信仰回到现实，人的精神重又下沉到物质，对"真"知识的追求以及借以认知的工具——逻辑理性得到恢复，理性重又回到正常发展的轨道。需要说明的是，逻辑理性在那个特定的时期所受的排斥具有相对的意义，因为，即便在彼时，数理知识也一直是修道院研究的重要内容，逻辑的合理性仍然为一些人所追求，只不过那时上帝的不证自明的"逻辑合理"遮蔽了现实的逻辑论证、追问与理性反思。

在理性的恢复过程中，经院哲学的培育功不可没。

经院哲学是产生于11—14世纪修道院和教会学院的一种哲学思潮。它是运用理性形式，通过抽象的、烦琐的辩证方法论证基督教信仰、为宗教神学服务的思辨哲学。在经验哲学发展的早期，在当时那种特定的社会背景下（即崇尚回到今世、此岸），怀着对上帝的护佑之目的，许多神学家开始抛弃新柏拉图主义思想体系，另辟蹊径寻找并建构可被人们理解接受的思想理论。如神学家安瑟伦曾表示"不是理解而后信仰，而是信仰而后理解"。而就在其后不久，经院哲学家阿贝拉尔则指出："通往智慧的第一把钥匙是勤奋地不断地提问……怀疑使我们研究；怀疑使我们认识真理。"③从历史看，推动经院哲学发展进入顶峰时期的是托马斯·阿奎

---

① 吕乃基：《科学与文化的足迹》，中国科学文化出版社2007年版，第34页。

② 普罗提诺认为太一、理智和灵魂为"三个首要本体"。"本体"，指最高的、能动的原因，现代人也把它译为"原则"。严格地说，本体并不是抽象的原则，而是具体的神。它超越存在和本质，因而可以决定存在和本质。在普罗提诺的哲学中，以柏拉图和亚里士多德为代表的古希腊的理性思辨精神已经不多了，代替它的是神秘主义。所以，新柏拉图主义的出现标志着古希腊的理性思辨精神的衰落。它对后来的基督教神学产生过深远的影响。

③ ［美］伯恩斯：《世界文明史》（第2卷），罗经同等译，商务印书馆1987年版，第59页。

那。并且，托马斯本人的工作充满理性，具有逻辑的力量①。

阿奎那基于亚里士多德的逻辑体系和奥古斯丁的神学理论框架，在论证上帝存在过程中，要求建立由源泉到结果之间更为严密并令人信服的路径，即要实现一种理性的论证。在事实层面，为了遵循此原则，阿奎那对于上帝的理性论证是从认识"自然"的意义开始的，而这恰与亚里士多德理论体系的现实影响是分不开的——在数百年的新柏拉图主义神秘与沉闷的氛围中，人们感到亚里士多德体系既符合理性，又符合实际。在该体系的影响下，阿奎那认为，无论关于上帝问题的何种证明，都可从自然出发，从感觉到的事物出发，因为自然是可以信赖的。由此，经过理性的论证，完全可以达到理性神学的结论。阿奎那从自然事物出发，给出了认识事物的阶段与过程。他认为人们获得知识需要面对两个认识对象——感性的认识对象和理性的认识对象。据此，他还进一步断言，人完全有能力获得关于事物的知识，而不需要柏拉图主义的先天性理念以及奥古斯丁的"光照"。这样，经验和理性在阿奎那那里遂获得了新的意义。

汉斯·昆认为，阿奎那在理性的维度实现了"整个神学的解放性转换——朝向被造物的和经验主义的转换，朝向理性分析的转换，朝向科学探究的转换"②。从理性发展的角度看，这种转换的意义十分重大，它使理性回归了原本应然的状态，为人类在日后的新的起点认知、自然科学的发展提供了思维方式与能力基础。关于这一点，正如佩吉斯（Pegis）所言："当我们从十二世纪的圣贝纳尔来到十三世纪的圣托马斯，我们遇到的是一个完全实在的世界，遇到的是一个完全自然状态的理性。"

综观中世纪后期经院哲学的发展，经院哲学在如下方面培育着理性，使理性得以回到原本那种自然的状态。

第一，经院哲学将亚里士多德关于自然的严密的思想体系加以整合吸收，实现了对于"自然"的重新关注，有利于实证科学的发展，以实证科学的思维方式取代形而上学的思辨，培植了理性发展的温床。

第二，经院哲学关于共相与个体的关系的论战以及由此形成的唯名论

---

① 吕乃基：《科学与文化的足迹》，中国科学文化出版社2007年版，第36页。
② Kung, Hans: *Creat Christian Thinkers*, The Continuum Publishing Company, 1994, p. 109.

与唯实论的论争①，不但传播了朴素的唯物主义，而且使人们在一定程度上摆脱了在抽象观念中兜圈子的论证模式，转而以理性和经验为立论依据研究上帝的创造物（世界是由个别物体所组成，对世界的知识只能来自直接观察和对已知真理的演绎），以论证上帝的智慧与伟大，这在一定层面上促进了对理性本身的研究。

第三，由信仰到理性的转化以及由理性来研究哲学和自然，使最后由理性来审查以致摧毁宗教信仰成为可能，重新确立了理性的地位。

第四，对经验世界和个别存在的关注与研究，以及对逻辑演绎方法的运用，使以通过严密论证来追求知识确定性、可理解性为己任的逻辑理性得以最终回归。

相对于科学而言，中世纪的技术没有停止发展的脚步，发展的领域主要在与农业相关的部分；其次，在动力方面，水力和风力技术水平超越了以往任何时候；在手工业领域，纺织业、钟表、铸造等有长足发展。这些技术成就不但极大地提高了社会生产力，还为日后的第一次工业革命埋下了线索——第一次工业革命的动力因素之一正是来自对上述一些技术的超越需要。特别是，中国的造纸、印刷术与火药在 12 世纪至中世纪末被引进后，极大地提高了文化信息传播、矿石开采等领域的生产效率，改变了战争的性质。中世纪技术的进步使人们进一步看到了技术的伟力，使以追求效率、效益为核心的技术理性进一步成长着。

总之，从希腊化到文艺复兴时期，理性的增长除了在中世纪的几个世纪总体上没有停止过，从理性发展的内容看，自足的、追求知识的确定性与明晰性的逻辑理性一直仍然是理性自我追求的主旨，如上文所述，即使在中世纪，人们总是试图借助科学、理性给出逻辑的解释。但是与希腊不同的是，理性开始脱离纯粹的思辨方法，试图与经验结合。作为追求确定

---

① 注："共相"这一哲学术语代表日常话语的一般与普遍，它是否真实存在、共相与特殊个体的关系，是经院哲学争论的话题，并由此形成"唯实论"（实在论）与"唯名论"两大派别。"唯实论"认为，共相（一般）不但是独立于个别事物的客观实在，而且先于个别事物而存在；而"唯名论"认为，没有离开个别事物和人的思想意识而独立存在的共相，只有个别事物才是真实存在的，共相只是表示个别事物的名称、概念而已。许多哲学家认为，实在论与宗教神学最为协调。

知识的方法与工具，"经验可以是理性的"①。同时，在这个时期，人们比以往任何时候都更加关注技术的实用性、效率性，技术理性开始成长。

（二）近代唯科学主义逻辑理性观的发展

就近代理性而言，其发展的环境依然是人的具体的对知识确定性的追求和对世间万象的逻辑追问（表现为科学技术活动）。在表现形式上，依然以科学理性为其主要形式，不过随着技术的发展，近代理性已开始分化出技术理性的枝条。

唯科学主义是19世纪70年代兴起的一种思潮，其主要观点为：只有自然科学才是真正的科学知识；自然科学是最权威的世界观，在对世界的诠释方面，自然科学高于一切其他类。该词有时在两个方面亦被用作略带贬义的解释：其一表示不恰当地滥用科学或科学主张；其二表示"自然科学的方法，或者自然科学所认证的范畴分类和事物，是任何哲学和任何研究的唯一恰当的元素的信念"，只有自然科学自足、明晰、无歧义的方法才能有效地用来获取知识，只有将它引入包括哲学、人文社会科学在内的一切研究领域，才能摒弃它们的非科学形态。关于近代理性的特质，如果从近代早期（止于牛顿、林耐）机械自然观和神学自然观以及近代末期的唯心主义自然观和形而上学科学观的形成回溯历史，近代早期科学的终结与晚期科学的危机（生物学领域的"三重迷雾"、物理学领域的"两号乌云"是其标志），恰恰源于人的理性所追求的那种对于物理现象的明晰不二的、逻辑化的严谨的解释——无法解释，便走向神学与新的思辨，而不能用一种语境化的、辩证发展的、建构生成的观点理解世界。从这个角度看，近代理性的特质仍然是去语境化的追求自足、明晰有序的逻辑理性特质，它虽然在近代科学发展的许多时期，对科学技术乃至社会的发展起过积极的推动作用，但它在本质却是"一种封闭的绝对化的唯科学主义理性观"②。下面对这种理性观在近代的发展作历史梳理。

1. 科学研究的"认识论转向"——研究对象从本体转向经验世界

无论在什么时期，科学理性都有其适应该时期科学特点和科学发展需要的优势，也存在着该时期逐渐生长的理性的萌芽。在近代科学发展阶

---

① 杨耀坤：《科学合理性的历史演变》（上），《科学技术与辩证法》1999年第6期。
② 杨耀坤：《科学合理性的历史演变》（下），《科学技术与辩证法》2000年第1期。

段，科学理性突出表现为经验—数理逻辑理性。

在文艺复兴与宗教改革运动中，宗教逐渐世俗化、外在化，人的价值得到肯定，人的旨趣重新转向了人，转向了自然。随着人的解放，以人为中心的文学艺术和以自然为对象的科学面对新世纪的来临，找到了其存在的依据①。

近代科学研究与古代科学研究的一个重要区别在于，它实现了追问对象由本体向经验世界的转向，并且强调知识的力量。

在古代特别是古希腊，许多学者虽然以自然为研究对象，但是他们探讨自然的目的往往在于满足好奇心或愉悦身心。亚里士多德认为，哲学家"探索哲理知识想脱出愚蠢，显然，他们为求知而从事学术，并无任何实用的目的。这个可由事实为之证明：这类学术研究的开始，都是在人生的必需品以及使人快乐安适的种种事物几乎全部获得了以后"②。人文主义运动则强调现世的幸福。在这种思想指导下，人们的研究目的悄然发生了改变——对自然的研究、认识不仅是为了解释、理解，以满足好奇心或取悦于心灵，更重要的是要使自然服务于人类，研究自然应该是为了应用。

近代科学一般被认为从 16 世纪开始，但它的序曲在 13—15 世纪。希腊化时期科学方法的萌芽——实验方法、重理性的数学方法，在 13、14 世纪又以新的形态出现。前者杰出的人物当属罗吉尔·培根（1214—1294）和达·芬奇。

在科学技术方面，罗吉尔·培根研究了当时的天文、历法、光学、力学等方面的一些科学问题，也研究过炼金术和工艺技术的一些技术问题，他是欧洲最先仿制中国火药的人。根据这些初步的研究，他预言有可能制造望远镜和显微镜，有可能制造自动行走的车和自动行驶的船，有可能制造在天空飞行的机械。尽管这些预言只是一些设想，但却是中世纪后期夜空中难得的科学星光。在科学方法方面，罗吉尔·培根如同阿基米德那样，特别注重实验方法与数学方法对科学研究的重要性。他认为，证明前人的说法正确与否的唯一方法是实验，因为只有实验才能给科学以确定性。他认为数学也是科学研究必不可少的工具，因为自然界是用几何语言

---

① 李平晔：《人的发现》，四川人民出版社 1983 年版，第 139 页。

② ［古希腊］亚里士多德：《形而上学》，商务印书馆 1959 年版，第 5 页。

编成的，所以靠数学应该能真正揭示自然界的真理。

达·芬奇在科学技术的多种领域发扬了从罗吉尔·培根开始的实验科学传统。为了绘画，进行了光学的实验研究；为了建筑，进行了力学的实验研究。在一些静力学实验中，他确证了阿基米德发现的杠杆定律和浮力定律。他还认识到，试图把"永恒运动"作为动力来源——即制造"永动机"是不可能的。达·芬奇多次强调，科学家不应是"只会背诵别人的书本而大肆吹嘘的人"，应从经验出发，从这个"一切可靠性之父"出发。

14 世纪下半叶，随着对亚里士多德哲学研究的深入，"托马斯创造性地发挥了亚里士多德实体论的'存在优先'的基本原则，扭转了长期存在的形而上学中的柏拉图主义的倾向"①。托马斯·阿奎那在那场运动中批判了传统的本质先于现实存在的观点。按亚里士多德的现实与潜在的关系理解现实存在与本质的关系，认为：本质在未获得现实存在之前只是一种潜在，一种可能性；现实存在是某种现实性的活动，"因为一事物并不因其潜在而被称作存在，它的存在基于他的活动这一事实"②，并且这种活动现实性也决定了现实存在的最高的完善性。因为活动总比潜在更完善，本质若无具体存在，就不会被理解为任何现实的东西。因此，现实存在先于、优于、高于本质，本质依赖现实于存在。

这样，托马斯颠倒了传统哲学中存在与本质的位置，以一种对现实存在的关注代替对于本质的关注③。这种认识方式的转变具有重大的认识论意义——就认识事物的方式来说，由于认识现实存在是一种客观现实性的活动，它先于、优于、高于本质，具有最高的完善性，所以现实存在可以不必与抽象的本质进行联系而完善自身，现实存在有着自身的原因和确定性。相应地，人类也无须醉心于追求现实背后的人类理性虚构的本质而无视现实性的活动，应该从现实性的活动出发，从存在的现实性中认识和把握事物，认识的第一原则对象应是现实存在；而对现实存在的认识同样应

---

① 赵敦华：《基督教哲学 1500 年》，人民出版社 1994 年版，第 375 页。

② ［意］托马斯·阿奎那：《反异教大全》，1 卷 22 题，转引自赵敦华《基督教哲学 1500 年》，人民出版社 1994 年版，第 380 页。

③ 赵敦华：《基督教哲学 1500 年》，人民出版社 1994 年版，第 381 页。

该以感受经验为突破点。这些观点为以后唯名论的复兴以至科学思想方式的最终产生打下了方法论的基础，这种认识方式伴随着唯名论的复兴及其对自然研究的深化广泛地渗透于一些学者的物理学研究中。考察历史，伽利略正是沿着这些著作家的思维方式前进①，做出贡献并开创实验科学先河的。这种认识方式同样被确立于牛顿的经典物理学，并在康德的哲学中最终得到完善和强化。

思维方式中的这种认识论转向，其意义在于，它使人认识到科学绝不仅仅是一个"为什么"、"是什么"的问题，而更多地是"怎么样""如何认识"的问题。即它不是一个追求事物终极因的问题，而更多地是一个以现实的存在为基础探寻事物运动变化发展规律的问题。科学只能描述事物或只求或然性而不是理性的绝对确定性。

但是，在这种转换的基础上，科学家们又认识到，科学研究只把转向关注于经验世界、获取经验是远远不够的，认识自然，必须实现经验与理性的"婚配"。

2. 科学研究的"认识论转向"——对自然对象的数学化处理

在中世纪经院哲学中所培植的理性，在文艺复兴运动中表现为大胆的怀疑精神，怀疑宗教、怀疑古典，要审查一切权威。怀疑也罢，审查也罢，无非要在经验世界中找到它们存在的根据。由此不难想象法国人文主义思想家蒙田为何以"我知道什么？"为座右铭②。在这种氛围下，人们强调人的理性应重在运用正确的方法揭示世界的规律性、秩序性。这里有个前提，即在彼时科学家心中，自然是符合理性的。笛卡尔曾认为，理性对于所有人都是公平的，主张思维如数学一样清晰。什么是认识世界的正确方法呢？

（1）数学分析

寻找认识世界的正确方法，首先一个重要的原则是要实现理性远离随便的概括。培根在分析"种族假相"时认为，"人的理性是贪婪的"，固

---

① 参见［美］M. W. 瓦托夫斯基《科学思想的概念基础》（附录 B），求实出版社 1989 年版。

② ［美］罗伯特·E. 勒纳、斯坦迪什·米查姆、爱德华·麦克纳尔·伯恩斯：《西方文明史》（第 1 卷），王觉非等译，中国青年出版社 2003 年版，第 515 页。

有的概括欲使其在尚未掌握充分材料前就想提出终极原因、解释一切。应给理性的翅膀装上秤砣，以使之飞得比较贴近地面，接近事实①。罗素关于这一点曾论证道："从事新发现其乐无穷，而体系乃是从事新发现的死敌。"只有"丢掉理性的全面的综合这条镀金锁链"，才能"自由而谦恭地接受事实"②。只有把综合暂且放在一边，脚踏实地地分析，才能导致近代科学的产生。具有近代科学精神的科学家不再作宏伟的构思，走上了分析之路，特别是走上了一条数学化的精细分析与数理逻辑分析之路——数学化处理之路。

关于分析方法，达·芬奇早就认为，经验观察表明，自然的发展是一个从简单走向复杂的历史过程。当自然把一定条件结合在一起时，便产生了某些受这些条件制约的东西或一定的作用。因而，必须分解这些作用，以认清因果关系的一系列简单成分。他说："对一件东西的爱好是由知识产生的，知识愈准确，爱好也就愈强烈。而达到这准确，就必须对所爱好的事物的全体所由组成的每一个部分都有透彻的知识。"③ 到伽利略时期，数学分析法为伽利略所使用。为研究炮弹的射程，他曾将炮弹的运动分解为垂直方向的运动与水平方向的运动。在伽利略的努力下，他运用数学方法得出了落体定律以及关于摆的定律。关于数学方法的作用，他曾感慨道："如果没有掌握自然界的数学语言，自然界这本大书是不可能理解的。"④

笛卡尔创立解析几何的缘起就在于他对当时代数与几何进行了分析性地考察（不应该认为这是一种庸俗的数学分析，因为，那是一种对代数与几何的数学功能所进行的数学意义上的分析），并认为它们各自有自身的缺陷而不能成为一种普遍的科学方法：几何过分依赖图形、过分依赖证明及其奇巧性；代数只注重数量关系的运算，而忽视数量关系与空间形式的关系。在具体的解析几何知识的构建中，直角坐标系的建立渗透着笛卡尔对空间点的位置诸维度进行数学分析的思想，这种分析在一定层面推动

---

① 吕乃基：《科学与文化的足迹》，中国科学文化出版社 2007 年版，第 49 页。

② 罗素：《西方哲学史》（下卷），商务印书馆 1981 年版，第 33 页。

③ 罗国杰、宋希仁：《西方伦理思想史》，中国人民大学出版社 1988 年版，第 398 页。

④ ［苏］B. B. 索柯洛夫：《文艺复兴时期哲学概论》，汤侠生译，北京大学出版社 1983 年版，第 151 页。

了牛顿后来的微积分理论的诞生；笛卡尔通过对各种曲线的几何与代数性质的分析，分别构建了1—6次曲线方程，为数学学科乃至其他许多学科的发展奠定了基础。笛卡尔十分强调分析方法，在他的名著《方法论》中，他所列出的一条原则就是，"把要考察的每一个难题都尽可能地分成细小的部分"①。

另外，牛顿在曲线形面积的求积问题中，运用华里斯的细分分析法，成就了二项式定理。分析方法的使用对于逐步形成机械唯物主义有重要作用。

在化学发展史上，"把化学确立为科学"②的波义耳十分重视实验中数学方法的运用，所做过的许多"严密的实验"（数学分析实验）都曾在近代化学史上产生过深远影响。如在牛津期间，波义耳曾与胡克一道用格里凯发明的抽气机进行过减压蒸馏实验，以后又与胡克一道进行过大气压力实验，正是这些实验，导致波义耳在1622年发现了以他和另一个物理学家两人命名的气体定律，即气体的体积与压力成反比的波义耳——马略特定律（$P_1 \times V_1 = P_2 \times V_2$）。

（2）频率概率归纳

如果我们把古希腊哲学（科学）的认识路线概括为，从建构观念的理想对象的一般本质开始并通过逻辑演绎达到论证的确定性结果的话，那么近代科学的认识路线却是相反的：从感性经验的特殊开始，用归纳法来达到对现象事物的规律性的普遍认识。后者并不涉及现象背后的虚构的本质。但是，从感性经验的事实如何建立理论呢？这是近代思想者在走向经验论时首先遇到的问题。培根选择了以数学频率概率为基础的经验归纳。

培根的实验归纳法虽然表面上看与数学无关，其实培根十分重视数学的作用，他认为："离开了数学的帮助，自然的许多部分便不能发明得十分精微，解证得十分明白，利用得十分纯熟。"③为此，培根强调，要正确地进行归纳推理，必须广泛地搜集各种自然现象和各种实验事实，事实收集得越多越全面，归纳推理所得出的结论也越正确。在这里，培根其实

---

① ［日］汤浅光朝：《科学文化史年表》，科学普及出版社1984年版，第50页。
② 马克思、恩格斯：《马克思恩格斯选集》（第2卷），人民出版社1972年版，第524页。
③ ［英］培根：《推崇论》，第135页。

要通过大量的经验和事实得出明晰确定的知识。从本质上看，他的"大量搜集经验和事实，然后归纳"的做法就是后来逻辑实证主义推崇的概率推理（特别是类似于赖欣巴哈的频率概率）——某种属性在同类诸个体身上出现的几率越大，该属性越可能成为这一类事物的普遍性征。所以，培根的实验归纳法在本质上显示着其逻辑与理性至上的理性特质。他向詹姆斯一世建议广泛收集各类自然现象和实验的事实，即出于这一理性思维特质。在实践中，他曾广泛的搜集有关热现象的各种自然现象与实验事实，从中归纳出了热的本质就是运动这一正确的结论。

在科学发展史上，正是类似于培根这样的持这种正确的经验主义观点的人确信：能够通过从大量的特殊到普遍的发现和维护科学陈述的真理规则（这种规则，既是形成新理论的一种手段，也因为其确实可靠，又能自动担保通过在认识论上的有良好基础的发现逻辑而产生任何理论），培根、笛卡尔、波义耳、洛克、莱布尼茨和牛顿这些杰出人物"都相信表述可以导致发展'有用的'事实和关于自然界的理论的规则是可能的"，都致力于"明确表达发现的推理法"①。他们迷上了发现的逻辑——经验到归纳。劳丹说，他们这样做，"并不是因为他们忽视关于证明知识主张是合理的认识论，而且恰恰是因为他们把证明的问题当成主要的"。这是，"发现的逻辑在认识论上将发挥证明逻辑的功能"②。基于这一历史背景，我们就可以明白牛顿在 1713 年第二版的《自然哲学之数学原理》中添加的"哲学中的推理规则"的用意。它既是发现的逻辑，又是证明的逻辑。

（3）数学逻辑的演绎与推理

近代科学在重事实、实验、经验，崇尚运用经验—归纳模式进行科学研究的同时，同样倚重逻辑—数学理性，因而它使认识手段逐渐致密化、严谨化，能够有效地实现近代科学追求理论理性的目标。从这个意义上说，近代科学理性是具有一定合理性的。但需要说明的是，这种合理性带有时代的痕迹，具体来说，它适应科学以搜集经验材料和初步理论整理为主的发展阶段的要求。数学逻辑的演绎与推理作为基本手段对于尚处于中

---

①　Larry Laudan, *Science and Hypothesis*, D. Reidel Publishing Company, 1981, p. 183.

②　Ibid., p. 184.

初级阶段的科学进行理论构造（主要指经验定律），有着重大意义。

最早进行演绎推理研究的是亚里士多德，他主要在两方面发展其演绎理论并对后来的科学研究起重要影响。第一，在形式逻辑中阐明三段论。他巧妙地运用符号化方法，把人类运用自然语言进行思维的经验，提升到了基本思维规律与基本思维方法的高度。第二，提出公理化方法。他认为，完美的自然科学体系，应该是建立在少数第一公理的基础上，经由演绎方法组织起来的概念命题体系。

自亚里士多德起至中世纪末，人类的思维历来重视逻辑演绎。然而这种演绎是一种以某种先在的理论为前提的纯理论推演式的逻辑演绎，如或是从某种始基观念出发，或是从第一因、圣经、上帝的旨意出发，然后一步步地推知整个世界与每个人的行为。这种演绎模式在近代受到来自两个方面的因素的阻滞。其一，近代科学精神驳斥圣经、排除体系；其二，近代科学精神注重从观察实验中获取科学事实资料，然后再作理性思维，归纳出结论。而上述演绎模式恰恰缺乏经验的根基，因而其推理必然导致普遍的怀疑。为此，丹皮尔曾写道："亚里士多德或托马斯·阿奎那的演绎，必须代之从自然界而来的归纳。"①

然而，上述演绎模式却给了人们思维方面的启示——只要有可以被明证的作为演绎基础的正确的前提，是可以达到获取明晰、确定之知识目标的。再有，经验归纳法本身也有其固有的缺陷——经验对象数量往往有限，结论的或然性。笛卡尔大概看到了培根经验归纳法的不足以及可改进之处，他对培根的《新工具》表达了某种不满，并写了《方法论》，强调理性的重要，强调演绎思维之明晰。他认为，培根的实验归纳法重经验，轻理性；重实验，轻数学；重归纳，轻演绎。笛卡尔认为这是一种本末倒置，从这种狭隘的经验论出发，不可能建立真正普遍的科学方法。因此，笛卡尔试图建立一种不同于培根的实验归纳法的新的科学方法论。于是，以数学分析和演绎推理为基本内容的笛卡尔的数学演绎法，在对培根的实验归纳法的批评中产生了。

笛卡尔认为，只有数学方法才能成为一种普遍的科学方法。他说："所有那些目的在于研究顺序和度量的科学，都和数学有关……因此，应

---

① ［英］W. C. 丹皮尔：《科学史》，商务印书馆 1989 年版，第 165 页。

该有一门普遍的科学，去解释所有我们能够知道的顺序和度量，而不考虑它们在个别科学中的应用。事实上，通过长期使用，这门科学已经有了它自身的专名，这就是数学。"① 这样，笛卡尔就把数学逻辑的演绎与推理方法不仅放到了普遍科学方法的地位，而且放到了普遍科学方法的首位。据此，加上他的哲学思考，笛卡尔初步建立了唯理论哲学理论。

当然，除了培根的实验归纳法从科学方法论的一端给了笛卡尔的数学演绎法的产生以一定的推动作用之外，这种数学演绎法在当时也有其理论先驱。早在哥白尼的时代，由于毕达哥拉斯主义的影响，数学方法已受到重视，因为天文学若离开了数学则无法前进一步。后来，伽利略在力学中成功地运用了数学方法，开普勒在天文学中也成功地运用了数学方法。特别是开普勒运用数学方法研究行星运动定律所取得的成果，使人们进一步看到了数学方法作为一般科学方法的前景。

笛卡尔认为，只有数学方法才能成为一种普遍的科学方法。他说："所有那些目的在于研究顺序和度量的科学，都和数学有关。至于所求的度量是关于数的呢，形的呢，星体的呢，声音的呢，还是其他东西的呢，都是无关紧要的。因此，应该有一门普遍的科学，去解释所有我们能够知道的顺序和度量，而不考虑它们在个别科学中的应用。事实上，通过长期使用，这门科学已经有了它自身的专名，这就是数学。"② 在指出数学是一门普遍的科学时，笛卡尔还明确指出了数学化的逻辑推演是一种普遍的科学方法的思想。他认为，数学推演具有理性的明晰性、严密的逻辑性，"是一个知识工具，比任何其他由于人作用而得来的知识工具更为有力，因而它是所有其他知识工具的源泉"。③ 这样，笛卡尔就把数学逻辑的演绎与推理方法不仅放到了普遍科学方法的地位，而且放到了普遍科学方法的首位。正是从建立一切科学的普遍科学方法这一动因出发，笛卡尔躬身亲行，在对几何方法的扬弃中（他认为，以往非代数化的欧氏几何推理前提中含有经验判断，不是分析命题，其真理性是非必然的，因而这种数学推理不严密和束缚思维），创立了解析几何这一新的数学方法。另外，

---

① 转引自［美］M. 克莱因《古今数学思想》，上海科学技术出版社 1979 年版，第 6 页。
② 同上。
③ 同上。

初步建立了一次曲线和二次曲线方程的理论，特别是诸如圆、椭圆、抛物线、双曲线等二次方程的一般理论，从而证明了"几何问题可以归结为代数形式的问题"①，人们可以以所建立的数学基本理论作为前提基础，获得关于世界的确定性知识。据此，加上他的哲学思考，笛卡尔初步建立了唯理论哲学理论。笛卡尔的二元论的唯理论的哲学体系以及数学演绎法为基本内容的科学方法论产生后，风靡欧洲，据说他的哲学著作的精装本是其后很长时期贵妇人梳妆台上不可缺少的装饰品。

唯理论创立的思想背景是笛卡尔反对培根的通过归纳就可以获得既符合客观对象又具有普遍必然性的确定性知识的观点，认为获得这种知识，只能从他的普遍怀疑的方法获取的、具有理性"自明"性（理性只凭自己就能把握到的）命题——"我思故我在"——出发，通过逻辑推演推理，特别是数学化的逻辑推演推理才能达到。在笛卡尔之后，在斯宾诺莎（提"心物平行论"）、莱布尼茨（提"推理的真理"和"事实的真理"理论）等的修补性完善下，唯理论成为一种主要的哲学体系流派，影响着人们的世界观与科学研究实践。也使理性追求自足、明晰、严密逻辑的特质达到如此的顶峰，以至于使理性逐步走入封闭化、绝对机械的胡同。这里笔者将唯理论主要思想描述如下，以理解在唯理论影响下的理性发展的这种趋势。唯理论：相信宇宙有理性秩序，因而每一事件都会在整体中找到它的必然位置；相信对于世界的一般本质，即使不了解它的具体细节，也可以通过非经验的演绎推理展示出来；强调知识的一致性与系统性特征，并认为在建立确定知识体系时无须借助感觉而强调理性的决定性作用。

以笛卡尔为代表的数学逻辑演绎推理的科学方法主张以及唯理论思想，在很大程度上影响着后来科学家的思维，如，许多学者认为，牛顿主张彻底的经验论，但他的研究方法却切合数理演绎特征，他引入猜测、假设，运用数学演绎，没有这些，他不可能成就万有引力理论。而这一切，只能用"言行不一"来解释。至于后面的莱布尼茨、惠更斯、贝氏兄弟、康德、拉普拉斯，甚至法拉第等成就的取得，无不有数学逻辑演绎的功劳。

---

① ［英］J. F. 斯科特：《数学史》，商务印书馆 1981 年版，第 152 页。

3. 机械自然观的确立

人的逻辑理性的发展、唯理论的形成使科学研究方法实现了一种显而易见的转变。由于在力学、天文学、人体医学等领域人更多地接触机械运动或用分析观点来考察自然，这种转变逐步形成了占据人们思维几个世纪并延续至今的机械自然观。关于为何是"机械"自然观，也可由派普的根隐喻理论得到说明，详见本书第五章第二节。

近代机械自然观的形成有其历史渊源。古代自然哲学中的原子论有"机械"的影子；阿基米德基于杠杆原理提出过原始机械观。在近代科学家们的科学认知实践中，古代的原子论与机械观和人与自然关系的观念以及近代科学方法论思想、理性观结合，逐步形成了近代机械自然观。

文艺复兴后期，在认知方面，学者们开始区分第一性与第二性①。伽利略认为，色香味等均为主观的产物，与客体本身无关，它们"仅仅存在于有感觉的肉体中；因此，如果把动物拿走，一切这样的质也就消除了，或消灭了"。而笛卡尔也认为，物是真正死的东西，除了在开始时从上帝得到的运动外，物体不能再有其他运动。显然，按他们的说法，物质是不会有马克思所言的"用它那富于诗意的感性光辉向人微笑"的。索柯洛夫也认为，唯物主义的这种进一步发展使文艺复兴初期所取得的进步丧失了。"然而历史的研究却表明，所谓所取得的成就实质上只是一种自然哲学的泛神论，而且正是'丧失了'这种泛神论，转向机械唯物主义，才为整个近代科学的发展开辟了道路。"② 古代自然哲学以及文艺复兴前期的思想，主张人与自然融合。而类似伽利略、笛卡尔的观点认为，自然是与人相分离的客体——主客二分的思想。这种天人分离的认识转变对于机械自然观的形成至关重要，从长远看，对于后来人们在更高水平上重新研究包括人在内的自然有着更为重要的意义。

上述思想对于机械观形成的重要意义在于它们告诉人们，万物不再是有生命的机体，而是机械，或是由微粒组成的机械。笛卡尔曾就关于他的机械论思想进行过这样的精辟论述："我从对于机器的思考受到很大教益。我可以看到在机械和自然物间的唯一不同就是，机械的工作基本上是

---

① 吕乃基：《科学与文化的足迹》，中国科学文化出版社 2007 年版，第51页。

② 同上。

由那些大到为感官易于觉察的部件操纵，而自然的规则几乎总是取决于其部分，它们是如此之小，感觉无以觉察……这样，正如人们有了关于机械的经验，一旦他们懂得机械是干什么的，能看到其部分，就能很容易进而推测机械未见的部分如何配合。由同样的路径，由物体可觉察的行为与部分着手，我即试图研究它们背后觉察不到的原因与微粒。"①

同时，它们告诉人们，既然在自然中排除了一切人性的东西，人就必须客观地研究自然，在得出关于自然的知识中，应排除一切主观的东西。在关于自然的非人性思想方面，马克思曾对笛卡尔的这种思想做过评述："笛卡尔在其物理学中（即整个自然科学中——引者注）认为物质具有独立的创造力，并把机械运动看做是物质生命的表现"②。在关于知识的拒斥主观性要求方面，伽利略早就在关于科学家必须遵循的准则中作过表述，"从事实验科学的教授们并无力量可以随意更改他们的见解以及左右摇摆。影响一位数学家或物理学家与去影响一位律师或商人有着极大的不同。可以认为有关契约、合同、票证或商业的见解是合法的或不合法的，但不能以同样的力量去更改关于自然与天体事项的实验结论"。在这里，人们可以看出在追求确定的自然知识方面人的理性的拒斥语境、追求逻辑明晰的时代特征；同时，关于自然的知识和关于社会的知识，其嵌入度是不一样的，自然知识的非嵌入性明显。

既然万物都可以视为某种"机械"，则它们的运动必然遵循一个同样的规律——机械运动规律，正如笛卡尔认为，自然在整体上受规律支配，自然规则就是机械规则。这种观念的"外溢"，衍生出了关于天体与生物机体的僵化的机械论：

其一，天体只不过是一架服从某种自然法则的机器，不再有任何神圣与特别之处。开普勒为此曾写道："与其把天体比着神的机器，不如把它当作时钟装置。"

其二，生命机体与非生命的物质一样，同样遵循力学定律。达·芬奇曾认为，"有灵性之物的所有活动都是按照力学规律进行的"。索柯罗夫认为，这"是哲学史上第一次企图本着力学原则来解释动物机体的行

① 转引自吕乃基《科学与文化的足迹》，中国科学文化出版社 2007 年版，第 52 页。

② 《马克思恩格斯全集》（第 2 卷），人民出版社 1957 年版，第 160 页。

为"。

最后，机械运动是受因果决定论"决定"的，即任何机械运动变化必然有其外力的原因。早在 16 世纪，对于运动的原因就实现了从目的论解释向机械因果决定论解释的转变。达·芬奇曾论述到："同样的结果总是产生于同样的原因，如果原因消除了，结果也就不可能产生。"这是一种典型的因果决定论主张，达·芬奇就此还进一步申明，必须用这样的思想来指导科学实验："虽说自然开始于原因并结束于实验，但我们却必须反其道而行之，也就是说，必须从实验开始，并借助实验寻求原因。"①机械运动的因果决定论在其后的很长时期影响着科学家的科学思维乃至一般人的活动行为。

近代机械自然观的产生及其形成过程，影响着诸多科学家的理性观、科学研究活动以及对世界的哲学思考。

在天文学中，笛卡尔从机械论的自然观出发，提出了关于宇宙起源的漩涡假说，他试图用机械力学规律，论述太阳系起源与天体演化的机械力学图景。他认为数是世界的本质，并认为，上帝是按照数学定律创造世界的，物质最可靠最基本的性质是广延，他说过，给我以广延，我就能造出一个世界来。

牛顿则在创立经典力学体系中体现着机械化的哲学观与自然物质观：哲学的任务在于从自然现象中总结规律，继而以此解释其他现象；"绝对时空"的观念②；可以用严格的数学方程表示机械因果性公式的观念；物质微粒观——物质微粒可以无限分割；等等。显然，在牛顿那里，人们应该用力学的尺度去衡量一切，用力学的原理去解释一切自然现象，一切运动的原因都应归结为力的因素。从哲学史的角度看，机械自然观的最终形成是由牛顿完成的。在牛顿经典力学理论以及机械自然观的直接影响下，英国的霍布斯和洛克发展了机械唯物主义哲学。

近代机械自然观固然有其积极的一面（如上述的在对世界的理解中逐

---

① ［苏］B. B. 索柯洛夫：《文艺复兴时期哲学概论》，北京大学出版社 1983 年版，第 121—125 页。

② "绝对时空"观认为：时间与空间的度量与惯性参照系的运动状态无关，同一物体在不同惯性参照系中观察到的运动学量（如坐标、速度）可通过伽利略变换而互相联系，物体的运动就是改变速度与位置，不能改变质量。

渐赶跑了神与上帝），但类似于"在认识自然的起点上必须去除一切人性；自然界具有严格的必然性和因果联系，方可为人类所理解"的观念却在某种程度上把人的理性推向去语境化、逻辑自足化甚至封闭僵化的顶峰。

4. 数理逻辑理性与机械自然观的"外溢效应"——科学危机与绝对理性观的形成

在近代科学走入 18 世纪之时，许多科学分支从与早期养育它们的社会背景中分离出来，走上相对独立的发展道路，从此，科学作为独立的求真性活动而存在。同时，科学内部各分支间也逐步分离，诸如力学、光学、电磁学、化学、地质学、生物学等学科各自走上独立发展的轨道。

然而，正如一些学者所认为的，"任何时期的科学理性都存在着前一时期科学理性的某些缺陷的痕迹，也存在着在未来时期显得十分明显地不足和消极的因素"①。综观近代科学后期（18—19 世纪）自然科学的发展，虽然有些学科领域的事实告诉人们自然事物之间具有有机联系的一面，如 18 世纪蓬勃发展的热力学理论明示人们热能与机械能的联系；维勒等合成有机物表明无机界与有机界的联系；19 世纪初电磁学理论所展示的电与磁的联系，等等。但这一时期科学与哲学发展的事实表明，在早期近代科学中抽象出来的数理逻辑理性和机械的自然观对人们的影响始终占据着人们心中的重要位置，辩证法在其中的绝大部分时期始终没有形成思想主流。相应地，在科学研究的许多领域，绝对的逻辑化的理性观在人们认知实践中的消极作用逐渐显现。

在化学领域，18 世纪初斯塔尔提出系统化的燃素理论——物质燃烧的过程就是燃素逸出的过程，被燃烧物质因之而变轻。含有明显泛机械论色彩的燃素说使发现氧的两位化学家席勒和普列斯特列都错过了"碰到鼻尖的真理"——距离发现氧化学说仅有一步之遥。

在地质学领域，德国矿物学家维尔纳以及后来的居维叶提出仅在逻辑上明晰"合理"的关于地质结构分层的灾变说（最初源于"摩西洪水说"）。该学说虽然有其合理性的一面，但未能从演化渐进、建构生成的角度看地质变化，为神秘主义的泛起提供了土壤。

在生物学领域，法国的拉马克发展了可贵的进化论思想，但在具体解

---

① 杨耀坤：《科学合理性的历史演变》（下），《科学技术与辩证法》2000 年第 1 期。

释生物进化根由时，仍然摆脱不了简单、僵化的逻辑理性解释框架，遂提出以"用进废退"和"获得性遗传"为核心的庸俗进化论。

即使在启蒙思想家霍尔巴赫那里，社会也是由一个无社会性的游离的个人"集合而成"，因而是由各个部分所构成的机器，这部分可由理性拆卸或安装在一起①。于是，社会和人一样，都成了生硬的机器。

……

结合近代科学的发展，人们可以看出，近代理性以经验——数理逻辑理性为主要特征，由于"经验也是理性的"（具体的经验和理性不是纯粹的，是可以相互渗透和包容的，这就造成了具体的经验可以是理性的，如培根的经验归纳是在强调理性基础上归纳的），因此，正如前文多次强调的，近代理性在追求确定性知识的历史过程中，形成了追求自足、逻辑严密、明晰可理解的风格。这种风格成了机械化自然观形成的重要推手。而这种自然观的形成，反过来与催生它的特色理性观实现耦合，形成了一种封闭、僵化的知识标准观——强调终极因，追求绝对化的逻辑说明。数理逻辑理性与机械自然观具有强大的"外溢效应"，它不但在哲学领域阻碍着辩证法的生根发展，而且在科学领域，在某种程度上导致了近代科学两次危机的发生，也使人的理性走向去语境化、逻辑自足化甚至封闭僵化化的顶峰。

（1）"两个第一"带来的危机——神学思潮的泛起

在17世纪中后期，在早期近代科学兴盛发展时，神学思潮已在其背后悄然兴起。在这股重新泛起的思潮的影响下，波义耳、莱布尼茨、牛顿等科学家在自然观方面纷纷转到神学。牛顿晚年曾提过"第一次推动"理论。牛顿在思考万有引力的原理及天体运动的终极原因问题时，始终认定这是个真问题——运动必有因，但他始终不得其解。在研究神学后，他似乎得到了答案。这样，牛顿因其"第一次推动"理论而走向了神学。

就在牛顿提"第一次推动"稍后的时期，著名生物学家林耐提出了"第一对原种"说。林耐在生物学领域的贡献在于提出了生物的双名制命名法以及用人为分类法建立了统一的生物分类系统。在物种方面，林耐承认其在遗传中所起的作用，但在物种变化方面，他认为物种数目是

---

① 葛力：《18世纪法国唯物主义》，上海人民出版社1982年版，第297页。

不变的。"所谓种，不过是生物的同类个体的总和。不同的种最初都只有一对。"① 那么，第一对原种是怎么产生的呢？林耐开始了"逻辑"追问。由于他的人为分类法忽视了物种之间的联系，他在做了万般努力后，把眼光转向神学。提出了神创论的"第一对原种"说，他在其《自然系统》中曾说："造物主一开始创造了多少不同的形式，现在就存在多少物种。"

牛顿第一次推动论与林耐第一对原种论的提出，除了与当时欧洲神学思潮的重新泛滥有关，也有其明显的哲学思想方面的原因。一个科学家，尽管他本人不必同时是哲学家，但是他却不可能不受一定哲学思想的影响。如关于第一次推动，"对牛顿来说，他不可能不受机械论自然观的支配"②，正是由他最终完成的机械自然观告诉他：行星运动符合机械力学运动规律；一切运动都有其因果的一面，在寻找原因的过程中，应排除一切人性的外加因素，而从原初的意义上去寻找事物运动变化的终极因。用今天的话说，牛顿当时用一种教条的知识标准去寻找知识，用僵化的理性观指导求知活动——用绝对的逻辑思维去寻找事物背后那种绝对的因，否认自然事物运动和变化的根源往往来自于其自身。这样，当牛顿极力把质点力学思想用于推导他所提出的天体运动的终极原因时，在无能为力中便求助于一种超自然的力量了。关于第一次原种说的诞生，同样可由此加以说明。

（2）生物学的"三重迷雾"与物理学"两朵乌云"带来的危机——理论科学的危机

到了 19 世纪后期，西欧一些国家，得益于科学技术的发展，进入了人类历史上从未有过的新时代。在科技领域，也出现了理论科学的升平景象和技术科学的繁荣局面。然而，在理论科学领域，却存在着潜在的危机，这主要表现在科学思想上的形而上学的终极真理观逐步形成。

由于牛顿的力学体系在宏观低速物理现象中取得了辉煌的胜利，由于人们首次看到了科学的勃兴与技术的繁荣，科学发展到尽头的终极真理观逐渐占据着人们的思维空间。英国著名物理学家开尔文认为："物理学已经可以认为是完成了，下一代物理学家可以做的事看来不多了。"1874年，当德国后来著名的物理学家普朗克在向他的导师菲力浦·约里表示他

---

① 转引自童鹰《世界近代科学技术发展史》，上海人民出版社 1990 年版，第 444 页。
② 童鹰：《世界近代科学技术发展史》，上海人民出版社 1990 年版，第 396 页。

将要献身物理学时，约里表示："其实，在这一学术领域内，已经没有什么本质上的新东西有待发现了。大厦已经建好了，如果说其中还有什么不足的话，那是可以用一些枯燥的修饰工作来消除的。"形而上学的终极真理观已成为当时科学思想发展的强大桎梏。

形而上学的终极真理观的形成，使人们不再用发展的发现的眼光看待科学，而热衷于用已有理论解释世界，甚至是用已有理论对世界现象进行外推性的解释。而这些正导致了生物学与物理学危机的发生，其标志是生物学的"三重迷雾"① 和物理学的"两朵乌云"② 的形成。

---

① 生物学的"三重迷雾"：第一重迷雾为社会达尔文主义的泛滥。在达尔文的《物种起源》发表后，英国生物学家赫胥黎和德国生物学家海克尔极力认为社会领域同样遵循生存斗争与自然选择法则，将达尔文进化论思想引入人类学、社会学。生物界的社会达尔文主义在资产阶级哲学家和社会学家的推波助澜下影响日益增大，最后变成了社会领域反动的达尔文主义。如德国新康德主义哲学家朗格鼓吹种族主义；唯心主义哲学家尼采鼓吹"超人哲学"。第二重迷雾为降神术与颅相学的风行。英国生物学家华莱士与达尔文同时提出自然选择学说，在完成该学说后，无所事事的他开始迷恋降神术与颅相学，试图解释神灵与现存生物的关系（寻找逻辑依据）。他做过许多这方面的试验，在其《论奇迹和现代唯灵论》中，他声称神灵是确实存在的。华莱士的理论诞生后，欧洲许多国家的科学家开始追随之，如发现阴极射线的英国化学家克鲁克斯自称在其所做的降神术实验中发现神灵在一位小姐身上显了灵。生物学的这股神秘主义思潮使生物学发展走入了漫漫歧途。第三重迷雾则是生物学因受到新达尔文主义的冲击而陷入信任危机。德国生物学家魏斯曼提出关于生物遗传的"种质连续说"遗传理论，认为细胞核中的物质是重要遗传物质，遗传性状受其控制，自然选择仅对遗传性状起筛选作用。魏斯曼的遗传理论，因其与达尔文主义既有相同又有相异的一面，因而被称为新达尔文主义。由于魏斯曼在提出其遗传理论时立基于思辨，且他所谓的"种质"没有在显微镜下被找到，在习惯于终极原因的逻辑追问的社会环境下，遗传物质本身被蒙上了神秘色彩，许多原来的新达尔文主义者相信了遗传物质的神秘性。

② 物理学的"两朵乌云"：19世纪末物理学所发生的理论危机，是由后来被开尔文称为物理学晴朗天空的"两朵乌云"引起的。第一号"乌云"即是物理学家迈克尔逊和化学家莫雷的"以太飘移"实验。自惠更斯重提"以太"观念以来，"以太"观念似乎成为不可动摇的科学观念在牛顿的力学、光学、法拉第的电磁学等中起着奠基者的作用。然而，在迈克尔逊和莫雷以著名的"以太飘移"实验否证了"以太"的存在之后，包括牛顿的经典力学在内的物理学第一次陷入了巨大的理论危机。物理学的第二号"乌云"即是用经典物理学的理论解释黑体辐射的能谱曲线时所遇到的理论上的困难。根据传统的光波学说，由于作为光的物质载体的"以太"是均匀而连续的，因此，黑体辐射的能谱曲线上，其能量分布应该是均匀的，而且发射应该是连续的。但是，包括德国物理学家维恩在内的许多物理学家却发现，黑体辐射的能谱曲线上，其能量分布是非均匀的，而且发射也是不连续的。这种事实使与其相关的热学、光学、电磁学的经典理论处于极大的危机中。后来的人们常用"乌云"来比喻两大实验带给物理学的危机。其实这两朵"乌云"不应称其为乌云，固然它们带来了经典物理学的危机。然而，它们对实现对于经典物理学的超越确是具有建设性的。

　　近代后期以生物学、物理学为代表的自然科学所面临的危机，原因虽然多样，如有经济的、社会文化的、科学家自身的因素等等。但是，如果从哲学思想与理性形式的角度看，在近代早期迅速增长的数理逻辑理性与机械自然观在众多科学分支所形成的强大的"外溢效应"应是其重要的根由。哲学在世界观与方法论意义上对人的行为起指向作用，而理性形式则决定着科学（知识）合理性的标准从而影响人们的科学活动行为。[①] 人们固然不应该将所有的是非都归于它们，但从后期生物学与物理学所面临的危机及其成因看，正是僵化地追求绝对逻辑合理性的近代理性观及其外溢效应导致了危机的发生。

　　赫胥黎和海克尔如果不是将达尔文生物学领域的生存斗争与自然选择法则，机械地引入人类学、社会学领域，就不会有生物学的第一重迷雾以及由此所致的种族主义和"超人"哲学。

　　华莱士正是在绝对真理观的影响下、在对生物学发展的极度满足中开始迷恋降神术与颅相学；也正是在试图寻找现存生物存在的逻辑依据中走向神秘主义。

　　魏斯曼本来提出关于生物遗传的"种质连续说"遗传理论并无不妥，科学活动允许有假说建构，允许有思辨，关键是要有基本的科学事实作为支撑。但如果没有习惯于终极原因追问的那些包括德国一些生物学家的生物界人士对"种质"之原的过度穷尽地追问，该遗传物质本身或许能免于被蒙上神秘色彩进而失去求证于经验的机会。"新达尔文主义本来是在思辨中走向了真理，但是它的某些理论幻象却使一些生物学家在反幻象的批判中走向了谬误。"[②]

　　导致"以太危机"的"以太飘移"实验是科学实现自我批判、自我否定的伟大胜利，"以太"范畴在如此多的学科领域、在如此长的时间占据奠基性的地位，恰恰反映了人们理性中的那种僵化的、过分注重纯粹绝对性的逻辑合理的机械性思维的倾向。至于解释黑体辐射的能谱曲线遇到的困难，大概也能体现这样的事实。

　　"逻辑源于历史"。总之，无论在近代科学早期还是在近代科学的晚

---

① 参见杨耀坤《科学合理性的历史演变》（下），《科学技术与辩证法》2000年第1期。
② 童鹰：《世界近代科学技术发展史》，上海人民出版社1990年版，第534页。

期，近代理性是以数理逻辑理性为主要特征的。虽然经验归纳主义、实证主义也强调经验存在与证实的合理性，但追求数学逻辑的演绎与推理仍然是近代科学理性的主流，况且，在许多学者看来，即使经验归纳、实证，"也是理性的"。因此，近代理性在追求确定性知识的历史过程中，形成了追求自足、逻辑严密、明晰可理解的风格。这种风格，在其形成的过程中，催生了机械化的自然观。

数理逻辑理性也罢，机械自然观也罢，它们毕竟是在对于思辨理性和宗教理性的扬弃中来到世间，因而，其对于近代自然科学发展的进步意义是显而易见的。"我们可以认为近代科学是对客观事实在经验范围内的一种理性的数学建构，只要这种建构能在经验范围内被确证，它就是真理性的确证的知识。这里当然有客观的实在的因素，因为它是对客观实在对象的反映，但更多的是主观的理性的数学建构。正是这种理性的数学建构使近代科学在本质上不同于中世纪的学问和希腊的知识（智慧），它实质上是一种理性经验论，它强调理性与经验同等重要。"① 然而，当数理逻辑理性增长到极致、走向绝对，特别是和机械自然观实现耦合时，其对于科学发展的负面性就显露无遗了。或者更准确地说，当近代科学处于经验材料搜集、简单理论建构阶段时，以知识确定性为追求的、拒斥人性因素的去语境化的数理逻辑理性尚能促进科学的发展，而当科学走入研究复杂、混沌、关系、涨落等阶段时，这种传统理性的危机便也到来了，现代科学与后现代科学的特点及其与技术、价值的分化与统一将使人们有理由预见：去语境化的理性将又要走向一种辩证的复归——回到语境。

第四节　技术理性的形成与发展

"技术理性"，从狭义层面理解，是指在工业文明社会（或技术社会）中，在科学技术于社会中占核心地位的背景下，人们形成的一种关注运用逻辑演绎和数理分析等理性方法去认识驾驭自然界客体的可能性，关注科学和技术作为实现某种眼前利益的手段的实用性、高效性的思维方式（可以称之为一种绝对的理性主义）和行为取向。随着技术理性作为一种

---

① ［英］A. N. 怀特海：《科学与近代世界》，商务印书馆 1959 年版，第 3 页。

思维方式与能力而在现代社会实践中被广泛体现、运用，技术理性的内涵不断泛化。从广义角度看，技术理性是一种追求合理性、规范性、有效性、功能性和实用性的人类智慧和能力①。

前文已述及，就理性而言，从古希腊至早期近代科学技术发展"完结"时期（大致为 18 世纪中期，以康德为代表的科学思想革命和瓦特为代表的技术革命兴起为标志），其发展环境为人的对确定性知识的追求和对世间万象的逻辑追问（表现为科学实践活动），在表现形式上，依然以科学理性为其主要形式。技术理性，虽然在远古时代就萌芽而生（如发明工具、传承技术以追求效率、效益），虽然从古希腊至近代早期的一些时期（如前述的罗马时期、中世纪），技术的发展使理性已分化出技术理性的枝条，然而，由于这一时期的技术因没能实现与科学的结合而经验且原始，用培根的话说即"工匠传统是原始的，因为它缺乏理性上的探讨"②。因此，技术理性没能从技术那里获得在较长的时间和较为广阔的空间范围内相对一致和稳定的相关案例，继而很难得到抽象提升。在社会领域，同样由于缺乏人与人之间竞争性的博弈环境（如后来的市场经济）而使那样的案例、抽象同样不能成为现实存在。因此，即使在西方，在很长的时间里，技术理性始终没能成为理性之树的独立分枝。

在真正的意义上，技术理性产生于也只能产生于近代科学技术发展后期，因为那时技术理性不但获得了其产生发展的良好的一般性环境——生产实践与生活实践环境，更获得了催生其产生发展的特殊环境——工业革命和市场经济。

一 技术理性的抽象：生产实践和生活实践

主观世界并不是客观世界自动分化的结果，也不是由各种"先天范畴"构成的思维之树。实践才是主观世界最贴近的基础。作为人的一种智慧、理念、能力，技术理性毫无疑问来源于实践。作为人的存在方式，实践使人类成为"有意识的类存在物"，这种"意识"表现之一就是具备

---

① 张明国、张恒力：《追问技术理性——技术哲学论坛研讨会综述》，《哲学动态》2006 年第 5 期。

② 童鹰：《世界近代科学技术发展史》，上海人民出版社 1990 年版，第 176 页。

了思考目的和手段关系的能力以及形成了目的与手段之间的关系。这和技术理性在本质上关心人的实践活动应该"用什么做"和"怎样做"才能有效地达到目的是一致的。追求人更好地生存与发展，是人类永恒的目的主题。然而在通过何种手段达到目的方面，人类在更多的历史阶段仍然处于本能的盲目状态，或者是低层的原始状态。实践的三大领域之一的科学研究实践及其与之对应的科学理性古已有之，那么为什么在三大实践过程中没能发展出成熟的技术理性？重要原因之一就是在漫长的人的三大实践历程中，人们少有关注目的与手段的关系特别是通过何种手段去实现目的。如，在科学发展的很长时期，人们少有关注科学服务生产生活的价值及其经由技术再到生产生活的路径，科学更多地被赞美为增进智慧之学、具有满足好奇心之用。正是不懂得科学的那种价值与价值实现的路径，学者传统与工匠传统才在很长时间处于分离的状态；而在生产生活领域，由于技术的原始、对上帝的信仰及各种利益集团的控制与干扰，人们很难在目的与真正的手段之间的深渊上架起逻辑的桥梁。因此，技术理性虽然来源于实践，但在 18 世纪之前，它没能得到成熟地发展。

如果有人问，为什么直到 18 世纪才有经济学家，相反地，在公元前就早有文学、哲学、科学方面的大家问世？答案是：其一可解释为亚当·斯密等人的能力修为，尤其是因其接受近代科学精神和方法的熏陶，从而能够如科学家那样由纷繁的现象抽象本质；其二，从生产与社会生活层面看，经过传统社会、中世纪、文艺复兴和启蒙运动漫长岁月的砥砺，社会终于，至少在很大程度上，排除了王公贵族、教会僧侣等各种利益集团的控制和干扰——这在某种程度上使社会似同自然走上自我发展的轨道，在经济领域，西欧社会为经济学家们提供了于广阔的空间和相当长的时间范围内较为稳定和一致的经济方面的案例①。

相应地，从近现代的科学技术中，韦伯和马尔库塞等人何以能抽象出工具理性（在马尔库塞看来，工具理性就是技术理性）和技术理性，也需要有两个重要前提，其一，他们具有必要的能力特别是抽象概括能力；其二，当时西方社会特有的生产生活实践环境。

---

① ［美］罗伯特·海尔布罗纳：《几位著名经济思想家的生平、时代和思想》，蔡受百等译，商务印书馆 1994 年版，第 9 页。

在生产生活实践方面，启蒙运动、资产阶级革命过后，在社会管理、人的交往、政治经济活动等广泛领域，理性精神成为崇拜的代替物，自由、平等成为人们时尚的追求。理性、自由、平等，不但使欧洲的许多国家（如法国）变成"具有民族性、自由性、世俗性和理性的国家"①，而且强化了人们对利益的关注，特别是"强化了资产阶级的利益，促进了现代国家的成长"②。如，在法国司法实践中形成的《法国民法典》——历史上第一部纯粹是理性的统一法律，提出了所有权并将所有权界定为"对于物有绝对无限地使用、收益及处分的权利"，据此，私人财产利益不受侵犯。对利益的关注乃至后来的追求必然带来对效率及其获得手段的关注。18世纪后，在生活上，人们明显地追求舒适、高雅、返归自然，人们懂得通过开矿、纺织、印染等方法提升生活质量。在追求美好生活的过程中，人们增强了抽象能力、增长了理性，同时懂得了达至目标的路径——利用"工具"手段，从自然中获得高尚的生活。18世纪的文学艺术提出"回到自然"的口号，强调质朴即自然，而真实即符合理性。艺术方面，《论管弦乐队》的作者曾写道："使用新的管弦乐队法，或者说普遍的和根本上的教学法，一位时髦的人完全可以了解高尚音乐的崇高价值，形成他的音乐品位，理解技术用语，并就这门杰出的科学进行娴熟的推理。"巴尔赞曾把现代管弦乐器称为工业机器的"嫡表亲"③。巴赫为键盘乐器所作的精妙多变的赋格曲，甚至被认为标志着人类的抽象理解能力达到了顶峰之高度④。在文学上，英国诗人蒲柏曾以诗体说明机械论，强调要研究和遵循自然⑤；笛福的《鲁滨逊漂流记》则重又喊出了"知识就是力量"的口号，并看到了科学技术的作用。

这里，再重点剖析一个案例，以期从生产生活实践方面看技术理性环境的形成，这个案例主体就是英国。当时英国有利于技术理性成长的实践

---

① Marvin Perry（ed.），*Western Civilization*，p.437.

② Ibid.，p.436.

③ ［美］雅克·巴尔赞：《从黎明到衰落》，林华译，世界知识出版社2002年版，第388—389页。

④ ［美］罗伯特·E.勒纳、斯坦迪什·米查姆、爱德华·麦克纳尔·伯恩斯：《西方文明史》（第1卷），王觉非等译，中国青年出版社2003年版，第637页。

⑤ ［美］伯恩斯：《世界文明史》（第2卷），罗经同等译，商务印书馆1987年版，第320页。

环境主要可归纳为如下几方面。

1. 经济充裕使商品的社会需求、社会生产成为可能，进而使生产、贸易、金融投资体系得以形成。经历了"光荣革命"的英国，到了 18 世纪，社会平稳发展，经济相对充裕。作为结果，普通民众的收入不仅可以购买维持基本生计的食品，而且还能购买其他用于提高生活质量的商品，这导致了商品社会需求的普遍性增加。经济充裕，还表现在资本充裕上（许多通过圈地运动而获得），资本的增加使金融、贸易独立出来，形成了具有现代性的金融贸易体系，形成了实现财富的现实基础。

2. 思想观念的变革实践使追求财富成为人与社会团体的重要价值目标。在新教思想的影响下，英国社会进行了一场思想变革运动。早在 17 世纪后期，"人们就已经把追逐财富（包括投资心态）视为有价值的人生目的，对进取的资本主义表示赞同"①。到后来，英国人，无论贵族还是平民，大多不羞于亲身从事赚钱的行当，相反，整个社会形成了尊重智慧和才干以及在经济活动中成功的人的氛围，人通过经济活动的竞争而进入上层社会成为一种风气。

3. 稳定的"自由政府"在管理方面给予个人、团体充分的自由，这种自由使得个人的发明、技术改造智慧得以自由发挥。

可见，在生产生活实践方面，西方社会当时所发生着的商品生产实践、思想变革实践、政府管理实践、经济活动（广义）实践构造了一个现实的目的（利益、财富）与手段（技术、才干、智慧、竞争）的关系，大量的广泛空间内的相对稳定的此类案例的存在，有助于人们抽象出被称为技术理性的东西。

二　技术理性的抽象：工业革命和市场经济

前面分析了技术理性产生的一般性环境——生产实践与生活实践环境（这里的"一般"意指，被我们称为技术理性的东西无论在何地产生都离不开生产与生活实践。其实从世界范围看，诞生西方技术理性的二实践内容又往往具有特殊性的一面），其实，就历史史实而言，技术理性在近代后期获得发展并走向成熟，与西方社会时势所创造的又一特殊背景——工

---

① 徐新：《西方文化史》，北京大学出版社 2007 年版，第 306 页。

业革命和市场经济是分不开的，正是两次工业革命和市场经济的发生与确立，提供了在相当长和广的时空范围内相对一致和稳定的相关案例，使技术理性得以抽象形成，并迅速膨胀发展。

（一）两次工业革命对于技术理性形成的影响

两次工业革命，虽然内容有所不同，但无论在共同层面还是在各自的特点层面，均有促进技术理性生发与增长的因子。

1. 开辟了"科学—技术—物化工具—效率效益"的阶梯道路。

两次工业革命结束了以往科学知识与工匠经验相分离、科技与效率效益相分割的状态。第一次工业革命实际上是近代科学革命的物化，是工匠经验与当时科学知识的结合。许多人认为，第一次工业革命是纯粹工匠经验的积累。事实上，本次工业革命中使用了大量的力学知识，如纺织机械的改进，瓦特对纽可门蒸汽机的改良。同时，化学家布莱克对温度和热的区分以及提出"比热"、"潜热"的概念等，无不对成熟蒸汽机的形成有过潜在的贡献。汽船与蒸汽机车的发明使人们看到了科技经由物化工具带来的巨大效率与效益。第二次工业革命则更多地是科学和技术的结合，电磁理论与技术，内燃原理与技术，它们的有机结合，创造了效率无比的物化工具（如汽车、电报机等），使人在思想中看到了追求效率效益的路径。如果说第一次工业革命尚可认为是沿着"技术—物化工具—效率效益"之路的话，第二次工业革命则彻底向前延伸——延伸到了科学。技术理性，从其原初意义而言，注定与科学技术相关，两次工业革命形成的人的认识方面的变化，无疑为技术理性在实践中得以抽象形成提供了基础。

2. 促进了非嵌入编码知识①与编码型技术的形成与运用，同时改变着人们的思维和行为方式。

波兰尼曾将知识区分为隐性知识②和编码知识。编码知识是指这样的

---

① 注：波兰尼曾将知识区分为隐性知识和编码知识。编码知识是指这样的一类知识：其一，关于事实和原理的知识，具有普遍性。如技术操作规则、某金属的特性等；其二，通过逻辑工具（包括自然语言、机器语言等）进行清晰表达、明确分类的知识。如数学定理等，这类知识可由经过一定教育培训的人以较低的代价快速取得。编码知识具有层次性和可变动性。编码知识又可分为嵌入编码知识和非嵌入编码知识。隐性知识主要指那些兼具主客观成分、未用逻辑工具表达或难以用逻辑工具表达而难以言传的知识，或指不能与生命体相分离难以进行交流共享的知识。参见吕乃基《科学与文化的足迹》，中国科学文化出版社2007年版，第2页。

② 注：隐性知识即"Tacit knowledge"，有学者又将其表述为意会知识、默会知识等。

一类知识①：其一，关于事实和原理的知识，具有普遍性。如技术操作规则、某金属的特性等；其二，通过逻辑工具（包括自然语言、机器语言等）进行清晰表达、明确分类的知识。如数学定理等，这类知识可由经过一定教育培训的人以较低的代价快速取得（如现代的克隆、复制手段等）。编码知识具有层次性和可变动性。编码知识又可分为嵌入编码知识和非嵌入编码知识。前者指限于特定地点、场所、地域、部落的知识，后者则指普遍适用的知识，如浮力定律等。隐性知识主要指那些兼具主客观成分、未用逻辑工具表达或难以用逻辑工具表达而难以言传知识，或指不能与生命体相分离难以进行交流共享的知识。编码知识和隐性知识无明显界限，从层次上说，普遍性最低或最为嵌入的编码知识往往兼具隐性知识的属性。反之亦然。

随着近代科学革命以及工业革命（特别是第二次工业革命）的发展，一致的非嵌入的编码型知识越来越深入到社会各阶层人员；同时，从工业革命角度看，正是那些"普遍受教育的劳动力、训练有素的技师、有坚实科学知识为基础的技术人员以及受过高等教育、富有创造性的科学家"② 延续着工业革命（主要是第二次）的进程。与非嵌入型知识相伴而生的还有"编码型"技术。它使古代"只可意会"、需要长期摸索学习的技术转变为可以（快速地）学习、操作的规则和规范化的动作。在现实层面，"编码型"技术使许多工人只需简单快速地培训即可上机操作。正如库恩所言，拥有非嵌入编码知识的技师，以及人数更多经简单培训即可操作编码型技术的工人，对于工业革命，特别是第二次工业革命必不可少。

非嵌入编码知识与编码型技术改变了知识和技术拥有者的思维和行为方式。非嵌入编码知识使普通人们更加注重学习与使用知识，而不必追问"为什么"（其实实现了人在知识方面的分工：少部分人专司创造知识，大多数人只需学习使用知识），这无疑节约了成本，提高了效率；编码型技术往往以"打包"的形式存在，在客观上便于学习和流水化作业。对

---

① 参见吕乃基《科学与文化的足迹》，中国科学文化出版社 2007 年版，第 2 页。

② ［美］罗伯特·E. 勒纳、斯坦迪什·米查姆、爱德华·麦克纳尔·伯恩斯：《西方文明史》（第 2 卷），王觉非等译，中国青年出版社 2003 年版，第 810—811 页。

于广大工人而言，由于大企业往往远离他们的家乡，广大工人不得不背井离乡，远离基于初级群体关系的人际关系，告别缓慢、自由的生活方式，来到充满整齐划一、节奏、有序的生存环境。显然，新的生存环境系建立于陌生的机器和流水线之上，建立于大批量、标准化、可替代的产品生产之上。在这一转变中，人进入到一种全然不同而又一致的语境中——处处讲效率、规范、可控，开始全新的生活。毋庸置疑，在这一转变中，人们的思维和行为方式会得以改变，技术理性也必然得到化育、增长。

可见，科学革命、两次工业革命造成的"时势"无疑为人们形成效率意识、在行为上追求高效率高效益提供了可能。

3. 第一次工业革命与第二次工业革命的发生及其革命后的进程，使社会经济结构、生产组织、经济思想等发生了促进"效率化"思想确立的递进式的变化。

从社会经济结构看，第一次工业革命使农业在国民经济中比重下降，人类从农业文明开始走向工业文明；第二次工业革命，则使工业在国民经济中居主导地位，工业化社会在一定程度上得以建立。从生产组织看，第一次工业革命使资本主义工厂制得以确立；第二次工业革命，则使各行业自由垄断组织（为了保证效益）开始形成。从经济思想看，第一次工业革命使社会领域自由主义盛行；而第二次工业革命，则使凯恩斯主义得以形成。如上这些递进式的变化，在现实层面形成了促进"效率化"思想确立的环境条件。

4. 两次工业革命使人类目睹了自己的力量，主观能动性开始膨胀。

一般而言，人类的行为受两方面的制约，其一为受动性；其二为能动性。两次工业革命的历程及其随后的影响使人类认识了自身的力量何等之大。18 世纪的一位工程师曾写到："一滴水化为蒸汽，把人类的疆域推向了无穷的边缘。"伴随着这种认识的深刻化，人类的能动性开始膨胀，技术理性的工具化色彩愈加浓烈，人类在征服自然的道路上不断前行，许多时候甚至置受动性于不顾，最终酿成当代的一系列危机。

（二）市场经济之于技术理性的形成

从某种程度而言，中世纪后期开始的文艺复兴、宗教改革、科学革命和启蒙运动，有一个重要的社会变革目的，那就是摆脱传统社会的血缘宗法、强权、教会、世俗，使土地、劳动和资本等社会资源从原有的束缚中解放出来（如重农学派主张"自然"的生产方式，主张经济活动与政治、宗教分离），进而走向自由市场——实现资源的自由流动，主体的自由选择，主体与主体、资源与主体的自由组合。这就是后来人们谓之的市场经济，大概也是后来吉登斯谓之的"脱域"的含义之一。

经济活动与政治、宗教的分离，使经济活动现实地呈现于人们面前，人们进而可以客观地研究经济活动。到了亚当·斯密的时代，亚当·斯密通过客观地研究经济活动，形成了和市场经济相关联的一些关键性突破性认识，这些认识的形成同时为技术理性的成长提供了不可多得的养分。（1）竞争和自由市场是公平分配财富的重要手段，通过竞争追求效率效益为人的本性，"经济人假设"有其人性论基础。在启蒙思想有关自然和人的本性的影响下，亚当·斯密超越重农派思想，认为就像行星和谐运动而不会相互碰撞一样，只要存在竞争和自由市场这只看不见的手，通过实行"明显、简单的完全自由的制度"，人们就可以公平地分配财富而不会发生激烈对撞。亚当·斯密通过大量案例的分析，在看来平淡无奇和混乱的世界中抽象出了秩序和意义①：趋利避害，追求效率效益——人的本性，以及人与人之间的竞争。（2）第一次从理论上认识到劳动乃价值的源泉，而不是土地。这一认识在理论上肯定了人们通过技术生活、劳动创造财富这一手段的有效性、合法性。（3）许多追求自我利益的人，可以在"看不见的手"的牵引下使社会由内部产生自下而上的自组织过程。在亚当·斯密看来，追求自我利益的人在个人经济自由巅峰的社会里，会被"看不见的手"牵引着，在获得自我利益的同时，也促进全社会利益的形成，那种自由就是最严厉的监工；个人经济自由的社会。"没有什么人从中指导"，人们会自然地形成秩序，社会会自然地有组织化——内部的自组织，社会要做的充其量就是搬开一切障碍，扫除束缚。亚当·斯密关于这一点的抽象，被认为在"漫不经心"之际开启了社会内部自下而上的自组织过程。海尔布罗纳为此写道："一个漫不经心的个人与别的一个人保持行动一致的机制，会影响到社会自身随着岁月的流逝将发生变化的机制。"

---

① ［美］罗伯特·海尔布罗纳：《几位著名经济思想家的生平、时代和思想》，蔡受百等译，商务印书馆1994年版，第9页。

亚当·斯密及其后来者马尔萨斯、李嘉图等人的思想，提出了经济个人主义、契约自由、自由竞争、自由追求（利益）等自由市场经济的思想，它们对于技术理性发展的影响在于：造就了追求自我利益合理的社会氛围，给出了获取自我利益的手段——通过有效率的竞争。

得益于上述经济学思想家以及政治家等的努力，西方社会普遍地走上了市场经济之路。虽然后来有人对自由市场经济提出了质疑、修正，然而，这条路的根本方向始终没有变。市场经济建立的意义不仅是在制度上为现代社会奠定了基础，也不仅是在市场经济条件下触发并推进了工业革命，而且在思维方式上推动了技术理性的发展。下面再从博弈论的视角对这种推动作用作简要论述。

从人与自然博弈的视角看，结合前文的论述，由于自然界对于所有的博弈者一视同仁，在博弈中体现"有限规则"，既可与之进行"重复博弈"，又可导致"演进博弈"，因而在人与自然的博弈中，人类不但可以在各项博弈中不断进步、成长，同时也认识到，彻底认识和战胜自然的困难性，进而懂得尊重对手或使自己的行为可控。"有限规则"，"重复博弈"和"演进博弈"使人们懂得可以在尊重对手的情况下，通过科学、技术手段对自然进行"试探"，以获得进步与利益。事实也是如此，在西方近代人类发展的历史进程中，人类主要通过科学技术与自然界博弈。市场经济理念的确立，使其经由工业革命激发了人们对科学技术化、技术效率化的追求，特别是这种追求是在"没有监工胜有监工"的状态下进行的；同时，使人们在与自然的博弈中步步为营，有所前进。科学活动育成科学理性，技术活动则提炼出技术理性。另外，市场经济社会创造的公平、有规则的市场与社会，使人们易于将其看作是一个具有自然界属性（如对参与者的一视同仁，可以多次重复博弈等）的对手而与之博弈，参与博弈的局中人自然成为了具有追求可控、效率理念与能力的技术理性主体。

从人与人博弈的角度看，启蒙运动之后，自由决定自己经济行为的个体，在市场这只看不见之手造就的公平规则下，人不但可以自由地与自然博弈，而且终于可以自主地进行他们与他人间的博弈。从技术理性的要义看，这样的个体，才可称作是技术理性的主体；从局中人同为生产者的角度看，只有市场经济社会形成的那种统一、开放、竞争和有序的市场，也才会培育出这样的个体或技术理性主体。统一，表明局中人对着的是对所有人一视同仁的生产要素市场，参与博弈的人对生产力要素可以进行自由选择；开放，意味着市场在时间和空间上无限制性的边界，只要资格符合的博弈者均可以自由进入、以及发展；竞争，是自由博弈者追求自身利益的手段，也是发展的动力；有序，表明有规则，而博弈的核心即是规则。市场的核心内涵是交换、博弈，规则可保证交换、博弈在平等和自愿的规范下进行。

从现实看，技术理性的主体或博弈的局中人还应包括消费者以及公司的员工。由于技术理性"蕴含了人的本性：以最小代价或成本获得最大收益。也就是亚当·斯密的'经济人假设'，实际上与自然界的'最小作用量原理'一致"①。所以在生产方算计投入产出比的同时，消费者则在算计功能价格比，并由此决定他们是否买生产方的账。对于公司的员工而言，他们和由他们所组成的工会所具有的强大的博弈力量，迫使公司采取人性化、民主化的管理行为，以达到运行成本的最低限，而同时，工人也获得了利益。这种博弈的另一结果是，可以迫使公司把主要精力集中到与自然的博弈上来，而这将意味着科技的进步。

总之，技术理性为什么在近代那个特定的时期出现并成长在近代西欧——发生在启蒙运动之后，发生在市场经济萌生的地方，成长于两次工业革命发展的过程中，而没有出现在其他地方和在其他时间出现，这是因为市场经济、工业革命、西方特有的生产生活实践氛围，创造了人与自然博弈以及围绕着人与自然博弈的人际博弈的普遍、一致性的东西，进而使韦伯和马尔库塞等人能够抽象出技术理性。无彼则无此。从这一点看，技术理性只能孕育、成长于近代西欧——孕育、成长于特定的社会背景之中②。

三　去语境化的技术理性

技术理性孕育成长于特定的社会语境中，表明技术理性的存在是有边

---

① 吕乃基：《技术理性在中国——一种对技术理性的后现代解读》，《东北大学学报》（社会科学版）2011 年第 6 期。

② 同上。

际条件的。分析技术理性的形成背景、历史发展不难看出，这种边际条件，其一即对人与自然博弈规则的遵守，即使人际博弈、人己博弈也应以遵守人与自然博弈规则为基础而进行；其二是特定的价值理性指导下的尊重人的本性——以较小的成本或代价获得最大收益的实践。即我们谓之的技术理性应该是遵守人与自然博弈规则的理性，应该是体现人的本性的理性，应该是有价值控制维度的理性。在技术理性于西方诞生的特定社会背景中，无论是市场经济还是两次工业革命，都暗含着技术理性存在的这样的语境。照理，技术理性于日后的存在发展也应该立基于这样的语境基础，然而，技术理性的发展的历程却表明，它正在逐渐去这样的语境，相应地，产生很多社会问题。技术理性去语境化大致有如下表现。

1. 在思想中去除对人与自然博弈规则的尊重

技术理性，在其原初意义上，注定与技术密切关联。从本质上看，技术沉淀于人与自然的重复博弈和演进博弈，在博弈中人们实现了体内和体外的进化——获得了技术和技术手段，同时抽象出了技术理性——以最小的代价和成本获得最大效益。显然，最大效益的获得和最小的代价付出是在遵守人与自然博弈规则前提下的、是在尊重对手前提下的。如果违规大量发生，人与自然的博弈体系将被瓦解，期望以"较小的代价获取较大的利益"将变成"乌托邦"式的空想——在违背博弈规则（如基于对平等规则的违背而表现的滥采滥伐）的条件下，即使你获取了较大的表面利益，由于要付出高昂的代价，你永远不可能获得最终的最大利益。因此，谈说技术理性本应包括"尊重人与自然博弈规则"这样的语境。两次工业革命的胜利使人类看到了技术的伟大力量，看到了技术理性的妙用，这种"力量"与"妙用"，使人类逐渐变得狂妄、自大，不再把自然当做平等的、应该尊重的对手。在与自然的博弈中，肆意践踏规则，其结果是许多主体虽然获得了眼前的巨大的利益，但却付出了高昂的成本和代价。关于这方面的研究，已相当成熟，笔者在此不再赘述。当前，技术理性误入歧途不能不说与其去"应遵守人与自然博弈规则"这样的语境相关联。

2. 脱离人与自然博弈的语境，技术理性作用领域泛化

与自然博弈、与他人博弈以及与自身博弈构成了技术理性形成的基础，在此处的三个基础中，人与自然的博弈是核心。"工具理性和技术理

性……主要旨在应对自然。以人与自然的实践关系为基础，其关键在于自然对于各色人等的一致性和持续性。"① 在技术理性形成的背景中，即使与他人博弈，与自身博弈，也都是围绕人与自然博弈而展开的，如市场经济社会，规则的公平、市场的统一开放都应以围绕人与自然博弈这个主题——竞争是技术的竞争，效率从人与自然博弈中要效率，如果离开这一点，竞争和效率就会变成人与人无原则的尔虞我诈（如造假、欺骗），市场乃至社会就不会有信用，所谓公平开放有序也就是一句空话。然而，近代以来至今，技术理性却有脱离人与自然博弈的主题而泛化的倾向。它广泛表现在政治、经济、社会治理、人际关系处理等诸多领域。在国际政治领域，一些超级大国带着泛化的技术理性思维，不择手段地追求对于地区秩序的控制；在经济领域，人以垄断作为获得效益的手段，使消费者丧失选择权、追诉权；规则或随意、缺失、不透明，或形同虚设；在人际关系领域，人与人之间相互算计、利用；在国家与社会治理领域，技术理性思维使人们迷恋权力控制，权力压倒一切现象普遍。

3. 脱离价值理性的束约

理性不仅是人们把握和认知世界的工具，也是约束人们行为的伟大力量——它提供了人们超越有限世界的价值指向，具有认识与改造世界和明示生存意义两项功能。这一点在古希腊就有完美的统一。"逻各斯"与阿那克萨哥拉谓之的"努斯"的结合，构成了理性内涵逻辑规范性与超越逻辑手段、追求生存意义的双重意义。技术理性也不例外。技术理性为韦伯和马尔库塞在人的生产、生活实践活动中所抽象，具体说是在两次工业革命、市场经济活动中被抽象出来。人永远是自己活动的终极目的和归宿。这里的人，就是在韦伯和马尔库塞抽象技术理性时被舍弃的技术理性的主体——千千万万个个体，乃至人类。韦伯和马尔库塞在对技术理性进行抽象时，其实也看到了作为客观存在的技术理性（不管你认同不认同，抑或你称它叫什么）如何让人们的思维走入极端，如何使人们越来越丧失对自身活动价值的思考和提升，于是在抽象出技术理性的同时，提出了价值理性，期望人们关注人类自己内心真实的声音，关注技术行为的人类

---

① 吕乃基：《技术理性在中国——一种对技术理性的后现代解读》，《东北大学学报》（社会科学版）2011 年第 6 期。

学意义上的价值意义。也就是说，韦伯和马尔库塞在对技术理性进行抽象时，暗含着这样的语境：技术理性是承载着一定价值诉求的，它高于纯粹的工具理性①，技术理性应是受价值理性统领和引导的技术理性。

"逻各斯若不是掌握在以最高善为目的的努斯手中，就无法摆脱支离破碎和自相矛盾的困境。"② 令人遗憾的是，近代以来的技术理性是去这种语境，在技术理性的存在与发展历程中，工具化色彩越发浓烈，越发远离价值理性，人们充分"享受"着技术理性思维带来的高效、可控、程式化的优越性。更有甚者，技术创新的不断涌现、畸形的发展观、人的人文精神的缺失与技术理性形成了强大的耦合效应，使人们形成了对于技术理性的信仰崇拜，由此造成了社会发展的诸多痛苦和矛盾。

四　技术理性攻城略地

技术理性于近现代的被去语境化理解，使技术理性具有了攻城略地的能量。

近现代以来，人们对技术理性的理解逐渐脱离原初的人与自然博弈的语境，极端地强化了其追求效率、可控、操作计算、程式化的一面。在人们的眼中，许多实在的东西变成了可演算、可操纵的东西，如自然物（包括人）也呈现为可演算和可控制的一面，特别是现代逻辑体系和现代数学化模型的建立，使逻辑化、程序化、集约化的操控性思维广泛扎根于社会大众。与此相伴而生的是，技术理性的这种去语境化以及人们对效率效益的片面追求，使技术理性作用领域泛化成为现实。

在技术领域，非嵌入编码知识和技术取代各异的嵌入性或非编码性知识和技术③，无需经历与自然的重复博弈，雷同的知识和技术被广泛使用，为的是一个目的——节约成本，获得高效。技术世界的差异性走向衰微。

---

①　张明国、张恒力：《追问技术理性——技术哲学论坛探讨会综述》，《哲学动态》2006 年第 5 期。

②　邓晓芒：《论古希腊精神哲学的矛盾进展》，《华中师范大学学报》2001 年第 5 期。

③　注："非嵌入编码知识和技术取代各异的嵌入性或非编码性知识和技术"并非一定不可取，此处如此表述，系为突出人们的那种极端化的技术理性思维。另外，非嵌入编码知识和技术易于传播学习乃至共享，但对于"祖传"、"特色"型技术是一种消解。

在经济领域，技术理性放大了市场经济的缺陷。雷同的契约、合同，程式化的管理，抹去了人与人之间的温情；来自不同民族和地域的人，面对的是普适的机器；机器充斥于人与自然之间，人借助机器展开了对于自然的大规模的索取。更重要的是，在世界工厂业已形成的背景下，许多企业，在上游无需介入与自然的博弈，热衷于拿着别人现成的技术成果——因为别人已证明过其"有效"与"可控"，它们往往一手拿着图纸，依葫芦画瓢开动流水线；一手潇洒地接订单——无需与下游的消费者博弈，接下来要做的无非是使用自然资源、使用人力资源，等着坐收自己的利益。技术理性思维所导致的垄断与绝对控制使消费者往往在与生产方的博弈中丧失平等地位，丧失选择权和追诉权。

在人际关系领域，刚性的契约式的交往抹去了人际关系人伦道德的一面，人与人之间原本具有的温情被算计、利用、冰冷的约定所取代。在由人的关系组成的社会里，技术的合理性即代表全部社会的合理性，人人精于"计算"，止于计算①。

在社会治理领域，规律规则被肆意践踏，"献礼"工程提高了效率却把质量踩在了脚下，其结果是重大事故频发；压倒一切的权利使行政管理提升了表面式的效率；许多官员既制定规则又下场竞技，为的是可控。规则的模糊、下不为例、个案处理等使博弈的重复性、规则性几乎荡然无存，之所以这么做，仍然为的是可控和管理的需要。

在国际政治领域，为了实现对他国或地区可控之目标，"人权"的棍子乱打、帽子乱飞，走向极端便发展成了一些霸权大国挑动他国或地区的内斗，甚至促成所谓的"代理人"战争。

………

去语境化使技术理性与价值理性成为对立的内极，增强了其攻城略地的能量。在马克斯·韦伯看来，技术理性应该受到价值理性的引导甚至束约。然而，近现代以来，由于科学技术使人们在不断超越自身和自然的局限性里赢得了极大的成就感，更由于人们对自身生活的意义和生存环境的价值缺乏深层的思考与反思（历史表明，这种思考与反思也仅限于少数学者、精英），技术理性的发展日益绝对化、极端化——脱离价值理性的

---

① 夏军：《现代西方的非理性主义思潮》，辽宁人民出版社 1986 年版，第 172 页。

束约。脱离价值理性束约的技术理性由于缺少了"顾忌"，蜕变成为实践的工具，它催生了许多的大批量、标准化、机器流水线，催生了人行为的整齐划一与节奏。由于没有价值意义的思考，许多人、团体甚至是国家的行为变得无所顾忌，对资源环境的肆意破坏、投资领域的投机成风、权利对规则的践踏、一些大国对世界秩序的藐视，一切的一切都是为了效率、效益和可控。

脱离语境的技术理性具有如此的能量，难怪人们曾一度以比崇拜上帝更疯狂的虔诚崇拜技术理性。近现代以来，许多学者精英对技术理性攻城略地的现实给予了质疑，对攻城略地的后果怀有深深的忧虑。其实，从本质上说，技术理性的如上的罪过并非技术理性之错，之所以造成这样的局面，关键在于人们对技术理性的去语境化理解，技术理性是在特定语境下生成、发展的，人们无论何时，不应该忘记"在人与自然的博弈中或以人与自然博弈为主线谈论技术理性；在对人与自然博弈规则的遵守中谈论技术理性；在价值理性的指导以及尊重人的本性之语境中谈论技术理性"。一句话，技术理性应重新回到以人与自然博弈为背景的轨道，人们对技术理性的理解，也应重新回归原初的语境。

本章小结

本章站在回溯历史的角度，对西方理性从古希腊以来发展的逻辑脉络进行梳理，揭示近代西方理性去语境化特征形成的历史过程。

在现代逻辑思维能力的形成中，个体主体性自我意识的形成、知觉经验和矛盾律的渗入、概念"沉淀"以及人的想象力的跃升等发挥重要作用。逻辑理性是西方理性主义的重要内质，它的形成可以由西方的文化路向以及博弈论的视角得到解释。西方文化是一种"以意欲向前"的、与自然博弈的文化。从博弈论的视角看，人与自然博弈，自然具有足够久远、使博弈实现"重复"和"有限"并达至"演进性博弈"等特点，这使逻辑理性得以在人与自然的博弈中形成并得到强化。

考察理性应注意关注其走来的历史。近代西方自足性的逻辑理性诞生于古希腊的两个重要时期，特别在以物理学为主干的自然哲学期，逻辑理性与思辨理性得到发展。古希腊在对自然认识方面的理性增长主要表现为数学理性和逻辑理性。另外，"下定义"方法的出现，同样凸显了人们逻辑理性发展的一面。从希腊化时期到文艺复兴，对理性精神的高扬、对经验归纳的重视、前技术理性的萌芽使理性的增长方向逐步贴近近代。

中世纪，虽然把对神学理论的解释作为重要任务，但在解释道路的选择方面，在对认识与理性、宗教与逻辑区分的基础上，走的仍然是一种理性化逻辑化的道路。从希腊化到文艺复兴时期，理性一直把追求自足、明晰、致力于寻找知识确定性的那种逻辑理性作为主要目标，它与希腊理性的区别在于已脱离纯粹的思辨，试图与经验结合。这无疑增强了理性的逻辑魅力。

近代理性，对科学理性而言，它在人们的对具体的、确定性知识的逻辑追问中发展，在经历认知路线上的从"本质主义"到"存在主义"、方法上的对自然对象的数学化处理、世界观上的机械自然观的确立等变化后，近代科学理性逐步变为"一种封闭的绝对化的唯科学主义理性观"，片面、僵化、抽象等不足性开始显现并发展，这同时为非理性主义等各种反理性主义思潮的滋长提供了"借口"。在某种程度上，数理逻辑理性与机械自然观在科学上的"外溢效应"使近代科学经历两次危机，危机的出现也标志着近代去语境化的、绝对、僵化的理性观的形成。在现代科学不断向纵深发展，理性形式逐渐分化的背景下，近代逻辑理性的这种倾向恰恰为其向自己的对立面——语境化理性转化准备了基础。

在近代，技术理性在古代技术生活铺就的温床中破土而出，作为一种独立的理性形态构成人的精神意志与能力的一部分。技术理性的真正出现源于以人与自然博弈为核心的人际博弈与人己博弈，源于对人的本性的尊重。两次工业革命和市场经济的发生，提供了在相当长和广的时空范围内相对一致和稳定的相关案例，是技术理性得以形成、发展的重要实践依据。近现代以来，技术理性被去语境化理解、运用，使技术理性在许多领域具有了攻城略地的能量，同时成为人们崇拜的对象。解决技术理性带来的各种困惑，应使技术理性重新回到语境——在价值理性指导下，在遵守人与自然博弈规则、尊重人的本性及生存意义的语境下去谈论、运用技术理性。

第 三 章

近现代理性的危机

近代理性将其去语境化、逻辑绝对化等特征一直带到了现代理性阶段。现代科学的发展趋势以及后现代科学呈现的新的特征与规范使近现代理性面临前所未有的挑战。另外，人们对近现代科学理性和技术理性的批判，使二者有下沉到底的趋势，这进而使价值理性问题凸显。这些，无疑造就了近现代理性的危机。

第一节　理性疆域的扩张

人们在以科学活动为主的社会实践中抽象出了科学理性，在市场经济和工业革命中抽象出了技术理性。在对科学与技术及其带来的社会问题的反思中，人们对科学理性与技术理性进行了合理批判。随着二者在批判中向"底"的下沉，人们对原本存在于人本性中的价值理性同样进行了批判性反思，并关注如何正确认识理性系统问题。

一　对科技的人文反思与价值理性的萌生

一百多年前，马克斯·韦伯从便于对社会行动意图进行思考和理解的角度对理性进行划分，提出了工具理性（马尔库塞认为工具理性即技术理性[①]）与价值理性之分，价值理性范畴遂问世。其实，早在古希腊，就已经有了价值理性的"影子"。"努斯"在后来的发展中能动地建立起了目的追求，使活动性成为具有内在目的、合乎理性的实现过程。亚里士多

---

① 赵建军：《技术理性的合理性考量》，《中共中央党校学报》2007 年第 3 期。

德的目的范畴，则使"希腊哲学的两大原则，即逻各斯原则和努斯原则终于完全汇合为一了：逻各斯成了有机生命的逻各斯，努斯的生命冲动则有了内在的尺度和规定性"①。然而，为何在两千多年后人们才抽象出价值理性？其一，应归于人们对理性的哲学反思。理性在其多年的发展历程中，逻辑化倾向越来越明显，特别在近代，构成理性主要内涵的逻辑方法大放异彩，推理与逻辑逐渐成为人们认识世界的有效方法，甚至成为决定人类行为的尺度。尼采曾就这一点指出："从苏格拉底开始，概念、判断和推理的逻辑程序就被尊崇为其他一切能力之上的最高级的活动和最堪赞叹的天赋。"② 在尼采看来，这种将理性逻辑化的倾向恰恰是使西方文明误入歧途的元凶。理性的这种去语境化发展，使技术理性获得了膨胀式发展的土壤，技术理性作为人们可以接受和认可的生存与生活方式的理性被单向地放大了（马尔库塞曾认为，进入技术时代，理性中的价值因素被排斥，理性已经变异为技术理性，已由多向度存在变为单向度存在）。为了不使理性这驾马车失控而误入歧途，客观上需要发展一种理性，以制约技术理性单向度膨胀式发展。其二，也是最主要的，应归于马克斯·韦伯等那个时代的人们对科技的人文反思。

　　人文最主要的特征在于强调社会活动的价值取向在于对人的关怀，关注人的价值目的，注重维护人的个性尊严。从 16、17 世纪以来，人们逐渐发现，科学告诉并要求人们的是一种铁的必然性，是一种冷酷的理性，它排除了人们的情感、意志。在现实生活中，科学家们和工程师们以严密的逻辑与推理从事研究工作，这种风格与规范逐渐成为其他部门人们效仿的榜样，科学逐渐代替了普罗泰戈拉坚守的人是万物的尺度。赫胥黎对此曾坚信："世界上仅仅存在一种知识，而且也只有一种方法来获得它。"科学的"精神……注定要扩及人类思想的一切领域"③。历史发展的史实也表明，科学追求理性、强调铁的必然性、崇尚客观，与对人文精神的排斥是相伴而行的。

　　从技术方面看，自第一次工业革命发生后，技术及其外化的流水线、

---

① 邓晓芒：《思辨的张力——黑格尔辩证法新探》，商务印书馆 2008 年版，第 60—61 页。
② ［德］尼采：《悲剧的诞生——尼采美学文选》，三联书店 1986 年版，第 65 页。
③ ［英］贝尔纳：《科学的社会功能》，商务印书馆 1985 年版，第 152—153 页。

复杂的技术产品，以其大量的产品、装置、刻板的工艺过程，在实际上将人从自然中、从人类社会、甚至从自我意识中架空，甚至连根拔除（uproots）。虽然那些物体和流水线都是人工的产品和人工设计，但使用者和身在其中的人对其却越来越陌生——物体和流水线看起来是人在支配物体，然而事实上，物与流水线对人的行为、思维方式、性格特征却产生了极大的影响，人们在思想中忘记了人与自然本真的联系，代之以强行介入的物与人的冰冷关系。

不仅如此，在反科学者们看来，技术还剪断了人与人之间情感的纽带。马尔库塞认为，在技术和技术思维成为主宰的社会，"技术本身已经成了一种系统的、科学的和精心安排的对人和自然的控制"，"一切……从属于现代工业的管理要求"[1]。控制，控制什么？当然包括人的各种社会关系。在这样的社会，在生产者与生产者以及生产者与消费者的博弈中，在程序化的流水线上，人与人之间丰富的社会关系被单一的"合作"（商业合作、流水线合作等）关系所取代，人们按照铁的法则博弈、共事，人与人之间那种本真的情感联系必然没有存在空间，更何况在那种因受制于技术理性思维而出现"人人精于'计算'，止于'计算'"的社会？

技术带给人类所需要的一切，然而，在技术所带来的一切中，人却失去了自我的本性与尊严，人的自我意识为它（技术物）我思维所代替——人真的成了机器。用海德格尔的话语来说，就是"此者"沉湎于他所打交道的"在者"，坠入到物的水平。

历史同样证明，科学与技术越是理性，越是强调铁的必然性、排斥人文因素，社会文化及其代表精英就越是强调非理性，推崇人文性。这大概也可以用"否定性张力"理论来解释——科学技术越是（在客观上）"否定"人文，人们越是珍惜人文的东西，追求人文的东西。正是基于这样的法则与原理，到了韦伯时代，人们对科学技术进行了深刻的人文反思。雅斯贝尔斯曾慨叹技术剥夺了自由，淹没了人性。为了寻找人文关怀，人们甚至怀念起了神话。"科学不能再嘲笑或无视神话。神话表现了人们的

---

① 夏军：《现代西方的非理性主义思潮》，辽宁人民出版社1986年版，第172页。

善恶观，人们的愿望……后人可从中吸取力量与教益。"① 对于人们对科学技术的顶礼膜拜而对于人的价值、本性的漠视，西博格曾警醒②人们："人类正处于转折点上……我们必须重新构造我们的想法和行动，并为之确定新的方向。不这样做，试图循着过去四分之一世纪的同样路线，必将导致灾难。"西博格谓之的新的方向大概就是韦伯的用价值引导、规制科学与技术的那种方向。

总之，对于理性的哲学反思以及对于科学技术去人文化的现实反思，已成为韦伯那个时代精英们的一种理论自觉。如韦伯曾用"铁笼"比喻理性与技术对人的控制，对人价值尊严的践踏。价值理性早就在其胞胎里孕育着，只有到了韦伯时代，当大量的科学技术对人控制的案例促使人们对理性进行哲学反思、对科学技术进行人文反思时，人们才在反思中对价值理性进行重新抽象（其实，作为人的本性之一早已有之），从而创造了价值理性在胞胎中成熟并问世的条件。

二　价值理性的内涵与特征

马克斯·韦伯在抽象并提出价值理性范畴时，是以社会行为为逻辑起点的，他认为，社会行为总体上可划分为合理性的和非合理性的，就合理性而言，它可进一步分为工具合理性与价值合理性。

价值合理性强调把价值意义、特定的价值关怀作为判断前置，强调目的的绝对性，并在主观上相信行动是无论如何都要贯彻的行动，是优先于其他行动的行动——具有排他性。韦伯认为，价值理性就是"通过有意识地对一个特定的行为——伦理的、美学的、宗教的或作任何其他阐释的——无条件的固有价值的纯粹信仰，不管是否取得成就"③。在此，韦伯赋予这种理性更深远的"语境"，即"意义"，认为这种理性是以价值合理性为考量的一种理性。韦伯认为价值观在现实上引导着人的行动，价值理性重在人的动机层面进行调整，从而对人的实践活动进行引导。具体

①　Moraze：《人类知识的地平线》，UNESCO（联合国教科文组织）1990年版，第20页。

②　虽然西博格所处时代稍晚于韦伯，但从西博格的警示中我们还是可以感知韦伯所处时代的人们对科学技术的那种人文反思潮流。

③　［德］马克斯·韦伯：《经济与社会》（上卷），林荣远译，商务印书馆1997年版，第56页。

地讲，价值理性重在关注行为本身的价值，而不去计较手段和后果，关注的是人的特定的生存意义和价值。

为了更好地理解价值理性，有必要对韦伯同时谓之的工具合理性作扼要阐释。马克斯·韦伯认为，工具理性行为是这样的一种合理性行为，它是人们"通过对外界事物的情况和其他人的举止的期待，并利用这种期待作为'条件'或者作为'手段'，以期实现自己合乎理性所争取和考虑的作为成果的目的"① 的一种理性行为。在韦伯看来，持有这种合理性观念的人，为了达到特定的目的，首先会考虑各种可能的手段，同时以量化的方式预测、计算可能的后果，最后据此选择达至目的的最合适的手段。因此，工具理性思维，首先关注手段对达到特定目的的能力或可能性，而不去关注行为本身的价值。它往往主张价值中立甚至排斥价值判断，只强调手段对目的的重要性。

细细考察韦伯的"价值理性"范畴不难发现，他更多地在行为特征角度阐述其价值理性范畴。那么，从纯粹的哲学一般的角度，价值理性又是什么呢？笔者认为，人的理性之所以可贵、光芒，原因就在于其不但有工具价值，更有对人进行价值引导的价值。人的理性包含着对终极价值的探求，这样的探求，就是在寻找价值的普遍原则时让理性介入，而介入价值探求过程的那个理性就是价值理性。

因此，所谓"价值理性"是指介入价值探求过程的那种理性，具体而言，它是人的那种以行为的最终的或长远的价值合理性为主要"逻辑"根据，并只据此进行行为活动，而不计较行为后果的理念与行为。马克斯·韦伯正是在充分分析理性主义、科学技术在近代西方生产生活中的工具性表现，以及反思资本主义精神所谓的"合理性"之后，在深刻认识工具理性排斥价值诉求的社会现实之后，从大量的反面案例——"极尽能事地追求带来利润的手段而无视行为对于人的价值"中抽象出价值理性的。

虽然价值理性在特定的语境中被重新抽象、得以形成，然而如今它作为人的理性结构中的重要构成要素，其存在又有其客观性的一面，并在现实意义上影响着人们的行为与活动方式，因此，进一步探讨价值理性的特

---

① ［德］马克斯·韦伯：《经济与社会》（上卷），林荣远译，商务印书馆1997年版，第56页。

征很有必要。

1. 主体中心性

主体中心性系指价值理性不同于工具理性或技术理性，它是以主体的人为中心考量的一种理性，它不在于求得对客体本质、规律、属性的把握（尽管在特定价值目的追求过程中不能离开这种把握），它的旨趣在于为主体的人特定价值目标的实现而运思、谋划。显然，这里的主体，可以泛指整个人类，也往往表示一个个现实的个体。当主体系指整个人类时，人的价值理性往往指人的那种以大多数人的长远利益以及人类的公平、正义、良知为价值合理追求，并据此进行活动的理念与行为。

2. 鲜明的语境性

在现实生活中，上述的主体往往表现为一个个现实的个体，这些个体，在其现实性上是一个个有着各种不同欲求的个体，有着鲜明个性的个体，价值观各异的个体。因此，对于不同的主体而言，人们的价值"合理性"标准是不同的。而价值合理性的标准往往是人们理性行为与活动的"根据"，人们往往根据"根据"去进行合逻辑、有道理的活动——这是理性的本意。因而，即便面临同一个事件、境况，人们的价值理性活动"内容"往往是不同的，相应地，据理性而做出的行为也是各异的。同时，即使对于同一个人，由于人的变化发展性，在不同的人生阶段或空间，人的价值观、人生观、人类观等往往亦处于变化之中，相应地，不同时空中人的价值合理性标准同样可能会发生改变（当然不可能是变化无常的），使价值理性活动"内容"发生变化。从这些方面看，价值理性不同于科学理性以及技术理性，它具有鲜明的语境性。价值理性的语境性更需要倡导对理性的一种态度——回到语境。

3. 信仰式的坚定性

前文所说的价值合理性标准的可变性是相对的。其实，在现实生活中，人的价值观、人生观、人类观等往往具有相对稳定的一面，这种稳定性使人们的价值合理性标准同样具有稳定性的一面。理性是人内心深处的一种在自我认同意义上的"有道理"、"合逻辑"的观念自觉，它为人构筑了一个合理的观念意识世界。价值合理性标准的稳定性往往使价值理性具有宗教维度的规定性，含有形而上的意义。表现在具体活动方面，人特定的对于某一价值客体的价值观念一旦经过理性的磨砺而形成，它们遂表现为一种信仰，一种活动的范式，去指导人的思维与活动。

价值理性往往给人构筑一个充盈着意义的信仰世界。在某一特定的时间、地点、事件中，带有特定价值理性的人往往特别注重行为本身所能代表的价值，如有利于实现社会的公平、正义、忠诚、荣誉等，而不（甚至是决不）看重所选择行为的结果，甚至不计较手段和实际后果。这些人们所关注的是从某些具有实质的、特定的价值理念的角度来看行为的合理性（无需顾忌他人怎么看），所以在现实生活中，其行动往往表现为不顾一切、明知不可为而为之，等等。

4. 超越性

价值理性的超越性可从两方面解读。

第一，对个人狭隘视界的超越。按理来说，由于个体层面的价值主体需求的多样性以及价值选择与价值评价标准的多样性，由于追逐自我价值利益尚为社会所认可，人的价值理性囿于人的狭隘的视界往往表现出主体差异性的特征——每个人似乎都有自己的价值合理性观念与判断并表现为随后的行为，这使价值理性似乎有沦为每个人"自我辩护"工具的可能。然而，在事实层面，价值理性并没有沦落到此境地，因为，价值理性除了有其语境性、个体差异性的一面，尚有其超越个人狭隘性的一面。作为社会性的存在物，人不仅有关注自我价值需求的一面，也有关注社会价值需求的一面，因此，在人们的价值合理性标准中，往往掺有社会性的因素。随着人类文明程度的提升以及教育活动的深入，社会性的因素将不断加大，最终实现价值理性对个体狭隘视界的超越。为何能实现这种超越？答案还是"人的理性"。舍勒曾言："人是一个能够向世界无限开发的人。"人具有超越自我的批判本性。正是人的"理性"与自我批判性，使人们能不断地在社会的境域下反思自我行为的"逻辑性"与"合理性"，懂得如何兼顾甚至主要以人类的"内在尺度"去活动。因此，价值理性往往能够超越个人狭隘的视界，实现人类的价值合理性标准与个人价值合理性标准的统一，至于超越的程度，则要看社会的价值引导、人的反思态度等因素了。其实，正因为人的价值理性中普遍关注大写的人的价值意义，世界上才有平等、正义、博爱等有意义的字眼。

第二，对功利活动的超越。价值理性往往不以功利为最高目的，而是追求行为的价值合理性与合目的性，但它并不绝对排斥功利，而是在肯定功利的同时又超越功利。价值理性并不反对人们的功利追求，但它并不囿于功利追求，而是强调关注这种追求的价值意义；它并不反对满足人的当下需要，但它更强调当下需要的合理性；价值理性甚至肯定某种程度上人作为手段的意义，但它强调人作为手段必须以把人作为最终目的与归宿为前提。因此，价值理性是在承认、尊重人的功利追求基础上对"人是万物的尺度"的一种更高层次的追求，是对人的功利活动的一种超越。在承认功利追求合理性的同时，更加注重追求价值的合理，努力做到二者的统一，无疑具有时代合理性。

三　理性的划分及称谓研究——语义学层面理性的语境化

理性的语境化不但表现为合理性标准的语境性，还表现为语义学层面的"语境"性。

近代以来，人们对理性的理解不再囿于古代的主要基于对确定性知识追求的认知理性方面，而是随着对理性问题的重视与研究的深化，不断将其细分化、内涵丰富化，其表现之一就在于人们对理性划分与称谓的多元化。毋庸置疑，理性划分与称谓的多元化为人们对理性的语境化理解同样提出了内在要求。

古往今来，人们对理性进行了多种划分，相应地，在实践特别是学术研究中，基于一定的划分对理性的细分性称谓也可谓多种多样。如，前述的马克斯·韦伯按照社会行为的合理性将理性划分为工具理性与价值理性；康德将理性区分为实践理性和理论理性；伽达默尔将理性分为方法理性和实践理性；霍克海默将理性划分为主观理性和客观理性；马尔库塞则在韦伯关于理性划分的基础上把理性划分为批判理性和技术理性；现以康德、霍克海默以及马尔库塞对理性的划分，简述他们关于理性划分的问题。

康德将理性区分为实践理性和理论理性两个维度，并认为它们是同一个"纯粹理性"的两个方面，它们是"一种并且同一的理性，不过在应用上要分别罢了"[①]。康德认为，理论理性重在解决"我能知道什么"，实践理性则要回答"我应当做什么"。他又认为，理论上不能解决的问题可

[①]　［德］康德：《道德形而上学探本》，商务印书馆 1959 年版，第 6 页。

以在实践中即在道德生活中得到解决。关于实践理性，他特别强调，其乃"纯粹理性"的实践运用，是"纯粹理性"的"实践"功能，"它的内容是行为规范、它的对象是'至善'，它的目的是探求和实现人的自由所需要的东西"①。

伽达默尔则将理性分为方法理性和实践理性，法兰克福学派的霍克海默进一步将其称为主观理性和客观理性。霍克海默认为，当代社会所理解和运用的理性是一种主观化了的理性，抑或是一种主观理性。这种主观理性强调，一切理性的人就是能够进行分类、推理的人。他说："理性的人就是能够决定什么对他是有用的人。当然，任何一种情况，比如规则、习俗和传统都应该被考虑到。但是，使理性的行动最终可能的力量是分类、推论、演绎的能力。无论其特殊的内容如何都是如此，这是思维机器的抽象功能。这种理性可以被称为主观理性。"这种理性是主体思维过程中的理性。比如，主体根据自身的需要，选择最有效地达到自己的目的、满足自己需要的手段的行为就是理性的行为，同样主体在自己的思维过程中所进行的分类、推论和演绎过程也是理性的行为。而客观理性是指存在于客观世界中的理性，也就是存在于人与人的关系、社会阶级之间的关系，社会制度之中以及自然及其现象之中的理性。与主观理性不同，客观理性关注事物自身的价值，而不是手段和目的关系中的价值。

需要指出的是，还有一种客观理性，它从古希腊开始常被人们说到，并被黑格尔推向极致。它的基本内涵是指独立于人类代表事物本质的类似灵魂一样的实体。柏拉图认为，"理性"是代表着各种事物的本质的概念所构成的理念体系，它独立于事物，自在于宇宙，潜在于人的灵魂中，构成人的灵魂的理性部分，这种理性是人可以通过回忆来认知它的。② 这种客观理性思想后来被黑格尔发展到极致。他认为，"理性"是宇宙的实体，"由于'理性'和在'理性之中'，一切现实才能存在和生存"③。同时，"理性"又是世界的灵魂，构成世界的内在的、固有的、深邃的本

---

① 王炳书：《实践理论性》，武汉大学出版社 2002 年版，第 19 页。
② 参见柏拉图《理想国》，商务印书馆 1986 年版，第 267—271 页。
③ ［德］黑格尔：《历史哲学》，三联书店 1956 年版，第 47、73 页。

性。① 显然，这里的客观理性与霍克海默谓之的客观理性有较大的区别。

在韦伯思想的基础上，马尔库塞将理性划分为批判理性和技术理性。批判理性因理性具有批判性、辩证性、实践性和乌托邦性而被命名，类似于韦伯的价值理性。技术理性的提出则标志在技术已变为物化的工具的背景下，现代理性在工具理性基础上发展的一个重要趋势，它把世界和理性都理解为工具，注重效率、功能和可控，关心使用目的。在马尔库塞看来：技术理性就是工具理性，技术理性与价值理性是对应的两极，技术理性张扬，必然导致价值理性衰微。

从上述学者对于理性的分类中可以看出，理性的分类不但涉及人们对精神意识功能的一般认识，更与特定的实践、社会背景相关。因此，基于不同主体认知以及不同时代背景、不同实践活动的关于理性的分类必然是多元的，这种多元性在现实中遂表现为理性冠名、称谓的"混乱性"。这是理性称谓"混乱"的本质原因。根据笔者的考察，理性称谓"混乱"的直接原因则在于分类标准的混乱或标准的失范。

绝大多数理性分类以人的合乎理性的那种思维所表现出的内容的具体特征为称谓标准，这类理性往往容易"望文明义"。如杨耀坤曾提出古希腊的理性为一种"逻辑—思辨理性"，近代理性为一种"经验—数学理性"②；伽达默尔的方法理性和实践理性的划分也属此类。类似的还有马尔库塞的批判理性、西方哲学语境中的客观理性（本体理性）、日常研究中使用的权威理性、普遍理性、特殊理性等等。

有的理性称谓是对合理行为行动应然的喻指，如哈贝马斯的"交往理性"。哈贝马斯认为，理性化不应该是一种绝对的先验性的存在，它往往加入了人们的道德意图和价值取向，就像人们的行为的合理性，它往往是人们在交往实践中相互影响和商谈的结果。"与有目的——理性的行为不同，交往性行为是定向于主观际地遵循与相互期望相联系的有效性规范。"③ 显然，在这里，哈贝马斯用了一个借喻手法表达了他对先验理性

---

① ［德］黑格尔：《小逻辑》，商务印书馆 1980 年版，第 80 页。

② 参见杨耀坤《科学合理性的历史演变》（上），《科学技术与辩证法》1999 年第 6 期；杨耀坤《科学合理性的历史演变》（下），《科学技术与辩证法》2000 年第 1 期。

③ ［德］哈贝马斯：《交往与社会进化》，重庆出版社 1989 年版，第 120—121 页。

的否定以及对人的意识、行为合理性受多种因素影响（具有语境化特征）看法的肯定。笔者认为，工具理性也属此类。工具的本质在于提高人们实践活动的效率、增强人们的控制力，人们借其名，喻指了一种将效率、可控作为合理追求的态度。

有的对理性的冠称是同义语的借用，如许多人将科学理性冠以认知理性。

有的理性在分类与冠称方面具有很大的默会性，这类理性往往望文难以明义。如前述的康德对理性所作的理论理性与实践理性的划分以及他对实践理性的理解，"康德的'实践理性'就是指道德律"①，它重点要回答"我应当做什么"的问题，这从语义上是难以达到这样认知的。

有的理性形式，在其发展过程中，其内涵发生了较大的变化，导致望文难明全义，必须用历史的发展的眼光看待之。如技术理性，其内涵早已超越了原本的技术活动中的人的观念与能力追求。

理性分类与概念的混乱，从表面看，往往是学者们为方便表达与学术研究而随意"拿来"的结果。从本质上看，应该缘于概念的抽象者往往站在自己特定的语境之场理解理性的分类标准及内涵之应然，而缺少对实践基本领域、理性所涉及领域以及在每个领域一般特征表现的抽象。因此，从古至今，理性在分类、冠名、称谓等方面表现出较大的"混乱"性。从根本上说，"混乱"表现了人们对理性的多元化理解，有利于丰富并科学解读理性的内涵，因而本无可厚非。但是，这种客观存在的"混乱"给人们在语义层面理解理性提出一种要求——回到语境，理解理性真实的内涵；同时，"混乱"毕竟造成了某种混乱，它使对于理性基本结构的探讨成为一种必须。

四　价值理性和科学理性与技术理性

1. 理性的基本划分

笔者毫不讳言，对于理性的划分是有多种标准的，但是笔者同样认为，理性是人的理性，人是社会历史发展的主体，"全部社会生活在本质

---

① 高剑平：《科学理性概念的界定》，《广西民族学院学报》（哲学社会科学版）2004年第3期。

上是实践的"，哲学理性论的使命应在于为人的改造世界的实践提供指导。因此，合理的理性划分原则必须考虑人的基本实践主题以及一定时代特别是当代人的基本需求。

"追求真理和创造价值是人类认识和实践活动的基本内容"①。其中创造价值（value）的物质生产实践是人类最基本的活动内容，它通过在一定层面上解决人与自然的矛盾满足人的基本需求，同时生产和再生产人的基本社会关系。因此，当人们摒弃对神灵的信仰而把目光聚焦于尘世，希望通过实在的实践活动满足对丰足生活的欲求时，对效率、可控、利益的追求自然地成为了合乎理性之事。因之，工具理性和技术理性构成了人的理性最基本的要素之一。

科学实践是在物质生产实践基础上产生的又一基本实践形式，它以认识自然与社会现象及其规律为己任。虽然科学认知活动无论在何时代都不可能去除其满足人的好奇心等精神功能，但近代以来，随着科学——技术——生产联动的不断加深，科学活动的功能早已超越了类似于古希腊时期的狭隘的精神功能，服务于生产生活的物质功能日益显现。也正因为这一点，科学实践已在现实上成为人们改造自然与社会的准备性和探索性实践活动。因此，人们应该倡导人的一种精神追求和认识能力——从一定的理由出发去探索客体，并按一定的规则进行推理，得出合乎逻辑的关于自然和社会的知识结论，这种精神和认识能力就是人们谓之的科学理性。因此，科学理性构成了人的理性又一基本要素。

学界对于科学理性研究相对成熟，本书第一、第二章涉及的理性亦大多为科学理性。因此，笔者在此不打算再就科学理性如何形成、发展问题做探讨，仅就科学理性的概念及其规定性作总体归纳。科学理性，本质上是认知理性，是科学主体特有的一种精神追求和认识能力，它促使科学主体从一定的本体观和理由出发去探索科学客体，并按一定的规则进行推理，得出合乎逻辑的结论。科学理性的本质是把认识世界的内在规律、追求一种绝对无条件的知识真理作为主动的精神与能力追求。科学理性的思维方式特征是：以认知事物的规律为其根本的思维方式，把"解释世界"

---

① 李秀林、王于、李淮春：《辩证唯物主义和历史唯物主义原理》，中国人民大学出版社1995年版，第368页。

作为最高要务。在理解科学理性时应注意人的那种追求真理的精神追求：那是一种能动性的探索精神，一种倾向于理解世界的精神。

上述分别从物质生产实践与科学研究实践角度阐述了人的两种基本理性存在的合理性问题。按照马克思主义相关原理，人的基本实践领域尚有处理社会关系的实践——社会政治实践，那么是否我们又要从此领域抽象出某种理性形式呢？回答是否定的。"历史的东西是逻辑的东西的基础"，从人类理性精神活动与发展的历史看，在处理社会关系实践领域，没有其他超越科学理性与技术理性的理性形式存在，那种试图按照实践基本领域寻找绝对——对应理性形式的做法恰恰是机械论的表现。事实上，第一，即使在上述两个实践领域，技术理性与科学理性存在的合理性问题也不是一一对应，而是互有渗透的，科学研究活动也有可控与效率的精神追求，物质生产实践活动则相应地又有认知追求；第二，在处理社会关系的实践活动中，人们既有认知社会及其中各种关系，获得关于社会的真理性知识（如马克思的唯物史观理论）的意识追求，又有关于社会及其中关系可控、管理高效的意识追求，即同样涉及技术理性与科学理性存在的合理性问题。

因此，从人的基本实践领域以及人生存斗争的历史看，人们从其实践的基本领域中抽象出科学理性与技术理性两种基本的理性形式有其必然性与合理性。

在人的行动和观念中，内含着人类活动特有的作为其实质内容和最高目的的普遍原则，即真理原则与价值原则。在真理原则的指导与规范下，人类按照特定规则去认知客体，并在服从客体规律的前提下追求效率、利益，相应地抽象发展出了科学理性与技术理性。除了遵循真理原则这个外在尺度，人们还十分关注价值原则这个内在活动尺度，即关注活动价值、动机的合理性问题。恩格斯对人的这种关注价值合理性的意识曾做过描述，"随着手的发展，头脑也一步一步地发展起来，首先产生了对个别实际效益的条件意识"[1]。这里所说的"实际效益"的条件意识就是关于价值目的合理性意识。在现实生活中，正因为人们关注行为的价值的合理性，世界上才有真善、正义，理性也才没有蜕化为一种像海德格尔所说的

---

① 《马克思恩格斯选集》（第 3 卷），人民出版社 1972 年版，第 457 页。

单纯的"算计"（Rechnen）——纯粹的技术理性或工具理性。因此，具有社会性的人又为自己上述二理性的合理运用作了具有引导意义的规制，这种规制意识与能力就是价值理性。源于人活动之价值原则的价值理性的规制、引导功能是科学理性与技术理性所不能具备的，因而，价值理性形式同样有其存在的必然性与合理性。

总之，人们从人类实践的基本领域中抽象出了科学理性与技术理性，科学理性与技术理性的形成大致体现着人们活动的真理原则（即使技术理性体现的对效率、效益、可控的追求，也内在性地包含着以求真、按规律办事的要求）。在对价值合理性原则的遵守中，人们又发展了价值理性的意识与能力。在考察了人的活动最基本的实践领域和人活动应遵循的最基本原则后，将理性分为科学理性、技术理性、价值理性三大基本分支应该是有其合理性与现实意义的。

2. 价值理性和科学理性、技术理性的关系

关于三者的关系，也是学界经常探讨的话题，但却没有大家一致公认的结论。对此，笔者现只做扼要探讨，详细的探讨留作本书后面的《和谐理性生态及其构建》一章进行。需要说明的是，在笔者所见的许多关于三者关系的论述中，一些学者犯了偷换概念之错误，如在论述中将技术理性用技术加以替换，将价值理性用价值代之，其实，三大基本理性之间的关系与科学、技术、价值之间的关系虽有关联，但毕竟不是一回事。三大理性之间的关系，有些不太能说得透彻，留待日后研究，本无可厚非，切不应该用替代的范畴、概念生硬牵强地描述关系。提出这一点，意在引起大家的留意，并与大家共勉。关于三者的关系，笔者主要给出如下几点。

（1）关于三者的层次问题，技术理性高于科学理性（技术理性对科学理性有选择性），价值理性高于二者，是对二者的扬弃性的超越。从现实看，科学理性与技术理性同抽象于并服务于人的生存需求活动（这里忽略了科学活动及部分技术活动的精神功能），它们追求按照"合理"的规则去认知客体，并在服从客体规律的前提下追求功能效率，而价值理性更多考量这种追求的合理性、意义目的问题，它相对处于较高层次。

（2）价值理性引导、规制科学理性与技术理性。由于科学理性强调

通过认知把握规律，强调认识按照一定的规则进行并得出合乎逻辑的可理解的结论，因此，人的这种精神或认识能力从总体上看，对人类是有价值意义的，正是这种精神与能力，使人类得以一步步地了解客观世界的规律并按规律办事①。但笔者认为，正是这种似乎先定的价值性，使人们往往不用在具体的科学活动中追问人的那种精神、能力的价值意义问题，其结果是科学理性因具有总体的普遍的价值而往往表现出价值中立性——人们往往不去考虑其价值。然而，普遍性并不代表特殊性，当科学理性所体现的精神或认识能力被用于负载有伦理道德、价值意义的科学活动（如克隆人）时，人的另一种精神意识与能力——价值理性就会被"启用"，以对具体的人的科学理性进行引导、规制。至于，价值理性对于技术理性的引导与规制作用，学界研究的较多，许多人认为，技术理性的膨胀、泛化、带来的种种问题，恰恰是价值理性衰微，失去引导与制约功能的结果。

价值理性为科学理性、技术理性提供方向引领，还有精神动力。

（3）三者统一于人的社会实践

三大理性在人的社会实践中的萌生、发展并走向成熟。科学理性，如果没有社会实践所提供的强大的反作用力，仅凭像古希腊一样人们对万物始基的好奇性追求，就没有后来的发展（如对数理逻辑合理性与实验经验合理性的追求）；没有市场经济以及工业革命实践，西方社会就不会抽象出技术理性。社会实践实现着彼此的联系。M.舍勒认为："每次理性认识活动之前，都有一个评价的情感活动。因为只有注意到对象的价值，对象才表现为值得研究和有意义的东西。"正是在社会实践中，理性诸形式之间的本质联系才得以体现。如没有对技术理性在实践中所导致的负面影响的反思，价值理性问题就不会得到人们的重视。最后，就人类而言，完美的社会实践活动，离不开人的三大理性的任何一种——没有起码的科学理性，人不懂得认知的重要，没有对规律进行认知的动力与方法；没有技术理性，人不懂得对规范、效率、可控的追求，必然使实践沦落为低层次的适应活动；

① 高剑平：《科学理性概念的界定》，《广西民族学院学报》（哲学社会科学版）2004年第3期。

没有价值理性，人将漠视对行为价值合理性的考量，实践活动遂不能保证其合人类目的性的方向。

价值理性和科学理性、技术理性关系的探讨，同样告诉人们这样的事实：对某种理性的理解越来越离不开具体的实践，离不开语境。

第二节　近现代理性面临的挑战

随着理性疆域的扩展，现代理性的系统结构性特征愈发明显。现代理性，就其内容而言，一部分（主要为科学理性）是在现代科学实践活动中所实现的对近代理性的一种扬弃与发展，一部分（主要为技术理性）则抽象于社会生产、经济、政治生活，一部分（主要为价值理性）作为人的本性之一早已有之（只不过在近现代为前二者所遮蔽）。现代理性在很大程度上带有近代理性的血统——近代科学的发展与成熟为理性确立了基本的内核，正是近代科学告诉人们，世界是严密的、有序的、确定的以及机械决定论的，因此，即使现代科学的发展促使人们对于心理深处的理性进行反思，现代理性还是继承了近代理性的主体元素。然而，一个不争的事实是，现代理性在其短暂的发展历程中却又是一开始就是在人们的诘难中走来的，它在发展中受到来自非理性主义、后现代思潮等的广泛质疑。发展历史的短暂、受各种思潮的浸染，导致人们甚至怀疑现代理性的独立地位，有人干脆认为它具有从近代理性向后现代理性过渡的性质。对此，笔者认为，从现实存在的角度看，如上观点至多在科学理性方面有合理的一面，现代理性已发展成为具有有机结构的系统，非理性以及后现代思潮并没有冲垮传统理性的核心基础，技术理性与价值理性受非理性以及后现代思潮的冲击还相对较小——技术理性仍然以对效率、可控、逻辑程序化的追求为合理性之标准；价值理性仍然以对主流的价值规范、人的目的意义的实践追求为合理性标准。

因此，与后现代理性观相比，现代理性观（不等同于现代科学观）虽然按一些学者所说有从近代理性观到后现代理性观过渡的性质，但从基本观点倾向看，它更接近近代理性观的基本思想——强调明晰化、条理化、客观化的把握世界理念与能力，如在量子哲学的论战中，爱因斯坦始终坚持逻辑的因果决定论，它与近代理性一道，构成后现代理性观的对立方。[①] 需要重申的是：这里现代理性观表现的特点与现代科学在未来发展的趋势及其对科学理性的后现代期待是两回事。因此，从方便研究的目的出发，本章把近代理性与现代理性作为一个整体看待。在学界，学者韩震也基于这一点将二者合称[②]。

事物现实的存在并不代表其具有于将来如是存在的合理性。随着现代科学的发展，以及人们对于人的科技、经济等活动价值意义的反思，现代性与主体性哲学开始生长，相应地，基于普遍性、客观化、逻辑合理化的近现代理性（它往往以人类合理认知的标准、行为活动的尺度面目出现）开始面临危机。

一 现代与后现代科学对近现代理性的挑战

理性观念不是绝对的抽象，但它被抽象于人们的实践，并在具体的实践中随着实践的内容、特点的变化而发展变化。因此，实践活动对于理性观而言具有先在性的一面（如正是现代、后现代科学具有的特征与发展趋势，成就了现代理性观的变革要求）。19世纪末20世纪初，自然科学经历了一场深刻而广泛的革命，在这场革命中，它同样由物理学革命开始，然后迅速波及化学、天文学等领域，到20世纪50年代又触发了生物学革命。这场科学革命，使科学进入现代发展时期，现代科学不但大大扩展了人类的自由，改善了人与自然的关系，而且在很大程度上改变了人类的思维方式和知识观，使近代理性观和带有浓厚近代理性观色彩的现代理性观面临挑战。不仅如此，在现代科学革命尚在进行之时，20世纪六七十年代，后现代科学思潮已经在西方兴起，后现代科学观及其思维方式与现代科学实践一道，使近现代理性面临空前的危机，孕育着变革的要求。显然，对应于现代与后现代科学的实践与思想，这种危机更多表现在科学理性方面。

---

① 注：这种对立是相对的，从真正发生的历史看，后现代思潮特别是后现代科学观念来得如此之快，以至于现代理性思想在尚处于对传统理性思想的继承与整理阶段时，后现代理性观念已初见端倪，这使现代理性思想不可避免地带有后现代的因素，本书将现代理性中的后现代因素归到后现代理性思想中。

② 韩震：《重建理性主义信念》，北京出版社1998年版，第43—44页。

（一）现代科学的特征与发展趋势

1. 现代科学的特征

20世纪之初，爆发了持续半个世纪之久的物理学革命，形成了以量子论、相对论和核物理三大分支为主流的现代物理学体系。该体系取代了伽利略与牛顿奠定的经典物理学体系的统治地位，使人们对物质、能量、空间、时间、运动、因果律等的认识发生了根本性的变化。随后，化学领域的化学键理论，天文学领域的天体演化理论，生物学领域DNA遗传理论的诞生等等，使几个世纪以来在自然科学中占统治地位的机械论自然观终于让位于全新的辩证自然观。不仅如此，现代科学的发展更让人们看到了现代科学不同于传统自然科学的一些特征。

（1）现代科学的主体实践性特征。海森堡的"测不准定律"和波普尔的"理论先于实践"使人们看到了科学实践中主体性的影子，看到了理想化的"客观规律"的虚幻性。20世纪科学发展的实践告诉人们，任何科学所揭示的规律，都是人们在一定历史条件下主体实践所能探寻到的部分的客观法则，这种探索与实践主体本身的心理结构、认知结构等有直接的关系，科学不可能绝对脱离主体性。

（2）抽象化与具体化并存。现代科学由于其涉及领域的深度不断加深、广度不断扩展，许多学科越来越远离人的经验世界，相应地，在研究方法上越来越远离传统的实践与经验操作。如在生物学领域，公式、符号逐步代替了生态学中的图解，同时许多生物学家不得不去学习一向敬而远之的物理公式和数学公式——现代科学研究表现出极强的抽象化特征。但与此同时，现代科学也表现出了明显的具体化特征。以往纯粹抽象的数学从抽象到了具体（数学在各门学科中的应用，相对论的建立过程即是最好的明证）；以日常语言为基础的一些科学概念，如"混沌"、"分形"、"弱力"、"强力"，重新回到了科学的概念体系中，使人们对一些具体的科学知识有了更为深刻的理解。

（3）社会化趋势。20世纪的科学已属于大科学范畴。从发展目的看，它扬弃了以往单纯的增进知识的目的，更多地是为了满足社会的需要；从发展手段看，它需要社会各方面的参与和协调，显示出极强的社会性；从发展过程看，现代科学已无法排除人的社会性介入，社会因素对科学知识的真理性、科学知识获得的途径、科学的功能等的影响正在不断加大。

（4）一体化特征。一体化表现在三个方面[1]，一是各门学科在研究中日益贯穿整体观点，二是各门学科趋于形成统一的整体，三是出现横断学科。在生物学中，关于生命现象，由只从 DNA 晶体的结构出发来解释生命现象，转为将其置于细胞内并考虑到众多小分子的协同作用；生态学的研究对象由个体发展到群体，由局部区域扩大到全球范围。各门学科都要求在整个宇宙的背景下来考察自己的研究领域。一体化的标志之一是，各学科趋于联成一个统一的整体，学科之间的渗透明显，如：化学向生物学的渗透；生物学向心理学和人类学的渗透。一体化的另一标志是强调整体的横断学科三论即系统论、控制论和信息论的出现。横断学科不属于任何经典领域，没有特定研究对象，适用于一切学科。

（5）历史化特征。在现代，现代自然科学的研究出现了贯穿以历史的研究方法，试图通过存在揭示演化、通过演化理解存在的。如：在化学中，以研究过程为对象的化学动力学得到广泛重视；生物学家同样强调要以历史的观点来研究生命起源问题。强调演化、重视生成过程，以此代替逻辑的推演是现代许多科学发展的重要特征，没有历史作为支撑的逻辑，往往在形式上是合理的，而在内容上却是荒谬的。普里高津的名言"从存在到演化"，所揭示的正是 20 世纪基础科学的这种研究特点。近些年来，新三论，即耗散结构理论、协同学以及突变论和超循环理论渐次形成，即是适应这种特点的表现。如果说前述的作为"横断"学科的"老三论"旨在把对象、把整个自然从存在的角度理解为统一的整体，那么作为"纵贯"诸多学科的"新三论"则从历史的、发展的、演化的角度来考察对象，把自然界理解为过程。"新三论的目标是研究对象由无序到有序（及相反）的过程、动力和机制；简言之，是研究自然界的自组织过程。"[2]

2. 现代科学的发展趋势

了解现代科学的发展趋势，对于领会近现代理性（主要是科学理性）面临的危机，把握理性发展的趋势同样十分重要。当前，撇开具体学科的

---

[1]　参见吕乃基《科学与文化的足迹》，中国科学文化出版社 2007 年版，第 137 页。

[2]　吕乃基：《科学与文化的足迹》，中国科学文化出版社 2007 年版，第 138 页。

发展趋势，从现代科学发展的总体趋势看，现代科学正沿着三个方向发展①，相应地，这些发展趋势对科学认识论、方法论乃至理性观产生影响。

（1）在时间上沿时间之矢回溯，在层次上，沿着量子阶梯②下行，在小尺度上研究夸克及比夸克更低的层次，在大尺度上探索极早期宇宙及其起源。在这个方向上，微观世界以及早期宇宙形成前的世界呈现怎样的秩序？科学家们表现出了极大的兴趣。已有的成果主要有玻姆的"量子势"、"靴绊假设"、"隐秩序"等概念与理论假设，以及物理学家们的一个重要发现——没有任何部分的性质是基本的，它们都可以由其他部分的性质导出。

（2）在时间上沿时间之矢顺行，在层次上，沿着量子阶梯上行，在小尺度上研究人的生命起源问题以及人的有机体，在大尺度上研究生态及其演变。关于这一方面，人们已经注意到：生命科学研究应关注历史和整体；意识和人脑问题具有极强的复杂性，涉及随机和混沌等理论。

（3）研究事物的不确定性，如分岔、分形、随机、混沌等。这种研究趋势有其实践基础。在19世纪末的热力学研究中，无序、混乱、随机的热运动问题摆在了人们面前，后来人们通过统计力学将其纳入到了牛顿力学之中，人们遂开始关注无序、随机现象的"规律"问题。彭加勒的混沌学研究，虽然被淹没在相对论和量子力学的光环中，但人们认为他开启了一个新的研究领域。之后，他又发展出用线性近似作为保护带来解决非线性的种种问题。随着"新三论"等的问世，人们更加意识到，彭加勒的非线性、混沌研究对整个科学所产生的震撼丝毫不亚于量子力学和相对论。

当前，这三个趋势，不仅预示着未来科学的发展方向，而且在现实实

---

① 参见吕乃基《论后现代科学》，《自然辩证法研究》2000年第7期。

② 注：量子阶梯，原本指由区分微观世界物质范围的阶梯状的范围标准构成的层次阶梯，主要由原子范围、核的范围、亚核范围三个阶梯层次构成。如在原子范围，包括原子物理、原子化学、以及在某种意义上原子生物学的全部现象。后引申为人们把握客观世界的范围尺度。在"纵"的尺度，在自然界有通常所说的"量子阶梯"，由夸克和电子、质子和中子、核、原子、分子、生物大分子、细胞、个体，一直到生态和社会等层次构成。在人类社会，就个体而言，有马斯洛的需求层次等。在"横"的尺度，有系统、关系等。

践中，科学家们发现，三个方向上的一些新的问题、新的秩序、新的观念正在或已经浮现。

现代科学如此的发展趋势势必带来理性观的变革要求。事实也正如此，当现代理性还在固守传统理性追求自足、逻辑严密、明晰、客观化内容的时候，现代科学的发展所表现出的主流特征已对其提出了变革要求，并且，这种变革要求，在随后到来的后现代科学思想的"促逼"下，已变得越来越强烈。

（二）后现代科学的内涵与外延

人们谈论后现代科学已有多年，但对于什么是后现代科学，仍没有一致的看法。即使在"索卡尔事件"①后，在全球开展的对于后现代科学思潮的反思运动中，人们对后现代科学依然没有确切界定。索卡尔和克莱蒙里特曾将"后现代科学"作这样含糊地表述："联系着一般怀疑论的认识论相对主义对科学的介入。"因此，对后现代科学的概念包括内涵、外延进行界定已成为学界的一个任务。当然，对于本书而言，对后现代科学进行较为全面地理解，更是探讨近现代理性危机，构建科学的理性观的一种必须。

正确而全面地理解后现代科学，必须理解现代性与后现代主义的基本观点与特征。因为，后现代科学，虽然在 20 世纪的科学革命中萌芽，并于 21 世纪兴起，但其范式的确立却是在后现代主义对现代性的反思与批判中进行的。

追求确实可靠的确定性知识，构成了哲学和自然科学得以成立和发展的传统。然而，随着这一思维方式在人文社会知识中的贯彻，确定性及其所导致的知识霸权和控制构成了被称作现代性的东西的一个基本维度。现代科学发展的实践也真实地表明，确定性的思维方式并不能使人们真实地理解科学及其发展。后现代的相对主义便是对于上述现代性的极端的怀疑主义后果。理解后现代，最好先把握现代性。现代性有什么特征呢？哈维

---

① 美国《纽约时报》于 1996 年 5 月 18 日刊登了一则新闻：纽约大学的量子物理学家索卡尔为了验证著名的文化研究杂志《社会文本》编辑们在学术上的诚实性，向该杂志递交了标题为"超越界线：走向量子引力的超形式的解释学"的文章，文中作者有意识地制造了一些常识性的科学错误，特别地，索卡尔在文中有意地捏造了一些当代科学与编辑们所信奉的后现代主义之间的"联系"，结果是 5 位主编都没有能识别，文章被刊发。这就是著名的"索卡尔事件"。

尔曾在 1984 年生动地描述过追求确定性知识的科学给人们带来的现代性的世界图景，这种现代性的世界图景可以用如下的一种电报式的一览表加以表征①：

> "客观性"有很高的地位
>
> 喜爱定量而不是定性的结果
>
> 非人格化的、普遍化的结果（在有这种结果的地方）
>
> 反个人主义
>
> 理智化，抽象，离开直接经验的感觉世界（与马赫相反），非情欲的，非拟人的
>
> 理性而不是道德主义的思维（其中理性是由怀疑论和意见一致这样一些边界条件在操作上限定的）
>
> 问题取向（同神秘取向对立；同目的取向对立）
>
> 证明取向（要求证实或证伪的检验）
>
> ……
>
> 以理性和启蒙为基础，反对把任何人或物神圣化
>
> 科学知识导致权力
>
> 公开声明世俗的、反形而上学的、"祛魅的"
>
> 进化而不是喜爱不连续的突变（或革命）
>
> 世界主义和全球主义

这些特征图景最想要表达的是，世界和存在本身是一个可知的系统，是由有限的几条普遍的规律支配着的，人们能够凭借逻辑、理性把握这些规律而获取有关这个世界的确定知识，能够客观地描述、解释和控制存在的万物。

然而，在具体的实践中，现代性所追求的东西却遭到了现实无情的"抗拒"，如自然科学领域中突变、分形、混沌、无序、随机现象的出现使传统的理性思维方式无所适从；现代性的知识化对人的奴役和控制遭到

---

① ［英］杰拉耳德·霍耳顿：《科学与反科学》，范岱年等译，江西教育出版社 1999 年版，第 216—217 页。

人的反抗等等。在这个意义上，后现代对现代性的反叛是有其合理性的。不可否认的是，后现代往往表现为极端的相对主义形式，它往往导致对待一切事情的极端的"无政府主义"状态，从而使人们的信念从传统的追求确定性的努力走向后现代性的"怎么都行"。后现代主义新的旨趣同样可以用如下电报式的览表加以表征①：

> 主观的，不是客观的
> 喜爱定性而不是定量
> 人格化的，而不是非人格化的
> 以自我为中心
> 感官的和具体的，不是理智化的和抽象的
> 崇尚独特性，而不是可普遍化性
> 目的取向或神秘取向，而不是问题取向
> 对可证伪性兴趣不高
> 以信仰为基础
> 权力先于知识并决定知识，而不是相反

这种图式描述的后现代主义运动，按图尔敏的说法，是从寻求压倒一切的确定性和知识的统一性到接受特定的非决定性和平等的各门科学的联邦，它容忍不确定性、歧义性、多样性，并赞成蒙田式的怀疑论，"它要重新整合人性和自然……接受科学中的多元论，最终放弃哲学上的基础主义和对确定性的探求"②。

显然，对现代性的这种反叛，易导致一种全面的相对主义，从而走向问题的另一极。然而，这大概也只是一种最坏的猜测。关于现代与后现代的关系，笔者赞同法国学者利奥塔的观点。他认为，人们谓之"后现代"不应该被狭隘地理解为和现代相断裂、绝对相对立的东西，不应该被认为

---

①　［英］杰拉耳德·霍耳顿：《科学与反科学》，苏岱年等译，江西教育出版社1999年版，第218页。

②　Stephen Toulmin, *Cosmopolis*, The Free Press, 1990, p. 159. 转引自［英］杰拉耳德·霍耳顿《科学与反科学》，江西教育出版社1999年版，第213页。

是一个全新的历史时代。在利奥塔看来，后现代隶属于现代，不是什么狭隘意义上的现代之后；后现代主义也不是穷途末路的现代主义，而是现代主义的新生状态。"后现代主义的'后'字意味着纯粹的接替，意味着一连串历史性的阶段，每个阶段都可以清楚的确定。'后'字意味着一种类似转换的东西：从以前的方向转到一个新方向。"①

对后现代内涵、特征的把握，有利于人们深刻地理解后现代科学，理解与未来科学发展趋势与实践相适应的理性观的应然性。

关于后现代科学，参考学者蔡仲的观点，笔者认为它有三种不同的含义。其一为有机论的后现代科学观，代表人物有图尔敏、格里芬、普里高津。该观点有两个重要的特征：（1）用有机论的自然观代替机械论的自然观，强调自然发展的突现性；（2）恢复科学的人性，强调科学认知过程中认知主体与客体的不可分割性。对于这两个特征，学者曹天予也认为，在后现代科学的范畴体系中，有两个概念最为突出——"突现"和"行动者的科学"。关于"突现"，"按照这个概念，实体在某个层次上的性质和规律由于经由演变而产生出新奇性，或仅由于事物所拥有的性质不为其部分所拥有，所遵遁的规律不为其它部分所遵遁，是不可能由那些较低层次的性质和规律来预测的"②。"突现"这一概念应该说抽象于自然发展的历史（由科学研究的成果得以表征），有其存在的合理性，它为反基础主义提供了依据，特别为"自然中客观存在着随机的和不可预测的涨落过程"之观点提供了辩护。与这一概念相对应的是后现代科学的一个十分重要的特征："强调科学的历史的而不是逻辑的、整体的而不是分析的、定性的而不是定量的性质。"③"行动者的科学"概念所要表达的观点在于：用"主体的参与"概念取代那种"认知对象与主体相分离"的观察概念，以强调认知活动的反馈性质和来自认知对象的回应。与这一概念相对应的是后现代科学的另一个重要特征即主客体在认识过程中的不可分性。这个特征相应地给人们提出了对于客观性概念的理解问题。

---

① ［法］利奥塔：《后现代性与公正游戏》，上海人民出版社1997年版，第143页。
② 曹天予：《科学与历史之间的现代与后现代图景》，《哲学译丛》2001年第1期，转引自蔡仲《什么叫后现代科学》，《科学技术与辩证法》2002年第5期。
③ 蔡仲：《什么叫后现代科学》，《科学技术与辩证法》2002年第5期。

后现代科学的第二种含义即在解构"元叙事"过程中形成的"科学知识权力学说"。"元叙事"指作为西方文明基础的那些普遍真理与客观真理。利奥塔认为，后现代社会的一个重要表征就是"元叙事"神话的破灭。后现代主义认为，在后现代科学活动中，"元叙事"的研究法已经被许许多多的"语言游戏"所取代，每一类游戏都有自己特殊的规则，原来传统的科学不过是某一种游戏或叙事，传统科学所追求的"理性"方法、"客观性"标准、"真理"目标等不再具有确定性；科学是游戏中复杂的猜测、思辨的比喻，特别是即兴创造出来的假想的"拟对象"。后现代主义关于科学的如是观点，形成了对"理性"、"真理"的解构，对"猜测"、"比喻"之于科学影响的推崇，给修辞学在科学发现中的作用留下了空间，导致了后现代科学思潮的一种修辞学转向，特别地，理性、真理、客观性等传统的认识论依据让位于具有良好思辨、雄辩口才的权威与权力，甚至是福柯所谓的政治权力——形成科学知识权力说。

后现代科学的第三种含义为科学文本的解构主义。以德里达为代表的解构主义认为，人们并不能够涉及到真实的实在，人们能够涉及到的唯一实在是文本的东西。不仅如此，文本限制人们涉及实在。而在现实中，文本却往往不是相容与一致的——文本中总存在着文本的有意识的逻辑与各种各样无意识的矛盾活动之间的张力，不仅如此，这样的矛盾活动还往往受到正统独断的解读方法的压制。解构主义从文本的"边缘"方面入手，关注文本的那些引起争论的方面，试图消解对文本的清楚理解，模糊文本的清晰性和清楚的意义。正如哈贝马斯所说："解构主义的方法采用了一般批评，其目的是发现在哲学与科学文本中那种被压制了的修辞学意义的残余物，以否认对文本的明确的理解。"[1] 从本质看，解构主义的文本解读是试图找出文本中的矛盾与混乱，并试图消解文本中的逻辑与规则，有意识地模糊甚至破坏文本的清晰性与相容性。说到底，想完全消除其中的认识论内容。

前文已说过，"后现代"不应该被狭隘地理解为一种和"现代"相断裂、绝对对立的东西，因此，人们应辩证对待关于后现代科学的上述理

---

[1] Habermas, J., *The Philosophical Discourse of Modernity*, Polity Press, 1990, p. 191. 转引自蔡仲《什么叫后现代科学》，《科学技术与辩证法》2002 年第 5 期。

解。笔者认为，关于后现代科学的解读，应关注其形成的科学实践背景与科学发展趋势，如上述的研究更微观、更宏观高速的趋势，对混沌、不确定性事实的关注，主体的个性化参与等等。同时，应关注对现代性反思的合理性问题。但是，同样应看到，对后现代科学的解读，切不可走向另一极端而形成事实上的对现代科学认识论、方法论的彻底否定，上述关于后现代科学的后两者即为极端观点，如按照知识权力学说得出的费耶阿本德式的结论——"占星术与天文学、巫术与医学、燃素说与氧化学说之间，在科学地位上没有什么差别"，你会接受吗？科学活动作为一项认识论事业，其旨趣还是应当被定义为最大可能地获得确定性、清晰性的知识以及这种确定性、明晰性的边界。

因此，上述关于后现代科学的三种解读应被理解为科学认识发展的三种认识论向度，它拓展了现代科学认识的外延，深化了现代科学认识的内涵。如果同时结合其他学者关于后现代科学的理解，这种拓展与深化可简单作如下表述。

1. 科学的疆域得到极大扩展。在上述关于科学发展未来趋势的三个方向中，沿着量子阶梯向两端行进以及时间之矢的回溯使现代科学将进入新的未知领域。而第三个方向对不确定性（如混沌、随机、分形等）的关注更是把以往一种被忽视、排斥、贬低的对象纳入了研究的视野。需要注意的是，后现代科学疆域的扩展并不排斥以往科学研究领域与成果。笔者认为，后现代科学可以把许多以往科学的东西作为特例而加以包容，就像量子力学、相对论对经典物理学的包容。事实上，自然界中存在着大量的不确定事物，简单的有序和规则的东西只是大量不确定、复杂、混沌事物和过程的特例，对立双方可以通过"湍鉴"而相互转化。现代科学的概念、规律原理，无论对于现存世界的认识、改造，还是作为研究不确定的基础，都是有其现实价值的。

2. 关于科学的本体论和认识论认知发生变化或转向。随着科学疆域的扩展，原有的对应于狭窄领域的关于科学的划界以及那种严格的定义必随之而调整。"后现代世界对于科学的描述势必要比如现代对科学的描述限制少得多。"① 关于科学，后现代科学正在摒弃原来科学追求普遍性知

---

① ［美］格里芬：《后现代科学》，中央编译出版社 1995 年版，第 32 页。

识的旨趣。在后现代科学看来，不同的对象，由于它们所处的环境或包括主客体关系在内的"关系总和"不同，以及它们的由来和"记忆"异同；不具有明确的边界和时段，因而对它们的研究往往不得不考虑各自的环境和游戏规则。于是，科学的普遍性受到了挑战。关于"真"与"规律"，以往总是用"普遍"、"客观"、"永恒"代表其根本属性，而后现代科学认为，这是一种机械本体论的认知，"真"与"规律"的这些属性只是一种不真实的简单抽象。关于真、善、美的实现问题，以往的观点是，它们的实现是一个分阶段渐次实现的过程。而新的观点则认为，它们是一个整体，只有同时同步地去求真、臻善、达美，才能相得益彰，真正获得所欲追求的东西。关于"理解"与"认识"，以往科学活动中，对二者的理解有一个重要的前置，即自然是有规律、秩序的，是可以为人们所认知、理解的，"理解"与"认识"就是揭示实体，把握规律。但是，在后现代科学看来，这种认识同样是机械的，是刻意地在复杂多变的自然中找出简单、必然、确定的部分，而对隐秩序、不确定性关系、突变等视而不见。可见，后现代关于科学及与其相关的范畴的定义正变得松散、松弛，其边界也正变得越发模糊。

3. 后现代科学形成了或正在形成一些新的范式。毋庸置疑，现代科学多年来形成的标准、范式仍有其存在的必要，但其光辉是有限的。后现代科学正在（有的已为人们所认可）形成以这些范式为核心的新的范式，那就是宽容、理解与协作，创造，自律与他律。

（1）宽容、理解与协作。后现代科学在要求现代科学开放、倾听他人不同声音的同时，鉴于其推崇混沌与不确定性的旨趣，后现代科学必然也会倾听、宽容来自不同方面的声音、意见，带着理解与协作的"心态"包容他人的非同之见，包括现代科学的不同乃至反对的意见。这些不同的意见将构成推动后现代科学发展必要的张力。宽容、理解与协作不应被仅仅看作是道义上的要求，事实上，在后现代科学活动中，它们一方面具有本体论基础，另一方面又适应着现实的认识和实践要求。从本质上看，宽容、理解与协作其实是对默顿规范中竞争性规范的一种扬弃。早在后现代科学发轫之时，爱因斯坦这样的言论似乎就能说明后现代科学这种包容、兼蓄的品质了，"我对任何'主义'并不感到惬意和熟悉。对我来说，情况仿佛总是，只要这样的主义在它的薄弱处使自己怀有对立的主义，它就是强有力的；但是，如果后者被扼杀，而只有它处于旷野，那么它的脚底下原来也是不稳固的"①。

（2）创造。这里的创造主要指创造选择能力与直觉能力。后现代科学自身不确定性的增长，使科学家将频繁地面对选择，如分岔点处的选择。不仅如此，随着不确定现象的增加，人们选择的范围、频度、幅度将必然地增大，于是选择将变得越发困难。因此，在后现代科学面前，选择能力将是人的一种十分重要的能力。事实上，选择也是一种创造，一项正确的选择能够促使系统进化，同时使选择者自身得到进化，英国诗人济慈早在十九世纪就坦言，在怀疑和不确定中生活的能力，是创造力的基础②。

后现代科学需要有敏锐的直觉能力。前文已述，后现代科学将面对诸多认识非线性、不确定性和复杂性，已有的科学实践表明，面对复杂系统，直觉是在复杂系统中做出重大变化，使系统进化并且与之一道进化的关键，所谓"在复杂系统中做出重大变化"，系指在系统面临分岔点时做出一种直觉的选择（此时，逻辑的东西往往难以奏效，只能依靠仍旧需要知识和经验积累作为其基础的直觉）。显然，在进入未知不确定领域时，直觉的重要性便可想而知了。学者吕乃基更是认为："面对隐秩序，面对人体和意识，而对不确定性关系和分岔、突变，不可能进行原来意义上的认识和理解，必须赋予认识和理解以新的含义，从可知论和不可知论这种机械的非此即彼的怪圈中跳出来。如果'知'有了新的含义，那么知的方式和途径也应有新的内容，以还不确定的客体以本来面貌。现在尚不清楚这种新的方式和途径的细节（或许就根本没有细节），但已可以看出两个特点：定性和直觉。"③ 因此，在后现代科学实践中，学会处理复杂性、不确定性的前提之一就是要学会更加直觉地生活，对此爱因斯坦似乎早有感触，他曾言："物理学家的崇高使命是要得到那些普遍的基本定律，由此世界体系就能用单纯的演绎法建立起来。"但"要通向这些定律，并没有逻辑的道路，只有通过那种以对经验的共鸣的理解为依

---

①　转引自李醒民《爱因斯坦的当代意义》，《光明日报》2005 年 3 月 1 日。

②　转引自［美］布里格斯·F. D. 皮纳：《湍鉴》，商务印书馆 1998 年版，第 280 页。

③　吕乃基：《科学与文化的足迹》，中国科学文化出版社 2007 年版，第 150 页。

据的直觉，才能得到这些定律"①。布劳威尔也认为，决定数学理论的正确性和可接受性的判别标准，既不是经验，也不是逻辑，而只能是数的直觉。

（3）自律与他律。关于自律可从两方面理解，从后现代科学对社会的影响看，后现代科学对社会的影响将超过既往；同时，后现代科学研究的领域可能将与社会伦理道德的禁区存在交集，如人的隐私权与人类基因工程的对立，后现代科学家在科学研究中必须考虑自身的社会责任，做到自律有度。从后现代科学内部看，后现代科学自身的不确定性使现代科学原本具有的严格而精确的普遍性变得松弛，发现的可重复性在下降，科学发现接受检验的可能性在下降——现代科学发现最重要原则之一的可检验性原则将受到挑战，这同样要求科学家应该具有自律品质。在后现代社会，后现代科学的规范将不可避免地向社会的政治、经济、文化领域渗透，相应地，政治、经济和文化领域的规范同样影响后现代科学规范的确立并在现实上影响科学家们的行为，科学与社会政治、经济、文化彼此间的界限将变得模糊甚至消融。因此，后现代科学在强调自律的同时也强调他律，接受他律因素的"规制"。

至此，可以尝试着这样理解后现代科学：后现代科学萌芽于 20 世纪的科学革命中，兴起于 21 世纪的科学发展实践，它全面包容现代性，强调以有机论的自然观代替机械论的自然观；它没有确定而严格的研究程序，主要经由直觉或定性方法来认识对象的不确定性；其外部边界模糊，内部则呈现多样化和各种可能性；在活动规范方面，它与其他活动共同追求宽容、理解与协作、创造以及自律与他律。后现代科学不是现代科学的绝对对立物，它所倡导的观点、研究方法适应了现代科学未来发展的趋势，拓展了现代科学认识的外延，深化了现代科学认识的内涵。

本节之所以不吝篇幅从后现代主义对现代性的扬弃、后现代科学的含义、后现代科学与现代科学的关系、后现代科学的基本规范等角度较全面地探讨后现代科学的相关问题，对后现代科学进行较为全面地理解，意在揭示这样一个事实：从科学理性的角度，基于逻辑中心主义的近现代科学理性所追求的，以合逻辑性、具有严密性、确定性以及经验的可理解性为

---

① 转引自蒙绍荣《直觉思维论》，广西人民出版社 2002 年版，第 114 页。

特征与标准的逻辑理性观已面临一种危机。更特别地，从本节所探讨的后现代科学的内涵、外延以及精神规范中，人们应该读出了重建科学理性观的方向——带着"宽容、理解"，确立以语境论为基础的新的科学理性观，亦即，使理性回到语境。

（三）近现代理性与现代、后现代科学的对立

基于上文的论述，从科学理性的角度看，现代科学的发展趋势以及作为其未来形态的后现代科学的特点与全新范式，无疑与近现代理性的特点与内在规定性有着不相容甚至对立的一面。以下试对这种对立性进行具体分析，以使人们进一步理解理性范畴变革的必要性及方向。

1. 近现代理性的逻辑自足性与科学本体模糊松散性的对立

在后现代科学的视野中，近现代源于古希腊的关于科学的本体论基础已不再完美甚至是将不再稳固，因为，这种本体论以自然有严密的秩序与规律、变化背后有确定的存在物为前置，而事实上，自然充满着混沌、涨落和不确定性。因此，在后现代科学看来，科学本体已经不再是那种追求确定的普遍的"真"与"规律"的活动以及作为其结果的知识体系，亦即，关于科学的划界应放弃那种明确、严密的狭隘的标准，减少其限制，代之以宽容的松散、松弛、模糊的标准。的确，关于科学，后现代科学正在摒弃原来科学追求普遍性知识的旨趣（充其量把它当作研究的一部分），而转向研究更广泛知识领域，如研究关于从混沌到有序、从有序到新的混沌。相应地，面对隐秩序、面对不确定关系和分岔、突变，关于究竟什么是科学认知（理解）等的理解必须赋予它们以新的界定，而且可以断定，这种界定必然是对以前可知论与不可知论、科学与非科学那些机械的非此即彼式描述的一种扬弃。一句话，未来科学视野中科学的边界将松散而模糊。前文述及，近现代理性更多是倾向于逻辑中心主义的，它强调逻辑的自足，追求人的逻辑的能力、逻辑的认知路径及认知结果的逻辑化的可理解性，将是否符合"逻各斯"精神作为判断理性与非理性的重要标准。显然，近现代理性的逻辑自足性与后现代科学强调科学本体的模糊松散性将形成一种对立。事实上，即使在当今的许多科学活动领域，近现代理性所追求的逻辑自足性已经显露其对于科学活动的不适应性，在人们对于地震、海啸、中医等的研究中，后现代的许多观点已得到明证，相应地，近现代理性的不足也在显现。

2. 近现代理性的权威独断性与未来科学范式强调宽容与理解的对立

近现代理性具有显而易见的权威独断性的一面，理性权威性与独断性的形成有其历史根源。其一为启蒙主义思想的推动。即使在唯理主义者笛卡尔和经验主义者洛克那里，上帝仍具有至高无上的地位，在上帝面前，人的理性具有有限性的特征。启蒙运动抬升了理性的地位。在以狄德罗、拉美特利和霍尔巴赫为代表的法国唯物主义者那里，理性的权威达到顶峰，理性取代了上帝的权威，成为评判一切行为（包括科学认知）的独断者。正如恩格斯所说："在法国为行将到来的革命启发过人们头脑的那些伟大人物，本身都是非常革命的。他们不承认任何外界的权威，不管这种权威是什么样的。宗教、自然观、社会、国家制度，一切都受到了最无情的批判；一切都必须在理性的法庭面前为自己的存在作辩护或者放弃存在的权利。思维着的知性成了衡量一切的唯一尺度。"[1] 其二是科学发现活动的推动。近代科学似乎严格遵循着"以增进知识为己任，并用知识造福人类"的活动规范，在创造知识、增进人类福祉方面做出了无与伦比的贡献。人们通过对科学活动的反思，看到了理性及其蕴含的逻辑的力量，理性的权威地位遂逐渐得以确立。随着科学的发展及其与技术、社会互动的增强，理性权威得以过分膨胀，理性的膨胀反而使人和社会变得渺小；理性的绝对性，使之成为僵死的框架，它拒绝非理性、打着逻辑合理性的旗号拒斥不确定性、个别性研究以及来自其他领域的声音，原本革命的理性，最终成了权力话语的源泉。在以罗素、早期的维特根斯坦和卡尔纳普为代表的现代实证主义者看来，理性之所以从一种革命性力量成了权力和否定性话语的源泉，成了约束人们创造力和想象力的东西，其原因恰在于理性因其逻辑性特征而被当成了永恒正确的生活理想。特别是近现代以来，随着科学技术的发展，理性的能力被看成是绝对真理的保证。

后现代科学把宽容、理解作为重要范式之一加以提出，并试图对科学范式加以重塑，后现代科学要求科学应以开放、宽容的态度倾听不同的声音，包容别人的不同意见，以理解与协作之态度，从事科学活动。显然，后现代科学的这些"姿态"与近现代以逻辑中心主义为主导倾向、具有权威独断性的理性又是"格格不入"的。

---

[1] 《马克思恩格斯选集》（第 3 卷），人民出版社 1995 年版，第 355—356 页。

3. 近现代理性排斥非理性与未来科学认识的非线性呼唤直觉思辨思维的对立

站在近现代理性的立场，关于科学思维，理性思维与非理性思维是泾渭分明的——理性思维崇尚逻辑推理，非理性思维追求自由、超理智的直觉、顿悟和体验。正是基于理性与非理性本质的异同，特别是近现代理性逻各斯在科学发现以及随之由其所导致的人类的重大文明进步中表现的作用，人们对理性的崇拜达到了空前之程度（相对而言，只有少数像爱因斯坦之类的科学家对理性逻各斯在科学发现中的作用持保留态度），甚至于理性逻各斯化思维泛化、膨胀，扩展到许多其他社会活动领域，理性成为评判人们行为活动的依据。在理性的权威独断性地位确立过程中，理性对非理性的排斥越发明显。在科学发现领域，人们理性地认为，自然有其天然的规律与秩序，人们可以借助人的理性，通过一定的线性程序——科学理性方法来发现、认识这些规律与秩序，获得普遍的确定性的知识。人们一般对非理性方法则持一种不屑一顾的态度，这或许也是当爱因斯坦相对论理论问世时很少人理解与相信的一个重要原因，因为该理论许多环节的突破靠的是非理性的直觉。

不可否认，既往科学发现的历史也不能否认，理性在科学发现中的重大作用，但是，来到现代科学发展阶段抑或处于后现代科学发展起始阶段的人们需知道，理性逻各斯在科学发现中的作用虽然重大但并不是万能的。其实，在现代（这是已经受后现代思潮浸染，没有选择地接受其合理思想的现代）特别是后现代科学的眼中，它们自身与以往科学的关系如同数轴上所有数与其中的有理数的关系，以往科学研究的领域只是现代特别是后现代科学研究领域的特例。相应地，以往科学研究的一些方法（如逻辑理性方法）只在相应的"间歇的小岛"才有用武之地。一句话，以往历史所展现的理性逻各斯化思维最能发挥作用的领域应该是那些简单的、事物之间发生着线性作用、具有规则秩序的领域。

问题是，在那些"间歇的小岛"之外，便是充满非线性作用、不确定性甚至突变的领域，虽然在这些领域，在研究的初始阶段，理性方法仍然有其价值，但人们必须看到理性方法的局限，认识到未来科学认识程序更多表现出非线性特征的必然。然则何以凭之？前文已做过论述，那就是隐喻、直觉思辨之类的非理性方法。在理性方法不能包罗性地解决现实的科学发现问题之时，面对非线性作用、不确定性关系和频繁的分岔点的选择，以直觉思辨为代表的非理性方法将以其无可替代的地位发挥作用。其实，海森伯的测不准原理的提出，量子论（量子理论对微观世界的统计性与随机性描述，显示了一种非线性的、非决定论的认知方式与思维原则）、相对论的问世，爱因斯坦对直觉的感触，无不表明未来科学研究对象的另类特征以及非理性方法的重要。可见，近现代理性排斥非理性必然造成其与未来科学认识的非线性呼唤直觉思辨思维的对立。

4. 近现代理性的自我封闭性与科学活动的自律和他律要求的对立

近现代理性具有自我封闭性的缺陷，这主要表现为：（1）把理性仅仅看作为纯粹的认知工具和理论活动，看不到理性与人的整个生命活动和社会实践活动的动态联系。事实上，人们的理论活动或理性与人的社会生活是不可分的，人的精神活动是有目的的活动，它总指向周围丰富多彩的社会生活对象。更重要的是，在与社会生活对象的互动中，人的理性生活的内容、理性与非理性的标准必然受到社会实践活动的影响。（2）总是试图纯粹地描述事物之间的关系，只关心抽象的逻辑关系，缺少对社会重大问题的关怀，也不接受社会其他因素的"染指"。当代许多实证主义者和分析哲学家或多或少地犯有这样的毛病，尽管他们大多扛着科学主义的旗号。近现代理性往往强调世界铁的必然性、因果性，强调认识的可检验性和可重复性，忽视对非因果现象的关注，忽视人的精神需要和追求，忽视对社会生活的关怀与责任（充其量强调用理性获得知识进而造福人类）。

显然，在近现代理性的眼中，科学活动应严格遵循理性逻各斯的法则，科学家们无需过多在意自律与他律的规范，因为一则科学活动应是在理性逻各斯指导下的认知活动，范围应更主要地被限定在认知领域，并且应保持一种客观、中立性，不应有社会性的因素来"染指"（不像未来科学那样接受社会政治、经济、文化等因素的影响因而表现出他律性的一面）；二则科学活动与结论的合理性严格遵循"因果"、"可重复"、"可检验"的逻各斯规范（不像未来科学那样，发现的可重复性概率减少，结论接受检验的可能性在下降，因而要求科学家遵循自律性规范）。因此，在近现代理性的视野中，未来科学所要求的自律与他律的规范是一种累赘性的多余。

　　总之，以科学理性的角度，现代与后现代科学未来发展的特点与逐渐形成的新的科学活动规范和近现代理性的特点与内在规定性有着显著不相容的一面。理性作为人的一种精神追求与能力，永远不应脱离现实的实践生活，从批判、开放的维度看，未来理性的变革不但必要，而且应该有其适应未来科学研究活动的方向。

二　近现代理性面临的困境

　　近现代理性的内核不但受到了现代与后现代科学的挑战，而且还受到了现代与后现代非理性主义、科学认识论的实践转向、理性论中人文主义思潮等的冲击，从而使自身面临困境。

　　（一）非理性主义的冲击

　　"非理性"，与"理性"一样，具有复杂的内涵。更为重要的是，它与"理性"构成了既对立义统一的矛盾统一体，就统一性而言，非理性与理性往往因与文化有着千丝万缕的联系而出现明显的相互贯通性与质上的相对性——在一种文化中是非理性的东西，拿到另一种文化中就变成合情合理的东西，反之亦然。虽然"非理性"含义多重、复杂，甚至相互矛盾，但是从哲学分析的角度，还是可以对非理性的基本内涵作这样的把握[①]。

　　1. 从存在论角度看，非理性指的是与人的理智性灵魂或理性实体相对的一种特殊实体，它具有理智无法理解的神秘性。在这种非理性主义者看来，世界本质上是一种神秘性存在，人的精神世界与宇宙实体一样，是混沌无序的，其活动纯粹自发、偶然，不受任何因果必然性制约，也没有规律性。

　　2. 从认识论角度看，非理性主要指超越理智的直觉、灵感、顿悟和感应能力、意志能力的总和，具有超逻辑、非条理性的特征，即非理性就是指"非逻辑的认识形式"[②]。持这种观点的非理性主义者认为，由于外部世界与人的精神世界在本质上都是非理性的，因而人们根本无法通过理

　　[①]　此处参考了学者韩震关于非理性主义的部分观点。参见韩震《重建理性主义信念》，北京出版社1998年版，第51—52页。

　　[②]　夏军：《非理性世界》，上海三联书店1993年版，第225页。

智的活动和纯粹条理化的科学思维对其加以认知，理性与科学认知是肤浅的、不可靠的，人们只有通过超理智的直觉、顿悟和体验等才能获得有价值的观念。

3. 从价值论角度看，非理性表现为一种情绪，即认为人们生活的世界并没有一个有根据的理性的目的和关于生存的理性的意义，人们的生命或者根本没有意义（叔本华），或者只能到超理智的非理性本源中为生活寻找根据（尼采）。持这种观点的不仅有极端的反理性的哲学家，还有一些片面的工具理性主义者也持这种观点，如维特根斯坦曾断言：世界的意义必定来自世界之外的某种神秘之源。

4. 从行为方式的角度看，非理性表示人的那种理智难以控制而受不可预知的力量支配的行为与状态。在行为方式的意义上，有些哲学家认为，非理性是人的一种常态存在，自制力是暂时的，自我意识更多地受无意识和潜意识支配；理智的行为、不放纵冲动往往是用压抑某种情感、内心的焦虑甚至是痛苦换来的。依照这种观念，社会的理智的人反而是非本真的人（萨特），理性的人反而是病态的人（弗洛伊德）。

关于非理性信念的存在的根据，从主体观念来看，就像理性存在有其信念基础（即人的理智能够认识世界之理，能够对环境的刺激作出符合人的长远利益的选择）一样，

非理性同样有其信念基础，即相信外部世界和人的精神构成是混沌无序，它们在本质上是理智和逻辑能力所不能把握的。从物质基础来看，其一，人的大脑机能、心智能力并不完全表现为一种秩序化与条理化的特征；其二，从外部世界看，世界上的确存在着大量的无序、混沌、偶然等现象，这些现象还难以为现代科学所把握。

作为一种强调人的精神生活的各种非理性因素、夸大理性的局限和缺陷、否认人的理性与逻辑之认知世界能力的哲学思潮，非理性主义在近现代得到张扬。非理性主义之所以能在近现代得以发展，一方面与近现代人们高扬人的主体性、强调人的权利和意志之于人存在的意义有关。法国哲学家柏格森认为：“唯一实在的东西是那活生生的、在发展中的自我。”[①]另一方面更与下列两大因素相关联。

---

① ［法］柏格森：《时间与自由意志》，商务印书馆 1958 年版，第 120 页。

其一，近现代以来，人们把理性视为至高无上的权威，忽视甚至完全排斥非理性因素在科学研究、人的生存发展中的作用。这种将理性与非理性划分出绝对的界限，把情感意志当成真理性认识的障碍、当成有意义生活的消极性因素的做法，无疑为非理性主义的发展提供了一种否定性张力——越是普遍地蔑视它，就越会有人高扬它。

其二，被近现代科学研究所证明的关于世界许多事物存在发展的不确定性、混沌无序性，以及出现在人们面前的大量的偶然现象，的确暴露了近现代片面化理性的不足与缺陷，显示了非理性因素在认知世界中的积极作用。

不可否认的是，非理性在近现代的发展与张扬，对近现代理性构成了现实的冲击，笔者认为，这种冲击主要表现在两个方面。

1. 削弱理性在人的认知中的作用

近现代非理性主义者抓住近现代理性的抽象性与绝对性的要害以及自然中存在的种种偶然性与不确定性现象，普遍地对理性持这样一种态度，即削弱甚至否定理性智慧在认知世界中的作用。在他们看来，如果没有情欲、本能和生命的冲动等非理性因素的推波助澜，理性是不可能进行理论与认知活动的。尼采曾告诉人们："真理的标准就在于提高权力感。"[1] 非理性的直觉主义者认为，直觉等非理性因素是认识的本源和途径，在他们看来，"理智从属于直觉，直觉是一种最高级、最深刻的认识形式"[2]。以利奥塔、拉康、福柯、费耶阿本德、德里达、罗蒂等为代表的后现代非理性主义者[3]更是走向一种极端，他们不仅反对理性的真理性功能，而且认为非理性的因素也不能做到，因为"非理性本质概念的在场只不过是理性构造的产物，是理论家的自欺欺人"[4]。

显然，大多数人们在大多数的时间和大多数的场合不可能认同如上观

---

[1]　洪潜：《西方现代资产阶级哲学论著选辑》，商务印书馆1964年版，第15页。

[2]　参见何颖《人类认识发展史中的一枝奇葩——对西方认识史中非理性因素及其在认识中作用的考察》，《求是学刊》1988年第5期。

[3]　注：后现代理性主义者与其以前的非理性主义者追求的目标是不同的，后现代理性主义者追求一种清醒的非理性状态，即意识本身自觉地处于一种自我解构的流变过程中，使理性本身表现为非理性的游戏性的特征；而近现代的非理性主义者则试图发现并发扬一种本真的、不可分析的非理智存在。

[4]　参见韩震《重建理性主义信念》，北京出版社1998年版，第72页。

点，因为赞成此观点的话，无异于否定人类知识的那种真正的来源，视现代人的认识能力低于古人甚至等同于动物。事实上，人类主要不是靠直觉等非理性因素去实现对世界的认知进而创造文明的，而是靠理智能力创造出了灿烂的文明之花。但是，必须看到，由于近现代理性存在的缺陷，在人的认知方面理性所遭受的非理性的冲击却又是客观存在的。

2. 否定理性之于人的价值

"人是'理性之人'"，"理性在人的精神结构中占有重要的位置"，这些是理性主义者的重要观点。然而，在非理性主义者那里，首先，"理性人"遭受了普遍地质疑。非理性主义者认为，人虽然有理性的一面，但那并非人的本质（严格意义上说也不可能是人的本质）。后现代的一些非理性主义者认为，理智往往是一种伪装，人在根本上不是理智的动物，理智往往因其非本质的异化性而压抑、扭曲人的本性。其次，关于理性与非理性在人的精神结构中的地位，非理性主义者认为，在"量"上，人虽然有理性表现的一面，但微不足道，弗洛伊德将此称为"冰山一角"。在"力量"上，理性并不能控制非理性——一则非理性因素太庞杂，二则非理性因素往往并不进入理性的视野，相反地，理智因素往往受非理性精神活动的支配。

非理性主义对"理性人"的质疑以及贬抑理性在人的精神结构中的地位，其实是否定了理性对于人而言的重要价值，虽然对于如上观点人们很难认同，但它们同样提出了理性、非理性之于人的意义的复杂性问题，同时更深层地提出了近现代理性指导人们行为的绝对化问题（如片面地强调对所谓的合理的制度、规范的无条件的遵守，忽视人的具体需求与要求）。其实，智、情、意都是影响人的生存状态的重要因素，忽视具体的环境、人的情感与意志对人的影响恰恰是非"理性的"。总之，不难看出，在理性之于人的价值方面，近现代理性同样受到了非理性的冲击。

纵然非理性信念的存在有其客观的根据，但是，能真正引领人们认知、代表人类精神发展方向的应该是理性而不是非理性，人类区别于动物最重要的标志之一同样是理性而不是非理性。

不难看出，在理性之于人的价值方面，近现代理性同样受到了非理性的冲击。

纵观理性与非理性发展的历史，近现代理性之所以会遭受冲击，与前述的这种理性自身的片面性、绝对化有关，如自诩"理性主义"的新实证主义就只把理性当作认识的工具，这一点必须正视。

但是，人们同样不应该借口近现代理性的片面性而否定理性在人的认知甚至整个生活中的价值。从非理性主义秉持的观点看，非理性主义的一些观点有其合理性的一面，如未来科学研究面临的不确定性、混沌等现象的确彰显了非理性因素的意义，然而，现实是，关于非理性的许多观点却又走向了不该踏入的极端，致使一些极端观点成为一种对片面理性的片面补充。所以，关键是对什么是真正的理性及其价值进行认识上的反思。真正的理性应该既是历史的、又是发展的，既是逻辑抽象的、又是情境具体的，既有理想化形态、又有实践性状态。

所以，理性与非理性不应该是两条永不相交的对立的平行直线，而应该是两条可以有多个交合点的曲线，至于究竟在哪里相交，则要看具体的情境与语境了。

（二）科学认识论的实践转向①——从论证理性走向理解理性

近现代理性不仅受到了非理性的冲击，而且它还受到科学认识论转向的冲击与影响。这一点，在科学理性方面表现尤为明显，科学认识论的实践化转向使传统的逻辑理性受到冲击——被要求代之以理解理性。

理性不是纯粹的抽象，它被抽象于人的具体的历史的实践活动，同时受不断变化发展的实践活动影响。从源头看，近现代理性（特别是科学理性）最主要地被抽象于对关于世界知识的发现与论证实践中。在传统的知识论视野中，科学和哲学是对普遍有效的确定性知识（规律）追求的理性论证事业。传统知识论预设了现实事物有规律性和某种必然性，并作为客观实在的一部分先于哲学、科学而存在，哲学和科学只不过是通过分析、论证并获取那已经存在了的具有普遍适用性的确定性知识。这种认知世界的思维方式，已经把世界预先分为主体与客体二元世界，认识就是用有逻辑分析能力的人的心智（大脑）去实现对于那具有规律性和客观实在性的客体世界的把握，在这个过程中，人的理性得到体现、发展。显然，在这类实践中发展确立的理性以及认知是否合"理性"的标准是在

---

① 注：严格说来，真正的认识论转向只有笛卡尔转向，本提法实际更多指实践转向，但转向又有认识论成分，所以把它放在"笛卡尔转向"的语境下如此称呼。

论证中得到抽象的,属于论证理性范畴。

但是,现代科学的发展,用事实揭示了传统预设主义思维方式的局限性,真正的认识不可能在主体与客体之间做出明确的区分,认识必然要指向认识主体自身、指向特定主体存在的环境,有关客体的知识本身就包含主体的知识,哲学的第一性与第二性问题没有绝对的界限。再有,正如本书在前面所提及的,后现代科学观并不认为世界任何事物背后都有不变的必然性,相反地,许多事物充满着随机性、偶然性等不确定性;主体发现的可论证性和可重复性也在下降。这就意味着,人们必须放弃传统预设主义的思维模式,相应地,传统的论证理性观也将得到扬弃。

马克思主义的实践哲学观也告诉人们:只有在具体的、历史的实践中人们才能展开其与世界的关系,人们也只能在这种展开中理解展开了的世界。的确,生活和科学的历史展开,使传统纯粹的抽象认识论具有被扬弃的必要,代之以实践的认识论。同样,以思维的逻辑合理性与知识的逻辑合理性为重要内容的论证理性论也必将被一种新的理性——理解理性所取代。这一点,人们可以从当代科学哲学的几个转向中得到佐证,以下论述的诸种转向可为人们理解未来理性重建的模型方向及特征提供有益的帮助。

1. 语言学的转向

发轫于20世纪初的"语言学转向"(linguistic turn),是哲学思维一次根本性的变革,它在某种程度上使语言取代传统认识论成为研究的中心课题之一,相应地,它对传统哲学理性也产生了强烈震撼。

语言学转向的发生得益于现代逻辑的产生。现代逻辑技术的出现,使得人类具有了一种在哲学研究中对语言进行分析进而解决传统问题的科学的方法。然而更为重要的是,这种转变是由科学与社会发展所致的哲学思维的内在发展要求所决定的。相对论及量子力学的出现,使自然科学的发展越来越远离经验的轨道,科学理论的建构、解释与评价问题便自然地在科学哲学中占有地位。因为一些理论问题特别是远离经验相对抽象的理论问题的争鸣,存在一个语言的表述和解释问题,所以,"在逻辑的自洽性与语言的规范性的一致性要求下,社会语言学向逻辑语言学发展,要求寻找它的应用层面。这样逻辑和语言与经验的统一性问题,即科学理性与经验的一致性问题，突出地呈现在人们面前"①。因此，悬置所讨论对象的本体论地位，如何用语言、语词表达和解释以避免无益的争论便成为哲学家和科学家共同关注的问题。其结果是，"语言哲学在整个哲学领域中占据了一个核心的位置"②。

"语言学转向"的直接后果是促进了逻辑经验主义的兴起，即把观察陈述视为构成整个科学理论理性重建的逻辑起点，试图对科学理论进行经验主义的理性重建。语言是什么？按照马克思的观点，语言是与人的生存活动的实践相结合的，是具体的历史的；海德格尔认为，语言是存在之家，是对世界敞开状态的言说；而世界的敞开状态是在活动中揭示的，语言也是在活动中构成的。语言学转向的出现，使"语用语境"在哲学与科学研究中的重要性得以彰显，也使理性重建的语境化方向在某种程度上得以确立。

2. 解释学的转向

伽达默尔为解释学的重要创始人之一，在《真理与方法》一书中，伽达默尔并没有对真理进行理论和方法的探讨，而是致力于强调对理解的不确定性、历史性、传统的力量以及语用语境性作具体的分析，亦即强调真理的历史实践性。在他看来，存在甚至都是具有"主观性"的存在，对存在的理解更是一种历史行为，是与具体的实践相关联的。当然，他意指的存在的"主观性"与理解的历史实践性决不意味着真理迷失在无标准的存在的主观性中。他说："理解从来不是一种对于给定的'对象'的主观行为，而是从属于效果历史，也就是说，理解是从属于被理解东西的存在。"③

在伽达默尔研究的基础上，在批判逻辑经验主义的过程中，后经验主义者库恩、海西和费耶阿本德等推动并产生科学与哲学的"解释学转向"（interpretive turn），他们反对根据科学主义的教条对自然科学和人文科学进行绝对划界，强调解释与理解在方法论上的融合，即强调语言理解与解

①　郭贵春：《语境与后现代科学哲学的发展》，科学出版社 2002 年版，第 12 页。

②　J. R. Searle, *Philosophy of Language*, Oxford University Press, 1971, p.1.

③　［德］伽达默尔：《真理与方法》，1975 年版，xvⅡ。转引自江怡《走向新世纪的西方哲学》，中国社会科学出版社 1998 年版，第 294 页。

释经验、语言分析与解释实践的渗透与融合。解释学转向在某种程度上是对语言学转向的修正和超越，满足了解释背景必须是科学、社会、文化与历史相统一的趋向。解释学方法的真正价值就在于通过实践理性的环节，通过自身方法论功能的充分展开，去创造实现社会化、语境化理性的条件。

3. 修辞学的转向

"修辞学转向"（rhetorical turn）是继"语言学转向"和"解释学转向"之后，20 世纪人类哲学理智运动的第三次转向。科学的修辞学是科学家们为了达到他们的结论，通过发展古代"劝说艺术"和运用现代语言学、心理学、逻辑学而形成的现代说服、论证技术的集合。科学的修辞学是修辞学的特征在科学方法论中的新运用，是和科学理性和科学认识论相容的，其目的就是要把科学修辞学作为一种确定的科学研究方法，从而在科学论述的境域、选择、分析、操作、发明和演讲中，给出战略性的心理走向和更广阔的语言创造的可能空间。

具有后现代趋向的后历史主义同样强调修辞学语境。从本质看，修辞学语境以语形语境和社会语境的背景为基础，在很大程度上是语用分析的情景化、具体化和现实化；从方法论的角度，它是语形分析、语义分析和语用分析方法的统一；从语境论的角度，它更是形式语境、社会语境与修辞语境的结合。在"修辞学转向"的形成与发展过程中 L. 普莱利、A. 格罗斯、H. 西门斯、D. 夏佩尔、M. 佩拉和 W. 舍等哲学家做出了重要贡献。

在上述三大转向的发生前后或过程中，还发生了诸如"发生认识论的转向"以及大家熟知的"科学知识社会学的转向"等诸多转向，所有类似的转向似乎都剑指传统机械、抽象的论证理性。在"剑指"的同时，这些转向均建构性地给出了在科学认知中理解理性的基本要素。

（三）理性精神中人文精神的缺失及其后果

在近现代理性所遭受的冲击中，理性因其自身的不完整性而受到诘难也是重要表现方面。论述这一点需要涉及到"理性精神与人文精神到底应是什么关系"以及"这种关系的错位导致了怎样的现实后果"等问题，下面笔者对此谈一下自己的看法。

1. 理性精神与人文精神的不可分离性以及人文精神在近现代的缺失

近现代抽象理性主义者把理性视为缺乏人情味的纯粹的论证工具，以科学技术发展为标志的理性"沙文主义"也使人文精神失去了健康成长的环境。于是，一部分人便认为，人的精神世界分为两个部分——科学的理性精神与反映人的本性、愿望和现实需要的人文精神，二者遵循不同的思维逻辑，科学追问世界是什么的问题，而人文思想则思考怎样的世界是适合人生存的。最终结论是人文精神与理性思维、科学技术无涉。非理性主义者"自然地"接过了这种看法，认为人生的意义、价值之类的问题与理性无关，相反，生命的目的只和非理性的力量相关。或许就是在这个意义上，尼采发出了这样的感慨："从苏格拉底开始，概念、判断和推理的逻辑程序就被尊崇为其他一切能力之上的最高级的活动和最堪赞叹的天赋；"[1] 理性的逻辑化倾向是使西方文明误入歧途的元凶。[2]

显然，把人文精神与理性精神对立的观点是错误的，前述的库恩、海西和费耶阿本德等后经验主义的哲学家们同样反对根据科学主义的理性教条对人文科学和自然科学进行绝对划界。从人类于近现代发展的历程看，人文精神与理性精神不是对立的，在实践中更是可能相容的。

从内容上看，二者存在交集，相互包容。首先，许多人文精神在本质上应当属于理性精神范畴。"人的精神活动是一个统一性的过程，其思维过程都要合乎理智思考的规范即逻辑性。"[3] 虽然合乎规范并不意味着思维具有真理的必然性，但这种现象像科学分析一样，在人文分析中是客观存在的。如在人文分析中，人们也是要运用逻辑理智智慧的，只不过科学中的理性分析可能更多使用形式逻辑，人文分析则常用辩证逻辑、伦理道德逻辑等，如"己所不欲，勿施于人"的提法。绝不能认为人文活动不必遵守思维的基本规则，不受逻辑规则的约束。对于"我思"来说，思维的基本程序遵循单一相似的过程、变化的往往只是精神活动的对象，即"我思之对象"，人们不是用两种精神去思考科学与人文问题，而是用同一精神去思考两个不同领域的问题。所以，许多人文精神也是讲"理（性）"的。其次，许多理性精神具有人文精神的品质。人为什么要恪守、发展人特有的理性精神？从人类历史发展的长河看，人类理性精神力量施

<hr />

① ［德］尼采：《悲剧的诞生——尼采美学文选》，三联书店 1986 年版，第 65 页。

② 同上。

③ 韩震：《重建理性主义信念》，北京出版社 1998 年版，第 107 页。

展的背后总有人的目的的影子。如作为理性精神外化之一的科学活动，它起源于人的需要（即使古代科学活动至少说也有满足人们好奇心的功用），在近现代更是为了更好地满足人的需要而从事它。因此，决不应该把理性活动看作抽象的逻辑游戏，不能认为理性精神是一种与人的生活方式、与人的需要无关的抽象理念存在。

从彼此之于对方的存在价值看，人文精神以理性精神为基础，理性精神以人文精神为指引。关于前者，在一般意义上，只有人们具有了理性精神，超越了动物的非理性的本能，人文精神才能出现。从现实生活看，人文的核心价值追求是对人的尊重与关怀，然而，现实的人是具体的历史的人，如何满足"人的需要"需要人们理性地分析问题、理性地解决问题，甚至需要思考如何巧妙地利用理性智慧去避免一些问题的产生。特别是，普遍的、抽象的理性一旦融入到具体的、社会的、文化的、心理的现实中，影响个体的价值判断中并成为个体价值判断的基础，真正的人文性就有可能到来。如，当代中国社会摒弃了以前的"毫不利己，专门利人"的口号；不提倡那种在环境不利的条件下、置人的生命权于不顾的类似"同坏人坏事作殊死斗争"的提法，这些做法对特定人群来说就是人文的。再如，以前体现有"中国特色"的"节日献礼工程"，看起来是人文的，然而背后所谓的"献礼工程"却可能是违反工程规则的隐患工程，这种置人的生命于飘摇之中的做法何谈人文？理性精神的实质是对非功利性的纯粹智力生活的热爱，只有人具有了真正的理性精神，才能按规律办事，才能创造人文的价值。

关于后者，即理性精神应以人文精神为指引的问题，近现代西方社会应该有其深刻的反思。在古希腊和罗马时代虽然有浓厚的尊重人性的人文氛围，然而，彼时的理性精神与人文精神却是分离的，理性精神得不到人文精神的引导，因而普遍地那种探讨"始基"的活动，充其量只是满足一下人性中那一点好奇心——理性的事业没有为人的发展事业提供基础。这一点可以从欧里庇得斯于当时隐约提出的自然哲学家（当时的科学家）的规范中得到体现——"他是幸运的，他得到了科学知识。他既不为寻找公民权而烦恼，也不闯入不公正的事业，只是沉思默想自然的永恒铁序……"。用当今时髦的话说，当时人的理性精神是不接地气的。中世纪否定人之为人的存在，同样失去人文精神指引的理性精神沦落为论证上帝

存在的事业，并且为神性所遮蔽。文艺复兴与启蒙运动时期，以培根的
"以增进知识为己任，并用知识造福人类"为标志，人文精神与理性精神
得以较好地结合，科学成为助推人类发展的事业。然而，或许是人们看到
了经由科学技术的人的理性的伟力，近二三百年来，人的片面的理性精神
得到张扬，人文精神逐渐衰微。并且，理性精神逐渐偏离了人文的轨道，
理性精神的片面化发展（即失去人文精神引导的状态）最终诞生了被称
作科学主义的东西。科学主义（如孔德及其之后的逻辑实证主义者的观
点）的偏颇并不在于坚持科学理性或科学方法本身，而在于把它看作人
类理性的全部，同时视理性精神为人类精神的全部。历史是逻辑的基础，
事实证明，理性精神必须得到来自人文精神的引导，才能发挥其正向作
用，失去人文精神引导的理性精神是片面的甚至畸形的。

正是近现代理性精神缺少了人文精神的引导，其自身才遭到了来自非
理性主义及人文主义的攻击。不仅如此，这种状况还导致了现实的社会问
题，使近现代理性面临更大的挑战。

2. 作为工具的技术与技术理性片面膨胀

技术体现其工具性、技术理性追求效率与可控，这本无可厚非，它们
恰是人的理性精神光芒显现的一种标志。但是，在近现代，由于人的片面
化的理性精神的张扬，人文精神的衰微，技术的工具性得到放大，技术理
性得以膨胀，其结果是技术与技术理性越来越成为人的异化物。尼采笔下
的"西方文明的元凶"、叔本华对人性遭到漠视的慨叹，等等，无不反映
出人们对失去人文精神导引的理性精神的忧虑。关于这方面的研究本书在
前面已有所提及，同时学界在这方面的研究已很成熟，在此笔者不再费笔
细述。笔者在此最想表明的是，在近现代，技术的异化与技术理性的膨
胀，使人们对理性本身、理性合埋性的判断等问题产生了很多疑惑，进一
步地使理性主义信念重建问题成为一种紧迫。

3. 价值理性的缺失

近现代理性精神脱离人文精神引导所致的另一后果是人们价值理性的
缺失。

前已述及，从本原意义上说，人的理性之所以可贵、闪耀着光芒，在
于其不但有工具价值，更有对人进行价值引导的价值。人的理性包含着对
人终极价值的探求，介入价值探求过程的那个理性就是价值理性；而关注

人的价值，寻找有意义的价值活动原则是人价值理性在人生存活动中的具体表现。

近代以来，虽然许多思想家在价值理性确立方面做出了不少努力，如康德论证的实践理性，就是给终极价值提供基础的理性。然而，在现代性的浪潮中，工具理性借助近现代理性逻辑的力量，在追求知识向生产转化，生产的程式化、可控、效率进而财富的道路上独领风骚，"理性时代"几乎为"科学技术时代"所遮蔽。二战后，科技决定论的浪潮横扫人文社会科学的诸多领域，在人们的心目中，何种价值观念应该被发扬，往往由其与经济或技术的关系所决定。例如，20 世纪末对"亚洲价值"的关注问题，"近年来对'亚洲问题'的关注，就是部分亚洲地区以技术成功为先导的经济兴盛所引发的"①。近现代理性中价值理性的缺失，使人们很少思考价值与目的问题，或难以找寻符合人类长远利益的价值活动原则，社会中，"价值观念不再被看作理解人类生活的内在价值的尺度，而是被理解为服务于工具理性的社群凝聚剂，理性似乎不能绕过工具理性的中介直接对价值理念的演进有所作为"②。

价值理性的缺失带来了许多社会问题。在社会生活领域，其表现正如哈贝马斯所慨叹，许多社会的病态就在于，工具理性的体制化运作大举侵占了生活世界的领域，人与人之间的相互理解与沟通，被各自分离的意见（各自分离的根由就在于因价值理性的缺失而使社会缺失价值的普遍的合理性原则——笔者注）的机械组合的量化计算所代替。价值理性缺失的另一重要表现，就是对科学技术的滥用，以至于科学技术在近现代背上了不该被赋予的恶名。

近现代理性中人文因素的缺失，使理性精神因失去人文精神的引导而走上片面化的发展道路，相应地，导致了诸多的社会问题。这是近现代理性面临困境的一个重要致因。

本节详细地阐述了近现代理性发展面临的困境，这种困境的形成，有的缘于近现代理性固有的抽象性、片面性，如因把理性确立为权威、排斥非理性因素在科学研究、人的生存发展中的作用而受到了非理想主义的冲

---

① 翟振明：《价值理性的恢复》，《哲学研究》2002 年第 5 期。
② 同上。

击；人文精神的缺失所致的工具理性的迷失及其所引发的大量的社会问题所致的人们对理性的诘难。同时也有因科学的发展而使其表现出不能适应未来科学研究需要之缘故，如科学研究对象已显现出的不确定性、混沌无序性，以及大量的偶然现象，使近现代理性的不足与缺陷得以暴露。近现代理性面临的困境，使人们不得不思考理性将向何处发展的问题，而在近现代理性与其对立面的斗争中，方向似乎已得到确立，即在扬弃自我、包容他者中去完善自己。依此原则，未来的理性、合理性必将从至尊下到平凡，告别刻板与僵死，走入语境化的时空。

三　后现代主义视野中近现代理性的根本缺陷

从思想而言，人们似乎还未细细咀嚼现代，后现代已然来到。本书多次强调，理性是具体的历史的。在理性重建中，必须参考现代科学、生活对理性的要求塑造新的理性观，而就理性而言，塑造不应忘记走过的历史，重塑理性应在对近现代理性的审视中进行。

近现代理性存在的缺陷，并非是天然的，逻辑理性在其诞生的很长时间里是有其合理性的一面，问题在于人们没有历史地、科学地看待理性、发展理性。近现代抽象的理性主义者，他们要么把理性视为先验的、凝固的、绝对的和超时空的永恒原则，要么割裂在内在关系上具有统一性的价值理性与认知理性、工具理性的关系。近现代抽象理性主义的局限性，导致了理性主义在现时代遭受冲击甚至沉沦，同时也造成了现代社会的诸多危机。

（一）先验性与抽象性

先验性与抽象性是近现代理性的重要缺陷，这种特点的形成，有其历史根源，但其所致的结果却使埋性脱离现实，变成铁律。

关于理性的先验性论断由来已久，在古代，无论在东西方，理性就有被视为先验而永恒之存在的传统。孟子也认为，作为理的"仁义礼智"，"非由外铄我也，我固有之也，弗思耳矣。"[1] 在近代西方哲学家笛卡尔、马勒伯朗士、斯宾诺莎和莱布尼茨那里，理性成为永恒不变的"真理的王国"，人们根据理性认知的东西，本质上是从上帝那儿分有因而是确定

---

[1]　见《孟子·告子上》。

为真的东西。笛卡尔的天赋观念论认为，观念"不是通过感觉把它接受过来的，……也不是纯粹由我的精神产生出来或虚构出来的，因为我没有能力在上面加减任何东西。因此没有别的话好说，只能说它和我自己的观念一样，是从我被创造那时起与我俱生的"。① 在他看来，理性的一切观念都是真实的，因为它们来自上帝的赋予。康德尽管强调知识来源于感觉经验，但他认为人的分析判断等理智性能力是先天就有的，并且经由它判断的结果永远是真实的，所以具有普遍性和必然性。

现代理性论，特别在西方，并没有完全根除理性的先验性理念，有的人或者断言观念是在理性中现有的，思维的要务只是意识到它们并对其进行逻辑分析；或者断言理性乃是一种天然能力，可以一蹴而就地发现关于事物的真理。在现代，先验性的理性论不但在科学研究领域有其影子，在社会政治生活领域，少数人们对社会政治生活也持一种先验的看法，即合乎"理性"的社会制度与价值追求符合永恒之原则，具有普遍性和必然性，然后遂一厢情愿地要求世界上所有的人们趋附之，否则就视其为异端，遂而进行制裁打压。

事实上，在后现代的视野中，被当成先验的理性原则的东西，一定是在特定的历史条件下和具体的社会环境、语境中有其合理性。先验的理性观的错误在于把暂时幻想为永恒，把有限（合理）当作无限（合理），把主观看作客观，把局部合理视为普遍（有效），一句话，不能以具体的历史的眼光看待、适应不断变化着的社会。

理性的先验性"助长"了理性成为抽象性的教条和高高在上的信条。

古往今来，理性主义大多把对普遍性的追求作为自己的重要目标，把理性所把握的对象看成是不以时空与条件为转移的超验性存在。柏拉图认为理念是永恒的，提出了具体事物本质的理性"分有"说或"模仿"说。笛卡尔也认为，除了理性自我之外，一切都是可以而且应当加以怀疑的。理性无需以感觉经验、历史材料乃至现存事实作为理智加工的对象，理性本身就具有观念，因而理性活动是不以现实世界的具体事物为转移的。启蒙运动时期，人们试图把抽象的理性观贯彻于社会生活领域，要求意识形态、社会制度乃至生活的具体方式都应接受理性的审判。

----

① ［法］笛卡尔：《第一哲学沉思集》，商务印书馆 1986 年版，第 52—53 页。

　　显然，到了近代中期，理性的抽象性与教条性已经有了充分的体现。霍克海默和阿多尔诺也曾指出：由于理性自绝于现实世界，主体本身只留下了永远相同的自我在思维。① 为启蒙哲学做辩护的 E. 卡西尔也承认："18 世纪浸染着一种关于理性的统一性和不变性的信仰。理性在一切思维主体、一切民族、一切时代和一切文化中都是同样的。宗教信条、道德格言和道德信念，理论见解和判断，是可变的，但从这种可变性中却能抽取出一种坚实的、持久的因素，这种因素本身是永恒的，它的这种同一性和永恒性表现出真理的真正本质。"②

　　现代一些智慧的哲学家，如哈贝马斯、罗素、维特根斯坦，看到了理性的这种抽象性与教条式的同一性，并对其进行了合理批判，但他们要么走向了另一极端（如维特根斯坦认为理性只能表达和谈论纯粹偶然的事件），要么无奈于理性观念具有的强大的历史惯性。总之，近代理性自身这些固有的局限性在现代仍然在很大的程度上得以保留。如在科学研究中，人们对逻辑推理结论的尊崇；在社会政治生活中，西方世界把经过理性论证的资本主义社会制度看成是最完美的、"终结性"的制度。

　　理性的这种抽象的同一性，使理性自身自然地成为一种抽象教条和不接地气的信条。首先，这种抽象的同一极易为人们的思维走向划定僵死的路线走向，使理性的原理丧失本应具有的研究和创造手段的功能，相反，可能成为限制人们思维和行动的桎梏。所以，在后现代的视野中，抽象的理性是一种有限的理性，它限制了人们在无限开放的自由空间中思考、创造。其次，抽象的同一性对特殊性的忽视，必然压抑个性的多样化发展。抽象理性主义对普遍与特殊的辩证关系视而不见，只关注普遍一般的刻板模式和范型，要求多样性服从单调性的原则。如现代西方"理性"仍然坚持把自身制度看作是唯一合理性的制度，忽略世界的多样性，始终致力于把全球变成一个资本主义意识形态和制度统治的大"乐园"。在后现代的视界中，从来没有永恒的单一性，多样性才是世界的本来面目，单一性取代不了多样性，人们只有在具体的、变化的历史活动中去把握有条件的

_____

　　① ［德］马克斯·霍克海默、特奥多·威·阿多尔诺：《启蒙辩证法》，重庆出版社 1990 年版，第 23 页。

　　② ［德］E. 卡西勒：《启蒙哲学》，顾伟铭等译，山东人民出版社 1988 年版，第 4 页。

单一性原则。

（二）不完整性

不完整性是近现代理性局限性的又一重要表现。这里的不完整性系指理性在活动指向方面不能从总体上完整地介入人们的思想和有目的的行为，表现为重科学技术领域、轻价值园地；重认识指导、轻引导具体实践（其根源应该在于不能用语境论去理解什么是真正的理性的东西，因而实践得不到理性的有效引导）；重手段效率、轻目的意义；等等。鉴于理性的这种不完整性，笔者已经在上节之"理性精神中人文精神的缺失及其后果"有所阐述，下面仅对此作扼要概述。

近现代理性的不完整性从总体上说集中表现为分割地看待作为工具的认识理性与作为目的的价值信念。古代的理性同样有不完整性的一面，近现代理性的不完整性部分地源于古代不完整的理性传统，但与之也有区别。在西方，古代理性的不完整性主要表现为忽视认知理性对人类生活的价值观和内在目的的影响，如在古希腊，人们既重视理性的认知，也高论人生的价值意义，但看不到二者的联系，科学活动在很多场合充其量成为满足好奇心的有意义的活动。在古代中国，理性本质上被看作是一种道德理性，合乎道德的生活就是合乎理性的生活。人们走过的历史启示我们，理性不只是指导人们学习与劳动实践的工具手段，它与正义、至善、美和真理之间都有必然的联系。然而，近现代西方哲学家却把理性看成获取效率、效益的工具手段；在中国的很长一段时期，理性则被看成履行道德义务、实现终极目的和价值信念的抽象修养与境界，而在近几十年，人们在反思中又走过了头，在理性论方面倒向西方——把理性工具化、手段化。

总体看来，近现代理性的不完整性主要表现在如下方面。

1. 把理性仅仅看成是为纯粹的理论或认知活动服务的逻辑思维活动。近现代科学的发展，彰显了逻辑理性的能量，以至于当代许多分析哲学家和实证主义者乃至部分科学家，片面抬高逻辑理性的地位，把为理论或认知活动服务的逻辑思维活动看成是理性的全部。他们或只关心事物的抽象逻辑关系，或只想客观纯粹地表述事物之间的关系；他们强调世界的因果规律性以及结论的可检验性等活动规范，但却对人们的精神追求和科学技术活动的合理性问题不加思考，更缺少对人类社会重大问题的理性沉思。事实上，理性是与人的整个生命和社会实践生活相关联的，忘掉整个世界和具体生活的认知活动，必然是缺乏灵魂的僵死形式。近现代理性轻视对社会生活的理性沉思，建造了非理性主义滋长的温床，导致了非理性主义在社会生活中的泛滥。

2. 工具理性片面发展，价值理性缺失。理性的工具价值原本并没有反动的一面，近代以来人们之所以对理性抱有偏见，这在很大程度上起因于现代科学技术的成功使技术理性或工具理性得到了膨胀式的发展甚至泛化，而与之相反，价值理性却逐渐丧失应有的地盘。不仅在科技领域，也不仅在生产领域，在社会生活的许多方面，人们充分运用理性的工具性力量，追求着效率、效益和可控。但是，如是活动的后果却是人们淡忘了人类理性的理想性质和完整性，片面的工具性的理性帮助人们算计自然事物甚至他人、贪婪地索取，而不考虑人的基本关系（三大关系）的和谐性乃至人类的长远利益问题。"人对人的统治并未随着对自然的支配的日益增长而消除，而是同期望相反，这种统治变得日益强大，从内部威胁着自由。"① 怀有恋旧心绪的人们往往把产生这些问题的原罪归为科学技术，声称宁愿回到风车与水磨转动的时代，过田园式的生活。

关于科学技术的价值问题，学者们早有公论，显然人们不能将人文缺失的问题归咎于科学技术。事实上，问题的产生是人们没有理性地看待理性的价值与完整理性的应然内容，倾向于把理性看作为只起认识功能、逻辑控制功能的工具性理性的结果，或者说，理性的片面发展不应该是理性之过，而是人们对真正的理性忘却的结果。

3. 漠视人的多维存在性，把理性看成孤立的存在。笔者认为，从广义的角度看，健康而完整的理性胞体除了应该拥有完美的理性内核，还应该包括与理性交融并存的非理性的东西常常涉足的缓冲带，作为内核的理性可以而且应该从这个缓冲带吸取有用的东西，甚至将部分缓冲带划归为理性之地，如后现代科学研究必然要重新思考直觉思维的合理性问题，思考情感、意志在科学认知中的合理性问题。这些问题，将必然地成为笔者于下一章总结语境中的理性的主题。近现代理性"漠视人的多维存在性，把理性看成孤立的存在"即指它没有在人的精神结构和社会的文化架构中给人的意志、感情、欲望、激情等因素留有足够的地位。在近现代许多

① ［德］伽达默尔：《科学时代的理性》，国际文化出版公司1988年版，第2页。

片面的理性哲学家看来，唯有理智是宝贵的精神财富，其他诸如直觉、情欲、意志等非理性的东西由于其不可靠因而是人们应当用理性加以克服的东西。

而事实上，片面的理性主义者不懂得情欲、情感、意志等非理性因素本身并不是洪水猛兽，它与理性之间本应是某种既对立又统一的关系。如非理性东西的参与往往是理性地需要并可能导致合理的结果。至于，后现代，更加肯定直觉、生命的情感、激情等非理性因素在生活与创造中的意义。片面的理性主义将二者对立，往往使人们面临尴尬的境地——由于情感、情欲等因素在人的内心世界是一种客观存在，这使得人们要成为一个诚实的人，就得承认自己是非理性的；如果否认自己有那些难以启齿的因素，将使自己沦为虚伪的理性人。这种矛盾性的境况往往是虚伪人性产生的根源之一，也是人性压抑的一个重要原因。而虚伪人性的存在与人性压抑的事实则往往导致人们对理性的背叛和怀疑[①]。

（三）形而上学性

肯定变化、非永恒、相对性是后现代理念的重要方面。在后现代的眼中，近现代理性主义还有一个根本缺陷，即它们总是形而上学地理解理性。

在中西方的哲学传统中，都有形而上学的流派（如中国的程颐、程颢学派，西方的柏拉图），它们的共同要点是都把人所能意识到的和人所具有的理同外部存在的天地之"理"等同，因而脱离客观实际和具体的发展着的历史把人的道德理念和理性意识客观化，进而把理性与非理性的标准客观化——凡是和天地之理相吻合的意识、行为就是理性的。

近现代西方的理性主义者，有的抛弃了以"理念"、"绝对精神"等为核心架构的客观理性观，但包括该理性观的坚守者，近现代西方理性主义者在扬弃理性观的形而上学性质方面，没有多少实在性的努力，在某种程度上甚至强化了理性观的这种性质。

1. 不懂得理性自身对立统一的性质——以即时把握永恒，以有限把握无限，以特殊把握一般，以相对把握绝对。正因为人的理性具有矛盾性的一面，所以理性不可能是完善的，其活动的结果也不可能全是积极的。

---

① 参见韩震《重建理性主义信念》，北京出版社 1998 年版，第 45—46 页。

关键是人们如何看待理性，能否以动态的历史的态度发展理性，近现代理性主义者在这方面的所为似乎与理性的发展要求相去甚远。

2. 坚守理性的那种永恒不变的形而上学本质。17 世纪以来，许多西方理性主义哲学家仍坚持把理性看成是一种永恒、本质的东西，他们不理解认知活动相对与绝对的辩证法，把暂时方法、结论看作为永恒，把相对的知识当作永恒的真理，抑或陷入怀疑论。笛卡尔把理性观念看作上帝的赋予，"上帝在创造我的时候把这个观念放在我心里，就如同工匠把标记刻在他的作品上一样"，"我没有能力在上面加减任何东西。"① 在笛卡尔等人看来，上帝的完满性与真诚性决定了理性观念必然是真观念。

18 世纪及其之后的哲学家们虽然承认理性感觉的经验的基础，但是却又用新的形而上学形式看待理性——从认识论的视角对理性进行形而上学式的认知，"达朗贝尔重复笛卡尔的《恒性活动的准则》的开首语说：'所有科学加到一起也无非是人类理智而已，它永远是同一个东西，永远与自身相同一，无论它所研究的对象是如何千差万别。'……理性的基本功用乃是发现统一性。没有严格的统一，就不可能合理地排列和把握经验材料。"② 显而易见，这种思想代替了把理性视为永恒的先天知识的看法，但却把理性又看成了永恒不变的统一的认识形式。这是近现代理性形而上学性质的典型特征。

3. 以追求统一的普遍的知识为理性的核心要务。近现代理性把追求统一、普遍的知识作为自己义不容辞的"使命"。这里有两点，第一，认为只有理性逻各斯才能认识事物的真理，其他诸如非理性的东西是"不够格"的；第二，认为只要理性逻各斯追求到的东西，一定是具有统一与普遍意义的真理性的东西。然而，在后现代的眼中，追求真理的手段不只是狭隘的理性逻各斯，理性逻各斯所追求的也未必就是真理。"近现代西方理性哲学家也谈论认识的进步问题，但是他们把这个问题看成是未认识到和认识到之间的关系，不理解现有的认识形式本身的相对性质，把暂行的知识视为永远适用的绝对真理。"③ 事实上，关于理性之于普遍、统

① ［法］笛卡尔：《第一哲学沉思集》，商务印书馆 1986 年版，第 53 页。
② ［德］E. 卡西勒：《启蒙哲学》，山东人民出版社 1988 年版，第 21 页。
③ 韩震：《重建理性主义信念》，北京出版社 1998 年版，第 48 页。

一性认识的问题，即使在今天也应当被看成仅仅是一种合理的要求，现代科学的发展趋势以及后现代科学所显现的端倪似乎已注明：任何普遍性设想都只应该是暂时的和相对的。

近现代理性所具有的上述缺陷，引发了人们的种种质疑，质疑的出现，除了近现代主流的理性观因其固有的缺陷早已招致一些思想潮流的抨击（如非理性主义的抨击，可以说，正是近现代理性主义的缺陷提供了近现代非理性主义兴起的重要根据），还在于后现代的思想理念形态、后现代科学活动规范的雏形已经出现在人们的视界，近现代理性与后现代思想、后现代科学研究对人的理性智慧的要求之间的矛盾凸显。不可否认，质疑使近现代理性主义的主流观点面临挑战，但是，对理性而言，他人的否定与批判中，恰恰包含了理性未来形态的种子。

海德格尔曾说："哪里有危险，哪里就会产生出拯救的力量"①，近现代理性面临的挑战与危机将使人们不断地思考理性范式重建的问题；同时，随着理性全面地介入人的科学研究与生产生活，人们越来越需要一种能适应指导人们实践需要的新的理性观出现。为此，有不少学者对理性范式重建的问题进行了有益的探讨。在下文中，笔者将在对一些主流学者对此问题所作探讨进行梳理的基础上，结合前文所作的关于近现代理性缺陷以及后现代的思想理念、后现代科学活动规范对未来理性范畴的内在要求，给出自己关于理性范式重建问题的看法。

本章小结

本章主要从价值理性重新得到人们的关注、现代科学与后现代科学的趋势特征对近现代理性形成的挑战，以及后现代思想视野下近现代理性呈现的主要缺陷等角度探讨近现代理性面临的危机。

随着近现代科学理性与技术理性在人们的批判中向"底"下沉，价值理性遂凸显，人们对原存在于本性中的价值理性同样进行了批判性反思。

---

① ［德］海德格尔：《海德格尔选集（下）：技术的追问》，上海三联书店1986年版，第934页。

理性的语境化不仅在合理性标准呈现语境性，还表现为语义学层面的"语境"性。理性在实践中表现出的对多领域的"涉足"以及丰富的内涵，使人们对理性划分与称谓出现多元化、语境化。以人活动最基本的实践领域和人最基本活动规范为划界标准，可将理性划分为科学理性、技术理性、价值理性三大基本分支，作此划分更有利于人们从系统观、语境观的角度科学地理解理性的合理性问题。

现代早期的理性，基本上继承了近代理性去语境化、逻辑绝对化、追求绝对化知识的特征。从现代科学的发展趋势和后现代科学呈现的特征看，未来科学将以更宏观的宇宙及其起源、生态及其演变，以及微观的夸克及其以下层次、生命的起源等为研究对象，并以研究事物的分岔、分形、随机、混沌等不确定性为研究旨趣。在对待后现代的态度上，人们不应该怀着对立的思维，后现代对混沌、不确定性事实的关注，对权威的置疑，以及方法上强调直觉、多元和主体的个性化参与等在某种程度上适应了未来科学研究、社会生活的理解需要；不仅如此，后现代科学形成的宽容、理解与协作，创造，自律与他律的规范也已在现实生活中表现出了其合理性的一面。现代与后现代科学的发展趋势特征以及后现代思想、科学范式表现出的初步合理性使近现代理性面临挑战。

近现代理性在面临现代与后现代科学、思想挑战的同时，还受到了现代与后现代非理性主义的冲击，科学研究认识论转向的促逼，以及理性论中人文主义思潮等的诘难。在冲击与诘难中，近现代理性的先验与抽象性、不完整性、形而上学性等特点得以充分暴露，这在一定意义上为理性的语境性转向提供了动力。

第 四 章

理性的发展趋势——回到语境

从理性之于人的需求看，理性反映了人们追求稳定、条理和永恒的需要，理性所提供的知识、方法乃至（对理性的）信仰，成了人们不安心灵的依托。因此，当近现代理性面临困境之时，许多智者扛起了理性重建的大旗。笔者始终认为，理解理性的产生、发展也罢，致力于理性的重建也罢，始终不能忘记走过的历史和正在发生的或预期未来将要发生的实践进程。基于此，在前文探讨的基础上，本章将通过对现当代西方关于理性重建问题主流思想的梳理，提出基于适合未来科学研究与生产生活需要的新的理性范式——语境化的理性范式，并对三大理性语境化的发展趋向作展望。

第一节 面向后现代正在重建的西方理性观

以下几种理性的发展转向，在一定程度上代表了人们对未来理性重建趋向的思考，而从中人们则可抽象出未来理性范式发展的根本方向。

一 从理性到合理性

理性问题发展为合理性问题是近现代理性去逻辑化的一种倾向。

（一）理性与合理性比较

理性和合理性的含义相近，二者的关系也较为密切，因此在日常生活中人们常将二者混用，如"理性的"常常被认为就是"合理的"。其实，二者内涵不同，但合理性概念可以帮助人们完善关于理性范畴的合理内涵。

从二者的区别看：首先，传统理性范畴与合理性存在词义差别。合理性属评价范畴，是对人的活动及其结果的评价，它表面上是被评价对象的特征，但由于评价涉及客体特征与主体态度，所以具有主客双重特征；传统的理性则表示人具有的逻辑化的自我理解和辩护能力，是人智慧能力的表现，理性具有主体性特征。

其次，作为评判人与事物的尺度，二者不是等同的。理性的不一定是合理的，非理性的同样不一定是不合理的。运用逻辑的方法、程序所作出的假设、创造和证明，由于这些活动在活动形式、手段、程序等等方面符合理性原则和标准因而可说是理性的，但不能说就是合理的，因为合理与否要涉及主客双方的价值关系。反之，非理性如果有助于实现主体活动的目的，也可以说是合理的。作为人智慧能力标志的理性，从其本性上说有其存在的合理性，但过分滥用、过分理想化则就可能具有不合理性。

最后，就与理性比较而言，合理性显得活跃，而理性则较为迟滞。理由很简单，合理性的标准常常受到主客体所处的具体环境状态、社会文化因素以及主体的价值目的观等多种情境性因素的影响，而理性的标准相对持久、稳定。

但是，二者也有相联系的一面，这主要表现在：首先，合理性依赖理性。一般而言，合理性往往要求理性为其论证和辩护（即使是非理性的活动，对诸如直觉等非理性思维的成果进行验证，乃是理性最显著的作用之一），并运用理性的表达形式，以更好地获得他人的理解。再者，从科学认识的角度看，理性的变化可导致科学认识的合理性模式发生变化。古希腊的逻辑—思辨理性，诞生了逻辑—思辨的科学认识合理性模式；近代的经验理性、数学理性，使经验—归纳的科学认识合理性模式得以出现。

其次，合理性影响理性范式的变化。理性为了适应各种不同的合理性观念和合理性标准不确定、观念不断变化的状况，其自身往往会发生调整和发展。但这种调整与发展不是亦步亦趋式的，因为理性固有的特点决定其更多地关注合理性流变中潜藏的那种相对稳固和确定的特征。实践证明，活跃易变的合理性在范围和形式上往往会随实践的发展而突破理性给定的阈限，给理性提出新的问题，从而推动理性的发展。

最后，二者在"理由"上实现了统一。在日常生活中，在较广泛意义上，合理性往往即是有理由，而理性的本性即为事物找理由。二者的关系颇像目的与手段的关系。所以人们在追求真正的合理性东西的时候，不停留于表面，往往需要他人或自我给出理性的证明。

阐述理性与合理性的关系，更多地是为了理解理性向合理性转变的真正内涵与意义。显然，这种转变不是用"合理性"代替"理性"，而是指在理性范式重建中吸收"合理性"范式的核心思想、理解方法。如，笔者认为，在理性范式的重建中，重点应突破形式逻辑的限制，从"逻辑"的本体追问入手，对"什么是合逻辑的"问题多加思考。

（二）韦伯以来的"合理性"思想及其对"理性"的影响

"有什么样的合理性亦要求有什么样的理性形式与之相适应。"① 理性在现代向合理性的转变，与近现代理性的固有缺陷不可分，与现代、后现代科学发展所致的科学合理性模式的转变分不开。

前文已述及，理性在其发展过程中，在近现代累积了不少积弊性的因素，最终走向"绝对"、"片面"，乃至几分"神秘"。对此，不少理性哲学家不断地疾呼，要求革除理性的痼疾，完善理性的意义。德国哲学家施耐德巴赫曾建设性地说："我们不能再把理性想成是一种实体，一种结构或一种总是适用的规律性的东西。……理性并不是宇宙或历史的本质或基本规律，同样也不是人的灵魂的本质或基本规律。这样就剩下了一个可能：理性是人的理智地存在的能力……如果没有人的'合理性'的安排处置，世界也就无所谓合理的东西；"② "我们所需要的是一种无基础主义的、既是诠释性又是批判性的合理性理论，它可以理直气壮地踏在理性哲学的位置上。"③ 在这里，施耐德巴赫提出了用合理性思想改造理性的初步看法。

在理性于现代向合理性的转变中，马克斯·韦伯和法兰克福学派等起了重要的推动作用。马克斯·韦伯是少有的跃出科学认知阈限论道理性的人。他运用纯粹理性的探求精神和清晰的理性解析思路，通过对西方社会现代化过程是一个逐渐趋向合理化的过程的假设，以及对社会行为的合理

---

① 杨耀坤：《科学合理性的历史演变》（上），《科学技术与辩证法》1999 年第 6 期。

② ［德］赫·施耐德巴赫：《作为合理性之理论的哲学》，载《德国哲学》（第 7 辑），第 171 页。

③ 同上。

性与非合理性划分，在合理性行为的框架内悟出了工具合理性与价值合理性的划分，并指出了它们在当下的矛盾性所在——运用理性创造出巨大而合理的控制自然和社会力量的人，又受制于这个合理化过程，使这种力量成为人的异己性存在。韦伯认为，理性本应把人的生活提升到更有意义和更具尊严的状态，但在现实中人却成为了工具理性支配的工具，人的价值受到贬低。基于此，他提出了"价值理性"概念，强调人的（价值）理性要关注合理性的问题。马克斯·韦伯在对传统理性的反思中，提出了理性到合理性转变的初步问题。

　　其后，法兰克福学派的霍克海默和哈贝马斯等人，也对传统理性的扬弃与发展问题进行了思考。在哈贝马斯看来，理性已不再是人类的主宰，更不是什么绝对真理，因为"合理的不再是世界本身呈现出来或主体设计、或从精神的形式过程中产生出来的事物的秩序，而是我们在与现实打交道时解决问题的方法"①。同时，结合哈贝马斯在《论现代性》一书中关于理性合理性问题的论述，人们可以看出哈贝马斯关于理性的如下激扬观点：第一，理性化不是探寻世界客观本质唯一可能的哲学道路，最多可算是诸多哲学思考形式的一种；第二，理性不是理解人类生活的唯一标尺，在人的一些领域，应为人的自由思考和情感意志留下席位；第三，本体形态的理性已消失，理性只能是方法的合理性。

　　可见，理性到合理性的转变，实质乃理性内涵的扩大，这种转变对传统理性而言，是反思基础上的一种超越。随着对合理性与理性问题探讨的深入，对合理性的探讨以及对于理性与科学的探讨也将成为科学哲学领域探究的热点。诸如"只要是科学的，就一定是理性的"、"只要是理性的，那一定也是科学的"等问题在不断引发人们的思考，难怪科学哲学家劳丹曾说："20 世纪最棘手的问题之一是合理性问题。"② 棘手的原因恐在于现代科学的发展以及理性疆域的扩展使人们对于科学、理性、合理性的本体及其关系的认知更加有难度。难度归难度，不过对于理性研究而言，

---

　　① ［德］哈贝马斯：《论现代性》，载王岳川、尚水《后现代主义文化与美学》，北京大学出版社 1992 年版，第 20 页。

　　② ［美］L. 劳丹：《进步及其问题——科学增长理论刍议》，华夏出版社 1990 年版，第 116 页。

笔者相信，对合理性和未来科学发展特征的把握，将促逼人们更多地思考理性范式的重构问题。

二　从权威性理性到批判性理性

后现代思想一个重要的观点就是反对中心，拒绝权威，主张多元。

（一）对理性权威独断性的质疑

近现代理性具有权威、独断性的一面。随着科学技术于近现代的"成功"，人的理性逻各斯能力被看成是绝对真理的保证，同时，包括笛卡尔、莱布尼茨等一大批科学家或哲学家也都认为理性获得的真理必定是具有普遍有效性的绝对真理，而个人经验性的知识仅具有相对正确性。从哲学的角度概括，理性上的独断主义表现为"思想者运用理性对基本信念进行刨根揭底的探究之后，自以为（理性）找到了惟一可能的出发点并得出了惟一可能的答案，于是他就很难有心倾听其他思想者的声音"①。理性的权威性与独断性对理性造成的直接影响是，使理性由革命性力量变为否定性工具——否定不同意见的工具、否定基于个人经验和背景所获得的那种知识的工具。

早在 18 世纪，就有不少哲学家对理性的这种权威性与独断性进行了批判性反思。康德是较早对理性的权威独断性进行批判的人，他富有远见地提出，在运用理性之前，应当批判性地考察理性能力的性质、适用范围和界限，以防止对理性的误用。在现代实证主义的代表罗素、维特根斯坦和卡尔纳普等人看来，理性由革命性力量转变为权力和否定性话语的源泉，进而变成约束人们想象力和创造力的力量，原因恰在于理性因为它在近现代被强化了的逻辑性特征而被当成了绝对正确的思维方式和生活理想。

（二）波普尔的"批判理性主义"思想

在后现代思想的浸染之下，面对科学、生活揭示或呈现着的事实，现当代的许多哲学家更加有底气地加入到了批判权威性理性的行列。当代科学哲学家波普尔坚定地竖起了"批判理性主义"的旗帜。波普尔认为，理性不应该是什么权威，它更应是一种怀疑和批判的能力。波普尔坚定地

---

① 翟振明：《价值理性的恢复》，《哲学研究》2002 年第 5 期。

认为，虽然理性帮助人们不断地探索真理的新疆域，但理性"却不能提出任何对绝对确定性的要求：我们是真理的探索者，但不是真理的占有者"①。波普尔对理性应具有的批判性提出了两点要求：其一，不应把自己塑造的世界当成绝对理想的世界。对于由理性推动建立的科学知识体系、社会生活方式和道德规范乃至意识形态，理性应当对其持合理的批评态度，把它们看作始终处于不完善状态的形态，以寻求更为理想的生活境界；其二，对于自身，理性同样应当持批判性的态度，以保证任何有限的理论、知识、道德规范等不会成为权威独断的形式。波普尔进一步认为，任何真正的理想主义者，都不应渴求那种永恒的真理，而应始终保持一种自我批判的态度，以推动知识的进化。

波普尔的"批判理性主义"思想试图实现一种转变——丢弃权威，用批判之眼看待理性。这与后现代的理念形成了某种默契。理性来源于人们的社会生产与认知实践，不存在超现实、超社会历史的理性，因此，对理性活动及其推动的文明成果，人们理应保持一份清醒，应在现实的社会语境中对它们的合理性进行具体评判。怀特海对此也曾经告诫人们："对自然的因果过程进行的所有数学计算，必须从某些假定的自然规律开始。因此，尽管我们已经正确地计算了某个现象必然出现，但疑问仍然会存在——这个规定是真实的吗？如果这个规律陈述一个正确的结果，那么几乎可以说它很可能不是真实的；因此即使根据正确的计算最大可能的结果大概也不会出现。然而我们不具备以理性的精确性进行观察的能力，因此，归根结蒂看来不精确的规律可能就会使我们满意了。"②

三　从先验理性到实践理性

实事求是地说，将理性作为先验性存在的理性观，通过现代西方"反形而上学"浪潮的席卷以及马克思主义批判性哲学的批判，已经为大多数的人们所摒弃。有破就得有立。在否弃先验理性的同时，不少理性主

---

①　［英］卡尔·波普尔：《客观知识——一个进化论的研究》，上海译文出版社1987年版，第50页。

②　［英］怀特海：《数学引论》（Ⅲ），转引自［美］莫蒂默·艾德勒、查尔斯·范多伦《西方思想宝库》，姚鹏等译，吉林人民出版社1988年版，第1366页。

义哲学家对理性范式的未来定向进行了探讨，其中一个重要而主流的方向便是致力于构建一种实践的理性观。如前文所述的科学认识论的实践转向，不但是对论证理性的一种扬弃，也是对先验理性遭到否弃后对科学认知理性进行实践论把握的一种尝试。不仅在科学认知领域，在社会生活领域，为了合理地理解人们之间相互沟通的理性机制而又不陷入非理性主义沼泽，许多哲学家在吸收德国古典哲学和马克思主义关于实践的概念的基础上，对理性的内涵作了重新解释。例如，由于受到黑格尔哲学的影响，加拿大哲学家查尔斯·泰勒于1993年在一次关于"多元文化协商"问题的学术研讨会上就曾指出：虽然先验同一的普遍理性是不存在的，但人们可以这样理解在人们的相互沟通中起重要作用的理性——那是一种可以在人们共同的活动和交往中形成，具有相同或类似的时代特征的"实践理性"。按照泰勒的观点，有共同实践活动、经验传承的群体，就会有相似的理解的心智结构价值观。

麦金泰尔也不认同存在着自我的理性本质结构，他认为，个人的、自我的理解同一性无外乎是历史故事和社会关联的一部分。不管人们能否认识到个人的理解是社会叙述的继续，理性的"自我都是传统的一个承担者"。只有借助于历史传承、社会联系，社会个体才能获得一种自我理解力，才能过较为理想化的生活。"人在他的行为和实践上，正像在他的构想中一样，本质上是一个讲故事的动物。他不是本质的，但是通过他的历史他成为渴望真理的讲故事者。"①

后现代哲学的一个重要趋向是强调实践，同时致力于实践中的转向：由逻辑转向社会，由概念转向叙述。因此，构建实践理性观的努力，是完善理性范式的一种有益尝试，虽然这种努力也有不少不足，如上述的实践化的理性，认可了多元自我以及多元群体的特殊性的一面，但对于建立具有时代特征的普遍意义的真理却显得没有信心。

总之，现代西方的理性理论，在批判传统抽象理性主义的同时，面向科学发现的事实和世界的本然状态，在重建中作了许多后现代式的努力。然而，就重建中所提的许多观点而言，可能某一观点在某一方面有它积极

---

① ［美］M. 戴利、公共社团主义：《一种新公共伦理学》，华兹沃斯出版公司1994年版，第121页。

的意义，但总体上并没有形成内在连贯的科学的理性观，究其原因应在于没能在一般意义上抽象出未来理性范式发展的方向，这预示着人们在未来究竟构建一种什么样的理性观方面还有努力的空间。

第二节　语境论视野中的理性

近现代理性有缺陷，但并不是遗憾。理性的思想来源于真实的社会生活实践，并随着它的变化而变化。在当代，正是理性不适应实践要求的缺陷才使人们有动力去反思并弥补它。

本书多次谈及理性的语境化问题，由于理性在古代乃至远古就有语境性因素，同时在近现代又经历了去语境化的历程，因此，本书把理性的再次语境化要求称为复归。理解理性的语境性复归问题，首先需要厘清这样一组问题：语境论的来源与哲学认同问题，理性所复归的是怎样的一种语境，回到语境的理性又是一种怎样的理性等，鉴于这些问题与本书主题的关联性较大，笔者现试着进行逐一解答。

一　语境论方法及其哲学认同问题

（一）根隐喻及其类型

根隐喻是派普所提出的观察与认识世界的一种隐喻理论。派普在寻找元哲学体系的起源时发现一个有趣的现象，即哲学史的不同阶段，总有一些概念被用来说明世界，最典型的莫过于一台简单的机器最后导致并形成了机械论的世界观——把世界看成能让人们思考和做事的机器。[1] 所以，派普认为人们可以借助于一个熟悉的隐喻来理解事物，说明事物的发展和变化，这个事物即根隐喻。

派普发现，根隐喻往往存在于日常生活和常识语言中，由常识性的证据支持。人们通过对根隐喻进行提炼即会产生相应的世界假设，世界观实质上是世界假设的模式，根隐喻是归纳这些假设的一种深层隐喻。经过考察，派普提出了六个根隐喻，即有机体、机器、形式、语境（或情境）、洞察力和权威，他同时认为，前四个由于具有常识证据的支持而相对可

---

① 胡壮麟：《认知隐喻学》，北京大学出版社 2004 年版，第 109 页。

靠，后两个由于缺乏那种支持而相对不可靠。派普提出根隐喻最根本的原因在于，他发现人类的世界观总有一些互相联系的中心范畴，而这些中心范畴正是来自根隐喻①。因此，基于其所提的四个重要的根隐喻，派普概括出了四种相应的世界假设，即有机论、机械论、形式论和语境论。

(二) 语境论及其特征

语境论实质上是一种新的认识论和方法论，它具有理念上的新颖性和创造性，方法上的横断性和普适性。这里要说明的是，"语境论是唯一一个非本体论的世界观。语境论之所以是非本体论的，是因为它不假定世界由什么构成，或者说，它没有假定世界由语境构成，而是把现实世界作为认识的前提"②。派普运用他的根隐喻理论对语境论做了进一步的研究。他认为语境论的根隐喻是"历史事件"，这里的"历史事件"不是指过去了的、僵死的、必须考证的事件，而是指现实中动态的、活跃的语境中的行动③ (但不等于当下现实的事件——笔者注)。所以，语境论更多地着眼于现在，着眼于正在发生的动作和现实存在的状态去寻找根由，语境论者往往通过复杂的历史事件网络来解释现实事件的相互作用和相互关联，语境论强调对现在活的事件的关注，并非要否定已发生的历史事件的性质功能对现在正在发生的事件的渗透作用，其态度恰恰相反，就如传统文化，总是潜移默化地影响人们的行为，也就是人们的行为会或多或少表现出传统文化的痕迹。人类社会也好、自然也罢，不能与它的过去决裂，这一点是确定的。

语境论思想可以概括出几个重要的特征④：

1. 人的活动的变化——开放性。在人类社会中的个体是具有意向性的人，而不是被动的生物，社会中的人的意向性是在一个开放、非决定和变化的世界中发展的，开放、变化的世界，既可以不断引起新的意向性，

---

① 胡壮麟：《认知隐喻学》，北京大学出版社 2004 年版，第 109 页。

② 魏屹东：《语境论与科学哲学的重建》（上册），北京师范大学出版社 2012 年版，第 33 页。

③ Pepper, S. *World Hypotheses, A Study in Euidence*, University of California press, 1942, p. 232.

④ 注：此处参考了学者魏屹东的部分观点，参见魏屹东《语境论与科学哲学的重建》（上册），北京师范大学出版社 2012 年版，第 21—22 页。

也可以限制意向性。语境论强调实在性世界的变化性，意在强调人类意志、判断等行为是在社会文化环境中发展的这一重要事实。

2. 知识的相对——可修正性。语境论认为要理解人的行为与意义（包括合理性如何），就必须研究它的"语境"——人类行动所基于的历史和社会政治条件。这种行动的语境不是被当作一种外在的、静止的模糊结构，而是一种内在而动态的可数独立变量，可以用矩阵来表示的东西。语境的这种特点表明，在理解社会事件和行为时，人们不应只考虑独立的个体，并认为个体的行为结果完全由心理因素决定，而应综合考虑内在与外部因素对其行为结果的影响。从知识论的角度看，这种认知结果的意义在于，理解特定个体和群体所获得的知识具有可修正性、相对性的一面。

3. 理论——实践的统一性。鉴于具体的事件具有不断变化的特点和社会语境具有边界开放性或非确定性特点，人们在评价社会行为时不应有任何"超语境地有效"的绝对原则，而需要指明形成某种真理和判断的语境边界，这样的结论反映在认识论方面，就是要从理论与实践的统一性中去评价真理与行为。

4. 经验的实在——实证性。对于一个具体的事件与行为而言，参与者也罢，评判者也罢，他们不是超越社会的无私利者，其行为都会深深地嵌入他们时代的文化烙印。发生的事实，也不是在预设逻辑的、绝对的时空展开，而是在具体的社会、历史语境中展开。因此，语境具有经验可感，可明证的一面。

（三）语境论的哲学认同问题

语境论，作为一种新的哲学认识论与方法论，源于科学哲学的一种新解释框架——语境实在论（Contextual Realism）。语境实在论把语境论和科学实在论相结合，提出了一种不同于传统分析哲学的解释模式。对此，美国当代哲学家施拉格尔对这种新模式与传统分析哲学模式的区别作了如下表述：

第一，它探究的首要材料不是语言，而是把经验探询的结果作为首要材料（如果科学家仅致力于数学形式主义而忽视了实验探究的发现，他们能取得如此大的进步吗）；第二，它不依赖逻辑作为澄清概念和论证的工具；第三，它是系统的，因为它极力说明知识问题的不同方面，比如经验探询的层次，量子力学的自相矛盾的结论，神经生理学中的种种研究，心身问题困境，语言指称问题，真理的意义和标准，这些问题相互关联，并蕴涵了一种新解释框架：语境实在论。①

语境实在论出现于 20 世纪 80 年代末，因其从广义的情境的角度理解事物与事件，在国内外得到广泛的认同。不仅如此，在语境实在论的影响下，语境论作为一种哲学认识论与方法论也得到人们广泛关注与认同。就国内而言，山西大学形成了从语境论视角研究哲学问题的特色。一些学者致力于从语境论视角开展科学哲学研究，并将成果应用于服务诸自然科学研究，比如对数学问题、生物学问题、物理学问题的语境分析的尝试。"目前的生态哲学、可持续发展观、科学发展观等，可以说都是语境论在不同领域的具体应用，这些理论都将更广阔的自然、社会、文化作为语境，把人类放入其中，讨论人与这些语境的相互关系。"②

可见，从语境论视角探讨相关哲学问题有其现实与实践的基础。

二　理性应复归到怎样的语境

在远古时期，人们运用理性去思维、判断，过高于动物的生活。然而，由于实践水平低下和知识的简单、贫乏，同时，由于知识经验的嵌入性、知识的默会性，人们往往对于自身和语境不分、实践和认识不分、理性与非理性不分、科学理性与价值理性不分，社会处于一种朦胧与混沌之中。与此相关联，人们对事物（事件）合理与不合理的评判表现出强烈的语境性色彩。如，在远古时期，人类常常凭借想象、直觉、灵感、风俗、经验去认识世界，表达自己态度的方式也常常以比喻、格言、隐喻的形式。实际上甚至到文艺复兴的第一阶段，人们不仅通过哲学和科学来认识世界，"而且以诗的、艺术的形式去领悟世界"。以类似的方式思维与生活的结果是，对于同样的事件与结果，在此人是合乎理性的，在彼人可能就是非理性的；此处合理，彼处为不合理。可见，在古代，人们理性活

---

① Richard H. Schlagel, *Contextual Realism: A Meta—Physical Framework for Modern Science*, Paragon House, 1986; Preface, xiii.

② 魏屹东：《语境论与科学哲学的重建》（上册），北京师范大学出版社 2012 年版，第 4 页。

动带有更多地方性、境域性的东西，理性深深地嵌入于语境之中。近现代理性指向对逻辑、秩序和规律的遵崇和运用，培根所注重的归纳和笛卡尔所注重的演绎成为理性在近现代发展的强有力推手。无论是目的论、因果论还是循环论，强调的都是理性的秩序和规律。不仅如此，理性所遵崇的逻辑法则还被扩展到技术和社会的广泛领域，由其逻辑法则形成的控制力、影响力逐渐走向极致。走到极致使近现代理性变为一种权威独断的、片面的理性，理性由革命性力量蜕变为否定性工具。未来科学的发展趋势以及后现代科学规范的初露端倪，科学、技术、社会生活的复杂化，等等，使近现代理性的逻辑中心主义本质不再适应指导科学研究与生活的需要，理性有再次回到语境之必要（关于这一点，下文将做专门讨论）。

那么，理性应回到怎样的语境，亦即，在怎样的语境中去运用理性、发挥理性的价值作用呢？

笔者认为，理性回归的应是一种最广泛意义上的语境。理性的发展经历了从狭义到广义的语境论、从不自觉到自觉语境论的转化。狭义语境论是指没有社会、文化渗透的语境论，只把某个东西如语言、默会经验、信仰、嵌入性知识等作为理解与评判事件的语境。有学者把语境进行阶梯状分类：一阶语境为自然；二阶语境为社会；三阶语境为社会中的语言和文化。广义语境论就是在囊括此三级语境的更广泛的意义上理解语境，把自然、社会、文化、心理等因素都作为关联要素，要考虑的因素即作为事件的语境，纳入对事件的理解和判断之中。语境决定意义、结果，语境发生变化，事物（件）的意义、合理性评价的结果也随之变化。顾名思义，不自觉的语境论是指在被动意义上运用语境，即缺乏从语境角度理解、评判事物（事件）的能动意识，只是在"偶遇"一些影响事物（事件）的语境性因素时，将其纳入对事件的理解与评判之中。照此尤需解释自觉的语境论。

所以，理性要走入的语境是这样的一种场域：主体的人有自觉的运用语境去理解、评判问题的意识；作为边际因素，语境涵盖了广泛的自然、社会、文化、心理，一句话，理性要回归的是一种超越古代狭隘语境的广义语境。再有，从几大理性的角度看，由于它们具有那种已为历史所证明的联系，如价值理性对技术理性的和科学理性的引导性，技术理性对科学理性的选择性（如果要举例，苹果手机的发展历程与现状能说明此点。

追求更快、更高、效率、效益的技术理性思维，不断使人的科学理性得到来自对方的"选择"，相关主体那种主动认知与积极开发的科学理性精神得到极致性地发挥）等，因此，理性走进的语境还包括狭义意义的理性形式在互为语境的情形下为彼此创设的语境。

三　回归语境的理性是怎样的理性

科学和社会发展的实践预示着传统理性所抱定的那些铁律、规范模式即将成为昨日黄花，构建新的理性范式已成为一种必须。基于语境论的研究视域，特别是基于现代科学、未来后现代科学发展的趋势和纷繁的社会实践对理性的期待，笔者提出了未来理性发展的趋向问题，即走向语境化。那么，走向语境化的理性将是一种怎样的理性呢？略作探讨，对于他人正确地理解本书的写作旨趣较有意义。

在探讨语境化理性范式的内涵之前，需要对探讨原则作明确表述：其一，须遵循服务实践的原则。在理论建构中，除了注重观点应来源、抽象于实践以保证理论的正确来源外，人们更应关注理论指导实践的方面，以实现人类理性的存在价值。其二，语境化的理性不能失去理性的内核，南辕北辙地臆造一个全新的所谓的"理性"之范畴是不可取的。基于这些考虑，笔者认为语境化的理性应具有如下质的规定性。

（一）是基于"大逻辑观"的一种理性

理性天然地与逻辑相关联（从西方理性的本原"逻各斯"可见一斑），逻辑化的思考、逻辑化的行动被认为是理性化生活的核心标志。因此，理性的语境化不是去逻辑化。这里出现了矛盾，近现代理性似乎正是过分夸大了逻辑分析、逻辑规则的作用，使科学活动"精确化"（知识具有确定性、知识来源有据、验证有方），技术活动程式化，社会部分生活律令化，进而使其变为独裁、片面化的理性形式并遭受来自各方面的诘难。问题出在哪里？对此，笔者谨慎地认为，问题恰出在人们对逻辑的理解过于褊狭。考察理性直到现在走过的历史，在更多的时空中，作为理性范式核心的逻辑是被称之为经典逻辑的数理逻辑与形式逻辑，它们的特征即是通过严谨的推理，得出必然的结论。并且，这种逻辑严格排斥被其称之为非逻辑的东西，如直觉的逻辑、道德逻辑等。

事实上，对于逻辑范畴的规定性问题，中外近期就有学者提出冲破狭隘逻辑观的阈限，创立一种新逻辑观的思考。英国的苏珊·哈克（S. Haack），当代世界知名逻辑学家，为了减少"将它们（某些逻辑）看成'不是真正逻辑'而加以排除的危险"，本着"先假定它们是逻辑的宽容方针"，曾将逻辑作了如下分类：

1. "传统"逻辑——亚里士多德的三段论理论。
2. "经典"逻辑——二值语句演算、谓词演算。
3. "扩展"逻辑——模态逻辑、时态逻辑、道义逻辑、认知逻辑、优选逻辑、祈使逻辑、疑问逻辑。
4. "异常"逻辑——多值逻辑、直觉主义逻辑、量子逻辑、自由逻辑。
5. "归纳"逻辑。①

就国内而言，学者张建军也倡导建立涵盖基础逻辑学科群与应用逻辑学科群的"大逻辑观"②；学者王习胜等提出新的逻辑观应以演绎逻辑为基础，同时包容归纳逻辑和辩证逻辑。

基于此，笔者谨慎地认为，理性论中的"逻辑"应该是"大逻辑观"语境下的逻辑。大逻辑观是一种将直觉的、量子的、辩证的乃至伦理道德的逻辑包容其中的一种逻辑观，其旨趣在于实现对传统逻辑必然性的扬弃，主张逻辑还应该包括"不必然地得出"的部分。人在大多数情况下总是按照自我推定的认为合理的逻辑规则行为办事，这种逻辑规则不一定必须具有普遍必然性，亦即，对于同样的境况，不同人按照不同的逻辑规则办事，应该有可能均被认定为合逻辑的、有理性的行为。大逻辑观的提出，可以为人们在更广泛的时空对特定主体进行理性与非理性判断，以及对事件进行合理性评判提供坚实的理论奠基；特别是，对直觉逻辑、道义逻辑、多值逻辑等的"逻辑"认同，既符合认知实践的新情况，又维护了理性的基本内核，也为理性的语境性解读提供了一种前置。

---

① ［英］苏珊·哈克：《逻辑哲学》，商务印书馆 2003 年版，第 11—12 页。
② 参见张建军《走向一种层级分明的"大逻辑观"》，《学术月刊》2011 年第 11 期。

（二）是一种将社会的、文化的、心理的等情境因素融入自身的灵活的、辩证的理性

在语境论的视野中，某种主体与其环境的关系将超越以往的理解，主体将不再是独处世外的主体，语境也不再是纯粹的语境。"语境决定意义"说明了这种超越的非同一般。近现代理性片面按照逻辑中心主义法则确立科学认识的刚性自足的合理性标准；不仅如此，在社会生活领域，技术活动追求效率至上的法则而无视技术人文的一面，管理活动追求程式化管理而置人情于不顾，政治、价值生活领域出现了试图按照某种规则、规范束约全人类的冲动……所有这些，在语境化的理性世界里，都将得到改变。未来的理性，无论在理性活动领域，还是在社会生活领域，将以灵活代替刚性、以辩证代替僵化，摒弃对刚性标准、规则的僵化坚守，代之以在社会的历史的、文化的、心理的等广泛的角度去理解实践，考量理性精神本身的合理性。

因此，语境化的理性不但将社会的、文化的、心理的等情境因素作为建构自己的因素，同时，在理性具体的指导实践活动的过程中，将灵活而辩证地把握这些因素，达到对于指导实践过程与结果的影响。

（三）从理性的基本形态来看，语境化的理性是三大理性实现有机整合的理性

从科学、技术与文化的关系来看，非嵌入编码知识的"再语境化"，就是科学理性、技术理性和价值理性的有机整合，就是原本普遍的、抽象的理性融入到具体的、社会的、文化的、心理的现实中。理性中社会的、文化的、心理的因素的融入，实质就是理性的寻根和返魅。这个过程将形成这样的局面：价值判断参与科学理性与技术理性的活动，科学理性成为技术理性与价值理性的基础；科学理性在具体的实践和价值理性中找到自己的目标和归宿。

（四）语境化的理性是一种批判的历史的理性

语境论认为，任何思想理念都是一定语境条件下的产物，理性也不例外，理性来自历史、现实，是历史合理化趋势的表达。因此，对理性而言，当历史的语境条件发生变化时，理性往往又要经历新的再语境化过程，也就是说语境化的理性将尽力避免作茧自缚的可能，将通过自觉的自我解构和建构的统一，与时俱进地伴随和引导历史的进步。

总之，语境化的理性以大逻辑观为理论奠基，避免了理性的异物化；语境化的理性将社会的、文化的、心理的因素纳入自身的建构，将三大理性进行整合，可以使理性在更大范围、更为实事求是因而将更为合理地指导人们的实践活动。需要说明的是，在理性论中以大逻辑观包容直觉的、辩证的乃至伦理道德的逻辑的看法，系笔者基于国内外学者的研究而谨慎地提出，如果经过大家的批判有其存在合理性，则该观点对于理解未来科学研究手段方法的合理性，以及对于社会现象的合理化解释将大有帮助。不过仍然要注意的是，大逻辑观与理性的语境性理解必须和具体的科学、社会生活实践相联系，抽象地理解必将陷入相对主义的泥潭。

一种新的观念形态，往往在其走向成熟、被系统化之前，就已经隐含地存在于人们的实践活动中。对于理性体系而言，复归语境的趋势已在理性三大基本形态的变化走向中初见端倪。

本节在语境论视野下理解理性的语境性及其趋向。理性的语境化理解在本质上就是倡导用联系的、系统的辩证唯物主义观点把握理性精神，以更好地服务社会良性运行的要求。系统与联系，理性与社会、理性与理性，时时有语境，处处有联系。这里，笔者似乎感觉到了理性生态性存在的一面。

第三节　理性的辩证性复归——走向新的语境

"复归"本意为再次回到，然而辩证法不相信有绝对复归的事件存在。显然，这里的"复归"是一种经历两次否定之后的复归，是螺旋式上升的复归。理性的语境性"复归"：一，意味着回到语境；二，意味着一种超越。

一　理性走向语境化何以必须

纵然语境论在科学哲学研究与自然科学研究方面表现了其合理存在的一面，但这绝不是提出理性再语境化的理由，哲学思想的流变更不能靠天马行空的臆想或纯粹的逻辑推演。理性的再语境化问题必须从科学与社会实践的活动以及合理的推理中去寻找合理性。事实上，前文的许多论述，其实已经为这种合理性的探寻提供了素材，本书在此仅作提炼性的概述。

（一）近现代理性面临的现实困境使理性必须趟出一条进步的合理路径

近代以来，逻辑经验主义在理性问题上沿着实证主义和科学主义的传统，逐渐形成了一套形式化的纯粹性的理性标准。特别是到了 20 世纪，逻辑经验主义和证伪主义以十分复杂的方式综合了以前理性主义的演绎观和实证主义的归纳思想，在很大程度上推进了逻辑经验主义走向它的顶峰。逻辑经验主义的发展，导致了理性问题上的彻底的"逻辑实在论"——逻辑就是理性的原则。这一点，即使作为后来的批判理性主义者波普尔也持有这样的观点。他认为，"严格坚持科学方法的逻辑性，就是坚持科学的理性原则，因为，'没有什么东西能比科学方法更理性了。'"① 理性对逻辑、规则的绝对尊崇，形成了理性的种种缺陷，如前述的绝对性、片面性、形而上学性等。缺陷的存在，为非理性主义的发展留足了空间。

这样，当后现代思潮逐渐席卷整个西方哲学的领域以及纯粹的理性主义遭到解构之时，怎样从以逻辑为中心的"形式理性"和反理性主义的片面与狭隘中趟出一条理性进步的合理途径便成为了一种必须。

（二）现代科学的发展趋向与后现代科学呈现的特征是理性回到语境的现实要求

基于前文的研究，可以把现代科学的发展趋势浓缩为：在研究的事物上，沿着量子阶梯下行和上行，在大尺度上分别研究早期宇宙及其起源和生态及其演变，在小尺度上分别研究夸克及其更低层次和生命起源及有机体的奥秘；在研究关于对象的属性方面，研究分形、随机、混沌等不确定性问题。常识告诉人们，未来科学的对象将远离人们的经验世界，研究的分形、随机、混沌等核心问题同样与近现代追求确定性的知识论传统相背离。这些变化将使传统理性所追求的形式化的逻辑性原则面临挑战。可以预见，未来科学研究将在多重语境因素构成的关联中理解对象、把握对象的趋向。相应地，人们将在多重语境中去理解运用手段的合理性问题以及知识的真伪问题，因为，"语境的作用在于它是决定认识的标准与认识者

---

① 郭贵春：《走向语境论的世界观》，北京师范大学出版社 2012 年版，第 12 页。

的视野、选择与论断的主要因素"①。

同样，由前文的研究可知，后现代科学在研究的对象性事物方面，除了上节叙述的沿着量子阶梯在宏观与微观领域有所作为外，还研究对象所处的环境和包括主客关系在内的"关系总和"；在研究关于对象的属性方面，更加注重研究隐秩序、不确定性关系、突变等。在研究手段上，由于强调是"行动者的科学"，因而强调主体的参与与嵌入；由于关注隐秩序、不确定性关系、突变等，因而强调直觉、隐喻等非传统逻辑手段。在知识合理性评价方面，由于反对真理权威而奉行相对主义；由于强调主体的参与，而关注权力对知识的影响。在科学范式上，强调适应研究对象、手段的需要，奉行宽容、理解与协作、创造、自律与他律的行为范式。

不难看出，后现代科学所研究的对象、追求的目标、运用的手段、期望构建的活动范式，都与近现代科学理性所追求的程序的严密合逻辑性、知识的确定可检验性相悖，后现代科学"所提出、求解和涉及的一系列理论难题，均在一定意义上与语境问题本质地相关"，理性要发挥指导科学实践的作用，必须"通过'再语境化'的途径解除单纯形式理性的独裁和羁绊"②。

（三）理性向社会领域的扩张与社会环境复杂多变的矛盾是推动理性语境化的又一现实因素

理性是人的一种能力，更表现为人的理念与精神意识。从人类的主流文明开始之时，人的理性就一直与科学（哲学）认知活动紧密关联，"科学就其本质来说是一种理性活动，是人类理性的典范和集中表现"③，逻辑经验主义者也认为，理性是与科学方法内在关联的。但这并不是说，在人们的社会生活中，人们的理性智慧没有发挥作用，而是说，在社会条件具备抽象出相应理性形式（如近代西方社会的市场经济和工业革命，为技术理性被抽象而形成提供了在相当长的时间和广阔的空间范围内相对一致和稳定的相关案例）之前，理性同样在一定层面上指导人们的活动，只是指导相应活动的理性观念具有不稳定和不自觉的一面。从近代到现

①　王荣江：《未来科学知识论》，社会科学文献出版社 2005 年版，第 287 页。

②　费多益：《审视理性的语境化》，《哲学研究》1999 年第 9 期。

③　同上。

代，特别是近二三百年来，随着科学技术对社会的影响日益加深，以及人们对生活意义、生命意义的关注，技术与行为价值的合理性问题逐渐引发人们的关注，理性的另两大分支——技术理性与价值理性经由人们的抽象，逐渐系统化。不仅如此，它们的影响力正突破其原有诞生的领域，向社会诸多领域进行广泛地渗透（如技术理性的可控性思维已广泛地渗入社会管理领域）。

理性在社会领域的扩张使原有形式化理性的思维与评判法则很难适应实践要求，其根源在于影响主体活动与价值评判的社会环境因素错综复杂。如，关于技术的合理性问题，影响因素就有技术功能观、技术思想、技术风土、审美观等多种。显然，随着理性疆域向社会的扩展，社会性的语境因素在活动合理性评判方面将扮演重要角色，相应地，人们对于理性的理解也应该做到语境化。

（四）思维主体间性的存在

脑科学等认知科学的研究表明，即便对于同一对象（并假设对象处于相同的情境），人们在对其认知与评判时同样会表现出主体间性的一面。主体间性的存在，除了由于主体不同的社会性背景，还和人天然的思维生理结构有关（详见本书第一章）。然而，无论哪一种缘由，都要求人们站在语境论的角度，去思考相关行为的理（性）与非理（性）问题。这里并非要反对建立一种普遍的理性原则，强调理性的语境化问题，只是在于提醒人们，要善于从语境论的角度去思考理与非理问题，以达至对事物的较为全面的理解。

二　三大理性的语境性发展趋向

（一）科学理性：从论证理性走向理解理性

科学理性本质是关于认知的理性；从精神层面看，它表现为对世界真理性、合理性的一种期待，以及一种能动性的追求真理的精神；作为能力与评价方法，追求逻辑化、条理化、规范化、系统化的认识方法与评价标准。从古至今，对于科学理性而言，人的精神层面的追求几乎没发生过什么变化（除了在中世纪的一定时期，人们有所改变），正是在这种科学理性精神的指引下，人类不断致力于对世界奥秘的求索，人类才发展了灿烂的科技文明。而在科学理性的能力与评价层面，科学理性正实现由论证理性向理解理性变化。

逻辑理性在近代的成功，使科学理性逐渐理想化、权威化——理性通过自我论证、自我完善、自主自律成了完美对象的化身；不仅如此，理性通过其无懈可击的论证力还获得了论证、评价其他事物真理性的权威。胡塞尔曾认为："理性给予被认为是'存在者'的东西，即一切事物、价值、目的以最终意义。"① 现代逻辑经验主义沿着实证主义和科学主义的传统，建构了一套纯粹的、形式化的理性标准，这在一定程度上更加强化了科学理性的证明功能，科学理性在很多场合被理解为一种论证性理性。"头脑的认真归根到底是在知识的根据问题上认真，所谓根据，一是判断是否符合经验事实，二是推理是否合乎逻辑，人的理性能力就体现在运用逻辑对经验材料进行整理"，在逻辑经验主义者看来，科学理性是与科学方法内在关联的，并且，这种方法不是别的，就是基于经验的逻辑的方法，"这些或可形式化的方法可被运用于实现我们的科学目的，比如发现真理、推动认识进步、进行理解和解释……"②

对事物进行理性的理解是必须的，但理性的这种理解不应该是抽象的预设逻辑的论证推理。知识及其确证问题在一定意义上与社会的历史、语言、文化等语境性因素相关联，并且有关知识之真的论断也是可能随语境变化而变化的。因此，应该从具体语义、具体的时空认识的真值条件甚至是主体的心理状态等多重角度、运用理性的力量全面理解知识的合理性问题。"在心灵中进行的自然过程比逻辑的过程更高级、更精巧，因为逻辑的过程，作为科学的过程，是普通的属性，因而那些对所讨论的观念及其发展真正不熟悉的人，也能采取并利用。"③

在实践层面，现代科学在未来发展的趋向以及后现代科学已表现出的特征印证了上述看法。于是，当代科学哲学在关于知识合理性解释方面出现了语言学转向、解释学转向、修辞学转向等几大转向。这些转向的目的即是要扬弃传统纯粹的抽象认识论，代之以实践的认识论，使科学理性由

① ［德］胡塞尔：《欧洲科学危机和超验现象学》，上海译文出版社 1988 年版，第 13 页。

② 郭贵春：《走向语境论的世界观》，北京师范大学出版社 2012 年版，第 11 页。

③ ［英］纽曼：《论基督教教义的发展》，Ⅱ，Ⅴ，4。转引自［美］莫蒂默·艾德勒、查尔斯·范多伦《西方思想宝库》，姚鹏等译，吉林人民出版社 1988 年版，第 429 页。

以思维的逻辑合理性与知识的逻辑论证合理性为内容的论证理性转变为理解理性。关于科学理性由论证理性走向理解理性的问题以及科学哲学的几大转向问题，已在本书的第三章第二节有详细阐述，此处不再详述。

（二）技术理性：从纯粹的工具理性走向和语境与价值理性的交融

1. 人文价值与技术活动关系的历史反思

人文价值重在强调某种活动或事物所蕴含的对人的终极关怀的积极意义。一般而言，技术活动的价值可分为物质价值和人文价值两类。在物质极度匮乏的时代，技术活动创造物质价值本身就有人文价值的意义——创造物质财富满足人的基本生存需求，那时的人们也"无暇"思考技术活动中那种纯粹的人文价值问题。随着生产力的发展，人们逐渐开始关注技术活动的人文性问题，人们关注物质对于提升人的幸福与尊严层次的意义，关注技术物所蕴含的文化因素等。然而，随着科学的发展和技术的进步和物质财富的不断富足，人们渐渐发现，技术活动的人文价值与物质价值形成了尖锐的矛盾——物质价值越是被大量的创造，人越感到被悬置，甚至连根拔除。直到现在，很多人们还在对技术活动的非人性问题进行口诛笔伐。

综观技术发展的历史，笔者认为，造成技术活动人文价值衰微的原因，既有技术活动本身固有规律作用的因素，也有人的价值理性缺乏对技术活动引导的因素。

从本质上看，人文价值的创造有明确的指向性，属于休谟谓之的"应然"范畴；技术则属于休谟谓之的"实然"范畴，面对的是"真"、指向的是"能做"。不仅如此，人文价值涉及的问题，往往存在于具体的现实生活中，即"应然"往往在具体的正在经历的或已经经历的时空里才能表现，它面对的是过去和当下的事件（如：我们不能准确地预测一百年后人类在人文领域到底缺了什么）。而技术活动"是一种渗透着主体特有的目的、意志、情感的活动的'能做'，因而它总是带有探究未知领域的意向，或者说，技术主体天然地带有探究未来的原欲"[①]。即技术活动总会带有探究未知领域强烈的"意欲向前"的冲动。所以，人们往往

---

① 高剑平、万辅彬：《技术工具理性与道德价值理性的时空追问》，《科学技术与辩证法》2005 年第 1 期。

在技术活动已经走过了很长的路程才猛然发现人文价值缺失了什么。维特根斯坦也认为，人文的规范始终是在后天具体生活中沉淀生成的；技术活动却更多地带有发明更新技术的内在冲动。技术面向未来的特征和跃跃欲试、冲动向前的特征使人们的技术活动往往形成对人文价值的遗忘，其结果是待到"暮然回首"时，往往已"不堪回首"。

技术活动规律所致的人们对于人文价值关注的相对滞后性是一种"客观的限制"，但即便如此，用今天的话来说，人们同样可以通过诸如技术风险评估等能动性的活动加以一定程度地克服。然而技术活动人文价值的衰微最重要的原因还在于价值理性缺乏对技术活动的引导。

2. 技术理性走向语境——实现和语境与价值理性的交融

技术活动人文价值的衰微与技术理性缺乏价值理性引导是分不开的。

技术理性在工业革命和市场经济活动中被抽象出来，技术理性的核心是对"效率"、"可控"等的追求，从本质上说，技术理性的这种品质和上节所述的技术活动的天然具有的"原欲"、"意欲向前"的冲动是一致的。技术理性追求效率、效益、可控的那种能动性本无可厚非，但关键是任何能动的力量都有一个方向的问题、时空规范的问题，这就是语境。近现代技术实践的历程表明，技术活动之于人的影响广泛地受到技术主体价值取向、技术思想、对技术后果的思考与控制等因素的影响，这在深层面上涉及价值选择范畴。普罗泰戈拉早就断言人是万物的尺度，人在运用技术理性创造财富的过程中，应当考虑语境的因素，力避物质价值对人文价值的遮蔽甚至替代。有人曾痛陈技术理性失去社会因素制约的状态："以理性为根基的制度和法律当然是效率至上，它无非是让生产机器没日没夜地猛烈轰鸣，结果，所有人都不可自制地跟着机器的节奏起舞，并被物质产品牢牢牵制。机器生产和物质产品终将成为不可抗拒的超强力量，它们和支撑它们的制度一道，变成了韦伯所说的那个令人黯然神伤的'铁笼'。"① 遗憾的是，技术理性在近现代恰恰是处于如此的状态。如前所述，由于技术理性作为一种精神意识具有哲学一般的特征，技术理性的作用领域在当代已十分泛化，追求高效可控的思维被广泛应用于社会治理领域，并且同样由于价值理性引导不够，产生了诸多负面影响。如少数政府

————————

① 汪民安：《现代性》，广西师范大学出版社2005年版，第39页。

为了达到对上访人员的绝对控制而采取粗暴的截访行为。

技术理性在近现代的去语境化以及脱离价值理性的束约已使技术理性蜕变为纯粹的工具理性，技术理性的这种蜕变使许多人感到忧心忡忡。理性在不同时期和不同领域有不同含义，理性至少还有中庸、适度、克制来自本性冲动的意味。对于技术理性的引导和规制，首先是主体的人要从社会的、文化的、心理的等多重角度，考虑这种理性精神发挥的合理性问题。如果对技术理性进行后现代解读，其一为与语境相关，其二为与主体相关。技术理性追求有效，对谁有效？可控，对谁可控？由谁控制、经由什么手段实现控制？其次，重新确立价值理性在人的理性系统中应有的地位。价值理性与技术理性分属不同层次，但二者是有关联的，价值理性能够对技术理性起有力的引导作用。韦伯提出工具理性与价值理性的划分，显然是要人们在思想和行动中关注工具理性（技术理性）与价值理性的融合问题，关注用价值的理性思考如何达到对人的那种"原欲"的方向性控制。正如西博格所言："人类正处于转折点上……我们必须重新构造我们的想法和行动，并为之确定新的方向。"①

在人们对技术与技术理性的反思中，技术理性正由纯粹的工具理性走向和语境与价值理性的有机融合。

（三）价值理性：在尊重多元与坚持主流的结合中走向健康状态

1. 价值理性危机

价值理性是指介入价值探求活动的一种理性形式，它以价值合理性为主要根据并据此指导人们的行为。价值理性具有主体中心性、鲜明的语境性、信仰式的坚定性和超越性等特征。

价值理性危机是近现代理性危机的重要表现，也是现代社会诸多"社会病"的重要根源。

（1）去价值理性化

近代以来，科学理性和技术理性强势渗入社会的各领域（科学理性的强势远不止始于近代），成为统治性的理性思维方式。科学理性因其追求逻辑论证合理、内容确定、论证有据的真理目标，并借助科学的中立性，认为科学理性具有自我完善性特性，与价值无关。雅斯贝尔斯、萨克

---

① 转引自吕乃基《科学与文化的足迹》，中国科学文化出版社 2007 年版，第 144 页。

塞认为，理性是一种方法论意义上的工具和手段，理性的行为目的存在于理性之外，理性只起一种工具性作用，因而是中性的。技术理性在近现代的泛化与膨胀使人们将实在变成可操纵、可演算的存在，现代数学化模型以及现代逻辑高度的抽象，更促进了一种适合技术理性广泛扎根于社会的思维方式的形成，"随着该思维方式的形成，人的生活方式和思想理念随即发生了变化：人在所有存在面前，拥有优越的地位，人不再是存在中的存在者，而是与其对象相对的主人"①。其结果是，技术确立了其在社会文化中的中心地位，技术理性取代了几乎所有的思维向度，获得了权威性地位。两种理性的强势发展，使价值理性被边缘化，复杂的内涵被简单化，层次降低。

（2）追求普适的价值合理性原则

前文曾多次提，近现代理性观的一个重要缺陷就是片面追求一种统一的、普遍性的认识。在科学与技术活动方面，在两次工业革命后，大量标准化、可替代具有统一规格的"科技黑箱"被传递到世界各地，其特点是非嵌入和普遍适用，作为"科技黑箱"物质形态的蒸汽机、内燃机、电机等可为所有的人在所有的场合使用。这种情况带来的结果是，许多人原有的生活语境被遮蔽，价值和魅力祛除。特别地，它带来了人们思想上的一种变化，渴望统一和普遍适用。如上精神现象的存在，反映在价值理性领域遂形成了这样一种态度：希望有一种普适的价值观引领人们的生活。因此，时至今日当代西方部分"合理性"哲学关于价值理性还有这样的要求，"把价值取向终极理想目标作为理性的基本内容……它是以绝对的普遍理性为基础，来确立某种普遍性价值，是人和目的性活动的意义和目标取向"②。在现实层面，一些帝国片面强调"普适的"价值观，并不惜以武力强行贯彻之，就是较好的明证。

（3）追求片面化的多元

这是一种与上述观点极度相反的价值合理性观点。后现代思潮一个重要的态度即反对中心，反统一与普遍，强调多元。在现代西方，部分具有

---

① 朱荣贤：《技术理性泛化背景下技术美的价值》，《科技进步与对策》2007 年第 10 期。

② 高剑平：《科学理性概念的界定》，《广西民族大学学报》（哲学社会科学版）2004 年第 3 期。

后现代前卫思想的"合理性"哲学家们对价值合理性持多元性态度，同时，坚决反对执行统一的价值原则。他们从科学理性的独断中得到启示——它很难有心倾听其他思想者的声音，我们必须承认他人有和我们自身不同的成长历史。在多元性问题上，一些思想家们甚至从非理性主义那里获得支持，如他们认同马克斯·舍勒及尼古拉斯·哈特曼的价值现象学家的观点——把价值的确立交给非理性的情感直觉。① 片面追求价值合理性多元化的后果是，当价值依靠语境——地方性来确定时，种族主义与排外主义就会获得重要的"合法外衣"；就整个社会而言，价值混乱、甚至价值颠倒，同样会搅得社会不得安宁。

2. 价值理性走向语境——在尊重多元与坚持主流之间保持必要的张力

前文提到，正是科学理性与技术理性在社会中的强势，才使价值理性在理性系统中的层次降低、被边缘化，内涵简单化。近年来，价值理性的陷落危机引发了众多的社会问题，人们开始质疑科学理性与技术理性的强势性。如哈贝马斯认为，正是技术理性的体制化运作，大举侵犯生活的领域，才形成了现代病态的社会。可以预见，只有科学理性到底、技术理性到底，价值理性才能凸显。即使这样，对价值理性而言，如何从困境中趟出一条进步的合理路径同样是必须要回答的。

从本质上说，价值理性的危机与前两者非同一性质，前两者在现实中不存在，是从人们的活动中抽象出来的，而价值理性属人类精神活动中最基础的东西。如在古希腊哲学的理性观中，理性与至善是结为一体的，理性道德层面的意义被抬高到很高的地位——德性与理性同一。柏拉图认为，"善理念"是理念的最高形式，是理念世界的太阳。可见，失去价值引导的生活是多么令人惶惑。

价值理性是介入人们价值思考的理性形式，前文所述的价值理性的主体中心性、语境性等特点，宣告了人的理性在指导价值活动过程中，必然受制于主体的个性因素，社会的文化、历史传承、对象的时空状态等事实的存在，因此，作为精神形态的价值理性深深地嵌入于语境中。如在具体的价值行为选择中，由于价值观与价值评价标准（或合理性标准）各异，

①　参见翟振明《价值理性的恢复》，《哲学研究》2002 年第 5 期。

最终的行为选择可能各异，但双方可能均认为自己的价值选择是理性的，合逻辑的。比如人们常遇的不会游泳的人下水救人的行为。对于人们在价值行为选择中的多元性行为，人们一般应给予尊重，因为它符合人类的本性存在。

然而，人们担心价值行为选择的多元合理性将造成社会秩序的混乱、正义不举是否有道理呢？回答是肯定的。具有不同价值诉求的人各行其是，必将"造就"出一个非理性的社会。幸运的是，人的价值理性还有超越性的一面。超越什么？超越自我狭隘的视界，超越功利。在第三章的开篇，笔者就对这种超越进行过分析。人有过有意义生活（至善）的本性追求，这种"意义"是超越个人私利的"意义"，对这种意义的选择，又恰恰是人有理性因而具有超越动物视界的体现；同时人又具有超越自我的批判本性，懂得如何站在社会的语境的角度去反思自身行为的"逻辑性"与"合理性"。因此，正是在无数个具有超越精神的人的"合力"作用下，人们渴望建立具有一定普遍意义的"宜人"的价值活动规范——主流价值活动规范。实践证明，任何一个健康的社会，在思想观念多元多样的同时，必须有一些起码的底线、基本的共识、普遍的价值规范。正是这样的价值活动规范，使社会有了"粘合剂"，有了公平与正义。

因此，我们谈论的价值理性的语境化，不是去普遍性的片面多元化，当然更不是去多元化的绝对普遍化。

近代至今的批判理性思潮促使人们对积淀于心理深处的价值理性进行反思，科学技术与社会发展的历程日益清楚地表明，失去价值理性的理性体系正在显示其不合理性，而在价值理性的重建中，丢掉对多元的尊重和对主流的解构同样都是不合理的。不论在近代还是现代，对多元价值选择合理性的尊重和对主流价值选择合理性的坚持都有其存在的必要和价值，关键是保持它们必要的张力，并使其处于动态的和谐之中。这也是价值理性不同于其他两大理性语境化的别样性。

本章小结

本章通过对现当代西方关于理性重建问题相关思想的梳理，运用语境论的研究方法，对理性回归语境的相关问题进行了探讨。

　　面向后现代，西方社会在理性重建方面做了不少尝试性的努力，提出了理性的"从理性到合理性"、从"权威性理性到批判性理性"、从"先验理性到实践理性"转变的理性重建思想。语境论是一种认识事物的新的认识论和方法论，派普运用根隐喻理论对语境论进行了全面研究。语境论思想具有活动的变化—开放性；知识的相对—可修正性；理论—实践的统一性等特点。语境论思想及研究方法，无论在西方还是在国内，在实践中均得到了人们的认可。在理性论和语境论的视野中，语境是一种广义语境论意义上的语境，理性要走入的是这样的一种场域：作为主体的人，有能动的运用语境去理解和评判的意识；在边际因素方面，语境涵盖了自然的、社会的、文化的、心理的等多方面情境性要素，还包括狭义意义的理性形式在互为语境的情形下为彼此创设的语境。

　　理性与逻辑天然地相关联，理性的语境化不应被理解为去逻辑化。人们对近现代理性过分使用逻辑的质疑，根源应不在于逻辑概念本身，而在于人们对逻辑过于褊狭的理解。在本章中，笔者在中西学者关于"宽容地"理解逻辑的观点进行借鉴的基础上，谨慎地提出了作为未来理性概念体系核心范畴的"大逻辑观"概念，它在特定情况下可以包容直觉逻辑、道义逻辑、多值逻辑等。认为提出"大逻辑"概念，既符合认知实践的新情况要求，又维护了理性的基本要义，是对理性语境性理解的重要前置。未来语境化的理性将是基于"大逻辑观"的一种理性，是一种灵活的、辩证的理性，是三大基本理性实现有机联系的理性，同时是一种批判的历史的理性。在理性语境化的历程中，科学理性将从实证理性走向理解理性；技术理性将改变纯粹的工具理性本质，走向和语境及价值理性的交融；价值理性，将在坚持主流与尊重多元的结合中走向健康状态。

第 五 章

理性生态与中国和谐理性生态的构建

理性不是先验、僵化的教条，真正的理性源于社会实践生活，也在社会生活中展现自己的特征与精神品质，并在与社会实践生活的互动中为未来的发展寻找现实的依据。在已有部分的讨论中，特别是在第四章第二节关于理性语境化发展趋向若干问题的探究中，人们发现，各种理性形式之间的联系，以及影响各种理性形式的因素表现出客观现实的一面。系统具有自组织的一面，同时也有对环境进行选择和影响的一面。这些客观现实性为进一步地，从系统的、联系的角度，研究理性及其语境化问题提供了可能与新的思路。有鉴于此，笔者试着提出"理性生态"的概念，希冀有利于丰富理性论的内涵，特别是在更深的层面理解理性的语境化趋向，同时为社会的健康发展作些许理论铺垫。

第一节 "生态"概念用于理性 研究的可行性分析

生态概念用于人文社会科学的研究已有许多范例，在前四章的论述中，虽然简单地涉及了三大理性之间的关系以及各自的影响因素，但它们作为一个整体，内部的三大理性之间的层次结构如何、社会对三大理性整体如何实施影响、以及它们对社会又产生怎样的影响等内容没有涉及，这不能不说是对理性范畴研究的缺陷，因此有必要进一步加深考察。通过宏观性的考察，笔者隐约地感觉到，三大理性主体与作为其基础的观念系统构成了类似生态的系统。但借用"生态"概念研究理性问题到底是否具有可行性，本节将首先对此进行分析。

一 "生态"内涵及其使用形态的泛化

"生态"，在希腊文中的意思是栖居地与环境，亦即生命体的生存状态以及生命体之间和生命体与环境之间紧密相连的关系。生态学也把生命系统内部的联系及其与环境的关系作为研究对象，"生态学是研究生命系统和环境系统相互关系的科学"①。可见，生态关照的对象是生命系统内部要素的联系以及生命系统和环境诸要素的联系。随着生态学的发展，"生态"范畴的外延与内涵发生了较大变化。

随着社会实践的发展和社会生活的丰富，社会的政治、经济、文化等基本组成形态越发呈现出系统化的特征，并且，其各自的子系统同样表现有系统化的一面。无论母系统抑或子系统，它们与作为其环境构成要素的其他系统之间的联系越发紧密，因此，原本自然（nature）的那种"生态"作为一个根隐喻②概念引发了生态外延的变化。如今，政治生态、经济生态、产品生态、产业链生态、文化生态、伦理生态等概念层出不穷。同时，生态的内涵也悄然发生着质的变化，生态原本的含义是生物体与生物体之间，生物体与环境之间的那种适应性联系，如今随着生态范畴外延的扩展，人们赋予了生态更多的内涵，如：健康的、和谐的、美的等，这种内涵的丰富，更加促进了生态外延的扩展。

二 "生态"概念用于理性研究的可行性与不可行性

"理性生态"概念如若具有存在的合理性，它将为更深入、科学地理解理性范畴提供认识论与方法论意义上的基础。那么"生态"概念的提出有无合理性呢？笔者认为，对照概念存在的基本条件及"生态"的基本含义，"理性生态"概念有其存在的合理性，尽管生态概念研究的视角也有某些不足。

---

① 马世军：《展望九十年代的生态学》，《中国科学院院刊》1990 年第 1 期。

② 注：关于根隐喻的概念参见本书第四章第二节。参见胡壮麟《认知隐喻学》，北京大学出版社 2004 年版，第 109 页。

1. 可行性

（1）符合"生态"结构特征

生态从形态结构上应具备系统"主体"＋有机"环境"这个要素，从内在品质上看，必须具备系统性和联系性的属性。从理性及其联系的角度看，如今，以三大理性为基本形态的理性体系已然形成；通过前面的理论分析不难看出，三大理性的互动在实践中已呈常态化，它们呈现或制约的一面，或引导的一面，或超越的一面；作为环境要素的人们的科学观、技术观、价值观、发展观等对它们同样业已形成现实影响。由理性系统及其环境构成的整体符合"生态"的结构特征。

（2）有"历史的东西"作为支撑

概念来源于人的抽象，它虽然不能作为检验理论是否正确的标准，但决不是脱离实际的主观臆想。在自然科学领域，概念的生存权有两个基本的决定因素：首先，它建立在真实实验的基础上；其次，理想实验的推理过程是合乎逻辑规则的。借用自然科学关于概念存在的条件，人文社会科学的概念存在同样应该具备两个要素：一是必须有"历史的东西"作为支撑。人文社会科学的概念实际上不是一种纯逻辑的臆造，而是建立于真实的历史，是对实际历史过程作出的更深入一层的抽象分析。马克思也认为，逻辑的东西必须与历史的东西一致。历史的东西有两种含义：一是指人类对某事物的认识过程，二是该事物本身的发展过程。在第一种含义下，逻辑的与历史的一致意为知识体系与实际认识过程一致；在后一种含义下，指知识体系与对象本身的发展演化相一致。对于理性而言，从远古走来，内涵不断丰富，形式不断扩展，联系不断加深。如工业革命、市场经济对技术理性形成的影响；价值理性对技术理性的影响；科学理性对价值理性的规制；价值观、发展观对价值理性的现实作用等，都反映了理性系统及其与环境的那种真实的联系。

因此，将"生态"概念用于理性问题的研究有其可行性，"理性生态"具有逻辑上的可接受性。其实，前文提出的理解理性的"大逻辑观"理念和对理性的生态性理解是相应称的。"大逻辑观"的提出不是无根基的臆想，它确系基于影响理性的因素具有系统性、多向联系性的现实而提。

2. 不可行性

爱因斯坦曾对自然科学概念的生存权做过如下表述：唯一决定概念"生存权"的，是它同物理事件（实验）是否有清晰的和单一而无歧义的联系。这句话告诉人们，概念的确立具有严格的限制条件。所以，对于"理性生态"等人文社会科学概念而言，由于它们是对一般性特征的抽象，且社会构成因素间的联系复杂多变。因而，"理性生态"概念会在如下两方面存在不足：其一，难免与真正的事实不相符，甚至出现反例；其二，无法进行精确的验证，其正确性只符合类似于统计学上的统计概率。因而，在用"理性生态"概念分析社会问题时，务必知晓其所能与不能，以免走入绝对主义。尽管如此，鉴于那种"客观性与现实性"、那种"历史的东西"，更鉴于对理性理论在未来更好服务社会实践的期盼，从生态论角度探讨理性的结构及其与社会的互动性关系，将很有必要，也很有价值。

第二节 理性生态的结构、演变和趋势

准确把握理性生态的内涵，明晰其结构，是能动发挥、调节理性生态功能的重要前提，对理性生态的历史演变和未来趋势进行科学分析则对于当前构建和谐理性生态具有重要指导作用。

一 理性生态概念

前文提及，自然生态最重要的特征是系统联系性和演化性。随着社会实践领域的拓展，人的思维活动不断向社会各领域扩散，在不同领域实践生活的磨砺中，人产生了形态各异的理性精神意识，它们相互作用，相互影响。不仅如此，在自然与社会中尚存在着影响各自以独立形态存在的理性意识的其他因素（如影响价值理性的因素）。要定义"理性生态"，理性生态要素之间的联系性可由历史得到说明，因而难点应在于：首先，作为主体核心的系统由哪几部分构成。关于这一点，笔者在第三章第一节已作出交代，即虽然理性的称谓很多，但就其思想形态而言，主要都可归入科学理性、技术理性和价值理性范畴，因而，理性生态主体系统的构成要素被设定为即指这三大理性形式。其次，作为环境的系统构成要素由哪些

构成。实事求是地说，作为环境的系统因素十分复杂，既有自然的，也有社会的；既有意识形态的，也有非意识形态的；既有显性、非嵌入的，又有隐性、嵌入的。因而，在确立概念定义时，不宜涉及具体。

因此，理性生态可以这样定义：通过人的活动，科学理性、技术理性和价值理性之间以及它们与自然因素，社会的政治、经济、文化等要素之间，因相互联系、相互作用而形成的、发挥特定社会功能的有机整体叫理性生态。

二　理性生态的结构

下面分析下定义时不便过细涉及的理性生态结构问题。

所谓理性生态结构，是指理性生态诸要素所固有的、稳定的连接方式。结合关于文化的理论，可以将理性生态系统分为静态结构与动态结构两类。

1. 理性生态的静态结构

（1）理性的内部生态。理性的内部生态即指作为生态主体的诸理性形态所构成的有机系统，这个系统的主体即人们谓之的三大理性。但是，在特定的时期，不排除会有不同于三大理性的其他理性形式，如宗教理性等，反映一个时代特有的理性精神。

在系统中，三大理性的地位是"不平等"的。如果借用前述的量子阶梯理论，这种"不平等"性即可表现为：一是三大理性由低层到高层依次呈阶梯状排列，即科学理性↗技术理性↗价值理性。三大理性的形成历史颇像自然科学领域学科发展的历史——最先从物理学开始，逐步上升到化学、生物学等，且它们存在一种上下向因果关系。对三大理性而言，它们同样存在上下向因果关系。科学理性最早（此处排除了技术理性等朦胧化的状态）处于底层；工业革命和市场经济中，技术理性被抽象出来；二者于近代的强势招致人们的批判，使原本就存在于人精神深处的价值理性得以显现。二是低层构成高层的基础，高层对低层具有选择性或引导性。前面论述过，没有人的科学理性，技术理性也是没有根基的，这就是技术理性为什么只是在工业革命时代才真正形成并被人们抽象出来的主要原因；再有，技术理性对科学理性有选择作用（这一点在第四章第二节已经以苹果手机为例作了说明）；价值理性对另外两种理性又具有引领、规制作用等等。所有这些都说明三大理性之间的联系性和地位的非平等性。

（2）理性的外部生态。理性的外部生态指与主体产生相互作用的环境因素所形成的有机系统。主要包括非理性的情感、意志，观念系统和其他文化因素构成的环境（如地域的、时代的文化环境）等，这里主要论述后两者。

关于观念，这里要特别提及的是，理性精神是一种较为稳定的精神意识形态，外部事物、事件对理性生态系统主体的影响大多是先通过观念内化方式实现的。从理性系统走过的历史看，观念性因素十分复杂，除了如前述的科学观、技术观、价值观、自然观、发展观等外，还包括信仰层面的非理性主义、实用主义等。如实用主义往往使科学理性迷失。最近争论的转基因食品是否有害的话题，让人们看到了一部分科学家、官员理性的沉沦（沉沦到极致，人性当然也无从谈起了），他们出于实用的目的（或指向科研经费，或为了保官），在睁眼说瞎话——将可能（有害）说成不可能。再如，实用主义还可以使技术理性迷失方向，使其功能异化。

站在世界的视野，理性的外部生态系统还包括理性本身在不同时空的语境问题。如，在西方世界里，人们普遍重理性，理性（由"量子阶梯"）自下而上。所以，西方人们普遍把规律、规则、秩序的遵守看做理性的，而对理性行为的价值考量相对偏少。但是在中国，情况似乎相反，理性系由"量子阶梯"自上而下，人们在对理性行为的判断中，加入了太多的情感、价值因素，诸如"情有可原"、"合理不合法"等即表达了这样的特点。

再有，如果站在时代发展的角度，一些时代性因素同样是理性外部环境系统的构成要素。这里仅以 IT（互联网、人工智能等）普遍地走入人们生活为例。如今，互联网、人工智能的发展在一定程度上改变了人们的行为和态度，这种改变实质是人的理性观念发生了改变。在当今的 IT 世界里，个人受特定个体和群体影响的度大增，粉丝、跟风即是证明；少数个体为了成为"大 V"，以非理性的方式（如捏造事实）追求点击率和网络知名度，以致忘记了社会的基本规则。显然，IT 的世界，使少部分人的理性与非理性表现为颠倒，这就是少数网络"大 V"直到被抓捕才知道什么是理性世界、规则社会的道理。这正如舒尔曼批判现代网络所指出："它旨在创造一种完全独立的技术道德。"①

虽然理性生态的外部世界复杂多样，但对理性主体系统影响最大的仍是被人们内化的观念体系。关于理性生态的静态结构，可参见图5—1。

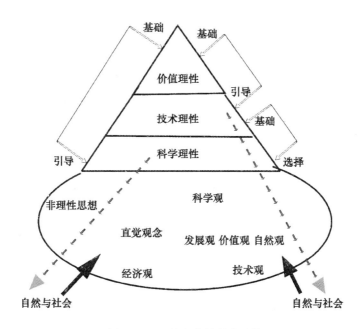

图5—1　理性生态的静态结构

2. 理性的动态结构②

任何"理性生态"都是现实运动着的系统存在。因此，不仅要对"理性生态"的结构进行静态分析，而且要对其结构和功能进行动态考察。尽管各种不同的"理性生态"以及不同时代的"理性生态"在结构上有这样那样的差异，但它们都一定具有由"理性生态"共性所决定的基本相同的一般结构，这就是由"理性生态"产品（结果）、"理性生态"活动方式、（谁主导等）"理性生态"观念等所构成的"理性生态"的一般连接方式。"理性生态"产品就是特定"理性生态"所实现的物质

① ［荷兰］E. 舒尔曼：《科技文明与人类未来》，东方出版社1995年版，第120页。

② 注：此结构分析法受启示于学者李秀林的观点，参见《辩证唯物主义和历史唯物主义原理》，中国人民大学出版社1995年版，第410—412页。

财富和精神财富（如下文提及的唐家山堰塞湖的泄流槽，就是在特定价值观引导下的科学理性精神克服盲动、权力的结果；再如，汶川救难中空降兵群体特定的"理性生态"创造了一种宝贵的精神财富，这些都属于"理性生态"产品）。在理性生态产品背后，是通过人们的活动方式表现出来的"理性生态"活动方式，它是"理性生态"产品形成的原因。"理性生态"产品之所以是这样而不是那样，就在于理性活动方式不同（如平时生活中的一些人们没有认知、思考的理性自觉，往往会走入伪科学）。而在"理性生态"活动方式的背后，则是影响"理性生态"主体的观念因素，正是这些复杂的观念因素，通过理性主体系统的传导，以"理性生态"产品的形式去影响人和社会。总之，"理性生态"活动方式是"理性生态"产品产生的前提，又是建立在一定"理性生态"观念基础上的。"理性生态"观念处在"理性生态"的外层，是"理性生态"系统的隐性部分。按此理解，理性生态系统内存在着多条由"社会→观念→活动方式→产品→社会"的微型生态链（不应理解为一一对应关系）。同时从社会宏观系统看，"理性生态"在社会中扮演了一个中介性的独立的精神单元的作用，它受社会影响，并通过"理性生态"产品形式作用于社会。其宏观作用机制可表述为：社会→理性生态（观念→活动方式→产品）→社会。理解理性生态的动态结构，可参见图5—2。

毫无疑问，"理性生态"的作用并非都是积极的，也有起消极作用的情况发生，但是从总体上看，由于正是理性生态中三大理性的互动及其与外层观念系统的互动推动了社会的文明和进步。所以，从总体上看，其积极的方面是占主导的。

三 理性生态的演变与趋势

系统、联系、演化，是生态的重要特征，理性生态不仅具有系统联系的一面，更有演化的一面，而这一点是许多系统所不具备的。

1. 理性生态的历史演变

生态系统同样有简单与复杂之分。按照本书关于理性生态的界定，理性生态系统应该在古代就已存在，只不过呈现较为简单、孤立状态，理性生态的发展是与历史的发展相关联的。梳理历史，可以更好地理解现在，继而把握未来。有此，现基于前文的研究，对理性生态的历史进行概括性

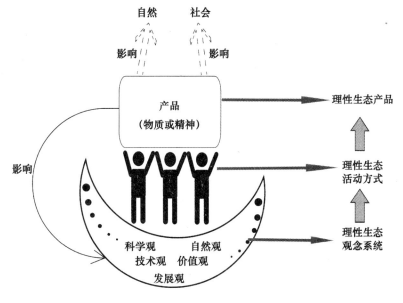

图5—2 理性生态的动态结构

梳理，以便较好地理解现代理性的语境化趋势，同时为构建和谐的理性生态作理论准备。

（1）在社会由原始社会—农业社会—工业社会—后工业社会的发展进程中，理性内部生态逐渐显现，构成生态主体的理性形式由单一到多元发展。

在远古社会，由于人们主客不分、内部精神世界与外部世界都处于混沌之中，彼时人们的理性尚处于被抽象的起始阶段，主要表现对经验简单总结的能力以及以总结的成果作为行为标准，人们没有认知的能动性和主动追求效率的意识。到了农业社会，理性有所区分，作为认知理性，科学理性得到发展——人们懂得认知的意义，并有能动认识的精神自觉；但追求高效、可控的技术理性思维尚不明显，如至今在中国的农村尚遗留着"望天收"的农业文明意识。至于价值理性，更是隐在后台的。到了工业社会，科学理性与技术理性得到张扬并由此带来了很多的社会问题。在科学理性与技术理性因受到人们的批判而"下沉"、回归本位之时，原本被遮蔽的价值理性得以回归应有的位置。可以预见，在已经开始的后工业时代，价值理性将发挥其应有的引导作用，三大理性将在动态联系中指导科学、技术、社会的发展。

理性生态的这种演化历史与趋势在西方表现为：远古凭借经验、习俗作为行为做事合理性的标准；自古希腊始，科学理性始终占据应有的地位，这大概和西方的和自然博弈的"意欲向前"的精神分不开。"在传统哲学家看来，理性是人类理智寻找普遍性、必然性和因果性的能力，至少直到休谟、康德为止，传统理性本质上是以形式逻辑的归纳法和演绎法表现出来的。"① 期间采取"逐步添加"的方式，使理性形态呈现多元态——中世纪加进了宗教理性；第一次工业革命和市场经济制度形成后，技术理性意识显现并逐渐膨胀，待科学理性与技术理性因过分强势造成诸多社会问题后，在它们下沉的过程中，价值理性逐渐显露了出来。特别是进入后工业社会之时，人们有了用价值理性统摄科学理性和技术理性的客观要求。

遗憾的是，中国对于上述结论似乎是个例外。在大致相当于西方的古代、农业文明时代，中国和西方一样，只有简单的科学理性与技术理性思维。然而，当西方科学、技术的进步发展出了成熟的科学理性与技术理性之时，中国仍旧在封建的农业社会踏步。所以，一直到现代，中国是缺少科学理性的。对于技术理性，由于缺乏技术理性发展的土壤，技术理性同样是缺失的。"中国不仅没有科学理性，而且也不存在技术理性。"② 长期以来，中国以价值理性思维占主导，这大概又和中国人关注人伦、道德的取向有关。只是在近一百多年，才逐渐发展了科学理性和技术理性。但总体上还是显现了由单一到多元的特征。

（2）在社会由原始社会—农业社会—工业社会—后工业社会的发展进程中，理性外部生态呈现起伏不定的特征。在古代，影响人们理性的因素主要有在生产生活实践中形成的神话、习俗等；到农业文明时期，影响理性思维的因素开始向自然本体观、朴素的价值观（思辨臆想成分居多）转变，中世纪又加入了宗教观念；近代以来，技术思想、价值观念、经济

① 陈宣良：《理性主义》，四川人民出版社1988年版，第3页。
② 吕乃基：《技术理性在中国———种对技术理性的后现代解读》，《东北大学学报》（社会科学版）2011年第6期。

理念、非理性思想、实用主义纷纷涌入，成为理性生态的环境类要素。进入现代工业社会，外部生态要素更加复杂，如在近代基础上又加入了后现代思想以及对科学理性的逻辑中心主义批判、对技术理性的批判、对人文精神的呼唤等，使生态主体的影响因素变成广泛的社会文化因素（甚至是官场规则），它们以很大的影响力左右主体理性思维模式的选择，使理性的语境化趋向日渐显著。理性外部生态的这种演化过程显示，作为环境的观念性因素呈现由简单到复杂的变化。

（3）影响理性合理性判断的因素由嵌入、语境到普遍、客观。古代，交往面的狭窄使知识呈现嵌入、隐性的一面，科学合理性的标准表现出嵌入、语境的一面。近代以来，随着逻辑、推理和数学方法的运用，以及机械自然观的逐步形成，理性标准逐步去语境化，走向普遍、刻板。不仅如此，理性的逻辑、程序化规范还外化到技术等各个领域，使近现代理性面临种种挑战。

（4）理性生态整体对社会的影响发生从小到大变化。随着理性生态系统的不断复杂化，系统的影响力大大增强（结构决定功能），理性生态对社会的影响正发生由弱到强，由小到大的变化。

2. 理性生态的发展趋势

随着后现代思潮的影响不断走向深入以及现代科学研究方向走向更加宏观与微观的两极；再有即随着社会其他文化层面多因素的介入，各种观念、思潮不断通过理性主体观念内化的方式对理性系统实施影响。这些因素的共同作用，将使未来理性生态大概呈现这样的发展趋势：

（1）理性生态系统将走向更加复杂的系统状态，特别是社会中的种种观念因素（如当前的实用主义、非理性主义、极端宗教思想、伪科学等）将以其巨大的冲击力影响理性生态系统。

（2）作为理性生态主体构成的几大理性形式（特别是科学理性）的合理性标准将实现与语境的结合，由致密到松散到边界模糊，如科学理性子系统，将在"什么是逻辑的"等问题上接受"大逻辑观"的渗透（例如面对后现代科学对象的分形、混沌等特征，直觉的思维方式能为科学理性所包容？笔者认为应该可将其归入大逻辑范畴，以使这种思维方式在这个特定的语境下具有合"理性"的一面）。同时，对理性活动方式的价值评价方面，同样将走入语境，分析具体的语境（如下文将分析汶川地震的许多案例)。

(3)理性生态系统的社会功能将不断增强。对生态系统而言,功能受制于结构及系统的演化方向。对于理性生态系统,随着社会思想观念的不断多元化,观念要素之间的耦合作用将时常显现。观念经由理性影响社会的路径将增多,理性生态的社会功能将增大。

理性生态的如上趋势,将使理性生态在社会系统中的影响力不断增强,但同时构建和谐理性生态的难度将加大。

第三节 语境论视野下中国和谐 理性生态的构建

关于生态和谐的问题,构成生态理论的重要部分,也是生态理论必须回答的问题,因为理论只有走向实践、服务现实才有其价值意义。既然理性生态客观存在,社会功能不断增强,因而,思考如何构建和谐理性生态的问题将有较大价值。

在现实层面,无论对于中国还是世界,由于社会观念的多元化发展,社会中许多观念、思潮通过理性生态的观念系统向主体进行渗透、传导,使理性系统发生功能转向,甚至异化,如泰国的多次所谓"理性化的街头运动"几欲将国家推向崩溃的边缘。再有就是当今的乌克兰,其社会动荡也是由社会存在着复杂的思想观念开始。由于人们脱离自己国家的语境谈论合理性问题,且缺乏那种用自己国家的实际去批判、过滤多元观念的理性自觉(科学理性),加之国家不能确立适合国情的主流观念体系,复杂的思想观念便经由"观念—理性"的渠道,不断被稳定化、合理化。许多人们在各自的那种"理性"、"合理"的观念对抗中走向行为对抗,使国家走入混乱。因此,构建和谐理性生态又具有服务现实的价值。为此,本节将探讨和谐理性生态构建的问题。同时,按照于光远先生的说法,运用科技哲学的相关原理分析中国的现实问题是本领域知识分子的职责,本书同时将重点对中国和谐理性生态的构建问题进行贴近现实的探讨。受学科研究限制,本节的研究不涉及具体的措施层面,且由于有了前面的研究作铺垫,所作探讨较为扼要、简明。

一　和谐理性生态构建的要点分析

构建和谐的理性生态是个系统工程，同时，理性生态具有语境性的一面，因语境的不同，有个人之别、群体之别乃至国别之别，很难有几种具体的方法即能达至和谐的目标，所以应先站在时代的角度，从把握主要矛盾入手，了解一般性规律，然后才能对具体理性生态的和谐问题有自己的主张。

1. 把握"和谐"的本质。和谐是一定条件下对立事物之间具体、动态的统一，是事物间的那种相辅相成、相反相成、互助合作、共同发展的关系。具体到理解理性生态，把握和谐的本质应注意以下关键：（1）和谐的本质在于"关系的和谐"，应注意寻找理性生态中有现实联系的要素之间的关系；（2）和谐不是无矛盾，不能因理性生态中一些不和谐因素的存在而否定总体和谐的状态；（3）和谐是动态的和谐。不能借口理性生态一时的不和谐而否定其总体性质；（4）理性生态的和谐是包容多元的和谐，不是在特定话语权下实现的绝对的同一。

2. 关注作为环境的观念系统的作用。理性生态，从本质上说属于精神形态的东西，其中的观念因素对于几大理性的影响至关重要。从理性生态的动态结构不难理解，即使是外部物质性的事物、事件，其之于理性主体的影响也首先要通过"观念—内化—理性"的渠道。并且，人的理性精神意识相对稳定，不随外部事物的变化而轻易变化。

3. 关注并批判分析三大理性的时代特征。三大理性构成理性生态系统主体的核心，它是"理性生态"产品的直接创造者，其具体的取向、其中的相互关系涉及理性生态发挥怎样的社会功能。因此，应关注它们的时代特征，并进行批判分析。

4. 关注语境在构建和谐理性生态中的作用。前文多次提及，在当代，语境对理性的合理性标准、理性活动方式后果的评价等已产生重要影响作用，也就是说，相似的理性生态状况，在不同的语境下，其和谐的性质是不同的。在理性生态构建、评价中应尤其关注理性的语境性问题。

二　中国和谐理性生态的构建

在探讨前，有必要扼要分析中西方理性生态各自的特征，把中国的理性生态放到全球的格局中审视，从而为中国和谐理性生态的路向选择提供一种参照系。

（一）中西方理性生态特征的比较分析

纵观当代西方社会，理性生态系统的特征主要表现为：在理性生态的观念系统层面；个人主义思想盛行，价值观念依个人生活语境不同而呈现多元化，以至于冲突不断。崇尚与自然博弈的文化路向，使西方人讲求理性和实用，其最主要的表现即个人中心主义：个人至上、私欲至上、追求个人利益和个人享受，强调通过个人奋斗、个人自我设计，追求个人价值的最终实现。这种刻意塑造自我，追求个性化的个人主义虽然调动了个人的积极性，使许多人的理性智慧和潜力得以充分发挥。但是，人人以我为中心，人际关系就难以融洽，整个社会也会缺乏凝聚力。然而，在国家层面或西方整体层面，则以抽象的普世的价值观、人权观等为合理性的追求。观念系统的如此状况，使西方个人与国家在价值认同上往往出现分离。

在理性的表现方式层面，由于个人与国家在观念层面的不同，个人表现出强烈的技术理性精神特征，追求实用、满足。国家则表现出价值理性精神的一面，总试图将抽象的价值观、人权观等合理化、规则化、铁律化。所以人们总是能看到西方一些政府（不是个人）在世界上强行推行自己王道的影子。

再有，从理性生态的主体系统——三大理性构成的基本系统看，西方有重历史的理性传统的一面，即重规则、讲秩序、规范，但却不能以情感统摄它们，所以，在整个社会层面，价值理性衰微，追求有效实用的技术理性不断增长，以至于形成了对价值理性的遮蔽。同时，由于否定性张力的作用，缺乏情感联系的理性特征使一些非理性的思想，甚至极端思想，不断形成。

中国传统文化的核心要素即血缘；情理；入世。中国人的最高理想之一是家国一体，也就是说，家的逻辑和国的逻辑是直接贯通的。兼与国家相联系的中国人的家的理念、家的文化是社会结构的范型，也是人的价值的源头。具有情感要素的这些基本书化逻辑构成了中国文化语境下的理性逻辑，即凡事要合情合理，这一点也是中国人实现文化认同的基础。认同不同于认识，认识是一种理性，认同是一种接纳。所以，在中国的三大理性世界里，有一个统摄性的要素，即情感，它使理性以符合情理为重要的合理性标准，如所谓的"将心比心"，"己所不欲，勿施于人"等。

所以，在中国的理性生态系统中，虽然观念多元，但家国一体的理念有利于主流价值观统摄多元（不是消除多元），事实上，对主流价值观念的认同一直是维系这个社会稳定的基础。另外，由于情感对于三大理性的统摄性，理性生态往往容易整合，达到某种和谐。

中西方理性生态特征的比较分析，为审视各自理性生态的现状，特别是兼收并蓄对方的长处提供了某种基础。同时也不言自明地表明，中西理性生态合"理"（性）的标准具有鲜明的语境性。

（二）中国和谐理性生态的构建

了解中国当前理性生态的基本状况，才能把握和谐理性生态构建的方向。在下文中，笔者将简要对中国当前理性生态的和谐状况进行前置性梳理，然后本着边批判边建构的原则，探讨语境论视野下中国和谐理性生态的构建应关注的重点问题。需要说明的是，即使是对中国的具体情况所作的探讨，也只是在宏观层面做到点到为止，不作具体措施性安排。

1. 中国理性的外部与内部生态

在外部生态方面，对外开放，中国人敞开了国门，接纳了不少国外的东西，包括思想文化观念。在理性观念方面，西方语境下的理性观念（包括对一些理性思想的批判）不断向中国涌来，科学理性精神、技术理性思想逐渐渗透到科学研究、生产生活的方方面面，使西方文化中的许多元素成为中国人行为做事的参考标准。如开放后，人们逐渐有了规则意识、程序意识、竞争意识、效率与效益意识等，这不能不说是理性的外部生态系统作用的结果。

开放，打破了理性的内部生态格局，科学理性、技术理性填补了缺位，使理性生态主体得以完整。诸如实践是检验真理唯一标准的思想，社会主义初级阶段不可逾越的思想体现了严肃的科学理性精神；"猫论"思想、"三个有利于"思想、市场经济理念等则反映出的技术理性意识的回归；以人为本为主体的科学发展观思想彰显了在人的理性中始终关注人的终极价值的传统。

2. 如何构建中国和谐理性生态

当前（仅仅是当前，不是历史状况），中国的理性生态算不上和谐。

如果基于上面的分析，将中国理性生态置于全球的视角，中国理性生态的问题突出表现为技术理性强势且渗入社会各个领域，如：摸着石头过河的思想——追求过了就行，不看前方的路是否合理；同时，观念系统中，多元化思想过甚，特别是反主流的多元化思想泛滥趋势明显。二者使科学理性、价值理性相对衰微。在当今特定的语境下，中国和谐理性生态构建应在于平衡好三大理性之间的关系，在观念系统中，实现主流思想与合理的多元化思想共存共荣的发展状态。

（1）理性人的培育

理性人的培养即是站在西方视野对中国的理性精神塑造的总体要求。只有理性的人才是自由的人，这是巴鲁赫·斯宾诺莎等人喊出的理性的最强音，也是至今还在指导人的发展的法则。人是理性精神的物质载体，构建和谐的理性生态、培育理性人至关重要

第一，理性的人能够自觉确立自我最高的价值系统。"理性从来都是为自己立法，它不需要外在的法律，这是西方人对人类文明的一大贡献，它发现有一个理性世界，这个世界是自己为自己立法的，这个自己为自己意味着内在性本身构成了我的最高价值来源，就是合目的性。"[1] 只有一个理性的人，才能使自己的行为服从于自我乃至社会的最高价值。当前，中国有这样的官员、商人乃至文化人群体，他们行为做事从来都是基于眼前的现实利益，这样非理性的人多了，自然将社会搞得乌烟瘴气。再有，当前许多科学家自动把自己放在一个价值中立的地位，心安理得地将价值问题置之度外，一味地求真。他们表面看起来是理性人，但他确实不是人类需要的理性人。

第二，理性的人是善于自我反思的人。反思的意义无需细说，但是当前中国却真实的存在着这样的群体，他们一味地追求金钱、效率、科研成果，从不反思自己成果来源的正义性以及结果的意义。办学的不反思自己的教育方法是否符合受教育者的成长规律；开矿的不反思利润背后触目惊心的污染；少数政府不反思房地产的过度膨胀到底意味着什么……缺少反思精神的人，谈不上是理性的人。

第三，理性的人是能自觉抗拒非科学各种观念思想冲击的人。当前，

---

① 吴国盛：《反思科学》，新世界出版社 2004 年版，第 38 页。

中国社会弥漫着不少非科学的思想潮流乃至主义，或许由于政府社会教化的不够，部分人在它们面前交出了自己。近年来的邪教、传销、极端宗教主义的盛行恰恰缘于此。此时，笔者似乎又想到了那句话——理性是认识的利器，理性不及之处，信仰慰籍人心。

上述从正面阐述了理性人培育的关注点，从反例中，人们似乎也能感觉到当今社会非理性存在的一面。培育理性人是构建和谐理性生态系统的基础。

（2）增强价值理性的引导功能，遏制技术理性的张狂

一般而言，在理性生态系统中，价值理性会对科学理性与技术理性产生自发的引导作用，这种引导作用往往通过人的反思、良心发现等作用进行。同时，对于适度的甚至在特定时期绝对的技术理性思维人们是持肯定态度的，因为它毕竟是那种创造财富、趋利避害的决断力，关键是要看在何种语境中。再如许多人对"安全为了生产，生产必须安全"的口号很鄙视，但如果张贴在发生安全事故、停产多日后刚恢复生产的厂区里，未尝不可？

但是当某种理性处于绝对霸权地位的时候，反思等作用遂难以撼动扭曲的理性精神。当前，中国的技术理性精神不是有没有的问题，而是"没有最强，只有更强"的问题，它广泛渗透到社会治理、文化交往、经济生产等各领域。当代中国的许多政府，握有巨大的权利，它们追求权利的绝对控制——支配大量资源，垄断地价、房价。在特定群体，中国特色的送礼文化，甚至取代了人们的正常交往，这显然不利于社会进步和科技发展，但送礼办事效果的高效性，使人忘记了一切。难怪本届政府实施的政府权力改革和掀起的反腐风暴，被老百姓称之为"是使中国有希望的行动"。

与送礼文化相映成趣的是中国特色的献礼文化。不计成本，只求效率，（这是一种别样的技术理性，因为技术理性从它的源头看是特别在意成本的）甚至有时忘记了科学（使科学理性被遮蔽），其结果是许多献礼工程变成了危险工程。

在对付自然方面，中国有些"理性"之人把技术理性的狡黠的一面发挥到了极致。在古代为了靠自然来满足自己，人们通过从自然获得工具的手段来琢磨自然，这在当时特定的语境下无可厚非。然而在当代中国，

人们把用"自然"来对付"自然"的办法发挥到了另一极致，如为了减轻不堪重负的自然的压力，人们想到了用深井、大海来排污的办法。

"这些人类的发明属于'精神'方面，这种工具应当被看作是高于单纯的自然的事物。"① 技术理性的张狂，遮蔽了科学理性，更遮蔽了价值理性。解决之道，应看那走来的路——恢复价值理性的本来功能（引导功能）。

（3）观念环境的净化：多元与单一，多元与主流

实在地说，当代中国许多令人匪夷所思的非理性行为的根源恰恰出在观念问题上。在理性生态中，作为环境的观念系统的作用路径——"观念→活动方式→产品"表明了观念对于理性生态功能结构的基础性地位。改革开放以来，中国逐渐向世界敞开胸怀，也接受了来自西方的思想观念，接受的同时，自己的东西未免遭受冲击，其重要表现是在观念方面单一正统的观念逐渐为多元化观念所代替。

多元性特征，对人类的本性来说，是最基本的特征之一。就像心电图，整齐规则，恰恰表示人处于疾病状态；图形的不规则性反而代表健康。对于观念，即使是同一观念，每个人在内化时也会表现出很强的主体间性。同时，对于不同的人而言，由于每个人所处的语境不同（包括自身境况），人们对观念的认可度必不相同。因此，在西方现代性的影响下，人们总欲致力于构建多元化的观念世界。如，对于理性的两极，理性精神对人们的价值意义不言而喻，但非理性的思想也并非异端。恰恰相反，非理性代表了对理性的那种千篇一律的扬弃，"理性是不能完全脱离开非理性而存在的，它只能在非理性的环境中为自己开疆辟土。因为人是大自然的产物，人的思考需要热血的滋润"②。顺便说一句，这里同样表明，对理性与非理性的价值判断，同样要视其背后的语境。后现代思潮同样强调多元、去权威化的一面，以使人们张扬个性，过真生活。所以，在一个理性的社会里，思想的多元有助于构建活力而健康的社会。

然而，或许是由于众所周知的原因被压抑得太久，形成了否定性张力

① ［德］黑格尔：《历史哲学》第二部分Ⅱ，1。转引自［美］莫蒂默·艾德勒、查尔斯·范多伦《西方思想宝库》，姚鹏等译，吉林人民出版社1988年版，第1401页。

② 韩震：《重建理性主义信念》，北京出版社1998年版，第189页。

的缘故，改革开放后，各种非主流思潮鱼贯而入。事实证明，观念的过度多元化，并没有给人们的心灵带来踏实感。相反，由于过度，它们冲蚀着主流的思想观念，使人困惑、迷茫。并且，由于社会在某种程度上疏于引导，它们正成为社会的异化力量。

在净化观念环境方面，人们应重点关注多元与主流的问题。实践中，那些让人们困惑的人，总是借口多元、个性而否认主流。近年来的审丑文化、炫富文化、炒作文化等等，几乎都有这种借口的影子。事实上，任何一个健康社会，在思想观念多元多样的同时，也必须有一些起码的底线、基本的共识、普遍的价值。思想解放，不等于胡思乱想，更不等于行为放纵；价值多元，不是价值扭曲，更不是价值沦落。多元有语境，有指向，脱离这个语境，多元的合理性将丧失。因此，致力于形成以主流价值观为主体、包容多元、尊重个性的观念体系应是构建和谐理性生态的必然选择。

列宁曾说："人的实践经过千百万次的重复，它在人的意识中以逻辑的格固定下来。"[1] 这似乎是关于逻辑理性产生的话题，但借用也可以用于思想观念的教化。从中西方理性生态特征的比较可以看出，中国有用文化统摄人们基本意志的"理性"基础。当下的中国，务必应关注在包容多元的同时，抓好主流文化价值观念的社会建构与灌输问题。之所以要灌输，除了众所周知的现实的促逼，更在于：理性在特定的语境中一旦生成，即具有相对稳定的一面，并对社会发挥功能作用。要优化理性系统的社会功能，仍应从观念系统入手，通过"观念系统→理性主体系统→社会系统"的上行路线进行。所以，按照理性生态结构原理，从理性生态的底层结构入手进行主流思想价值观的教育，不但为宣传方法的科学化奠定了理论基础，也为中国式的和谐理性生态的构建提供了重要路径。

本章小结

从生态特征以及理性的历史演变看，将生态概念用于理性问题的研究具有可行性，但这种可行性又具有相对性的一面。理性生态静态结构中的

---

[1]　《列宁全集》38 卷，人民出版社 1959 年版，第 233 页。

科学理性、技术理性和价值理性构成了理性生态的主体系统，社会的观念系统则构成了其主要的环境系统。作为精神单元，理性生态具有文化的特征，因此，理性生态的动态系统主要由理性生态观念、理性生态活动方式和理性生态产品构成。理性生态观念影响理性生态活动方式，理性生态活动方式决定理性生态产品。随着后现代思潮影响的不断加深，以及社会文化因素的不断介入，可以预见，理性生态系统将走向更加复杂，几大理性形式的合理性标准更加语境化和嵌入化，社会功能更加强大的发展趋势。构建和谐理性生态应特别关注观念环境的影响作用、三大理性的时代特征，以及语境在构建中的作用。对于当下的中国，构建和谐理性生态意义深远。针对当下中国在此方面存在的问题，在和谐理性生态构建中，应关注理性人的培育问题，增强价值理性的引导功能以遏制技术理性的张狂，特别是要树立多元与主流合理共存的观念环境。

第六章

审视理性语境化的两个案例分析

哲学研究中穿插案例分析的意义或在于，通过小样本或个案的分析去明晰所阐述的哲学原理；同时，通过理论向社会的回归，发现新的问题，并通过触类旁通，指导实践。这就是马克思"两条道路理论"之第二条的基本含义。其实对于这一道路，在第五章的第三节，已经有所体现，但显然不够。鉴于此，本章拟基于前面的研究，选取"汶川地震"和"中西医之争"两个案例，对理性的语境化问题、理性生态的分析问题进行实践意义上的审视。

第一节 汶川地震的"理性"思考

2008 年的汶川大地震虽已过六年之多，但它还被人们刻骨铭心般地记忆着，原因不仅在于这场地震使人们遭受的灾难为前所少有之深重，还在于在地震发生时和发生后那个特定的时空，发生了许多值得人反思的事件和话题。

自汶川地震发生以来，围绕地震相关问题的研究备受人们关注，纵观学者们的研究可以看出，研究主要围绕各自学科展开。具体而言，对汶川地震的研究，主要从如下角度进行。

1. 地质学的视角。此领域的研究较多，主要围绕两个方面开展，其一，对地震本身的性质，如发生的直接原因、震型、震级、破坏力等进行研究；其二，对地震的预测工作进行研究。本次地震，民众对地震工作者最大的诘问在于：为何不能对地震进行哪怕是短期的即时预报？对此，许多科学家给予研究解答。如中科院院士陈运泰：地震属一种"混沌"现象，具有"自组织临界性"。

2. 心理学的视角。这个领域的研究主要围绕心理应急素质的培育即心理危机的干预展开。

3. 哲学的角度。此领域的研究，学者们主要在如下领域进行研究或反思。第一，进一步反思人与自然的关系。第二，运用系统论、复杂性理论对地震本身、防震减灾等工作进行研究。

从现有研究领域看，关于理性问题，有部分学者从科学理性角度对地震本身及灾后重建问题进行了探讨，而从理性的语境性角度分析人们的认知、救灾活动、行为评价等背后的思想动机的研究尚未有见。

下面，试着从"理性"范畴的角度对少有被反思的事件和话题进行新的审视。需要说明，地震中涉及的事件、话题很多，本节只选取几个典型作分析。

一 话题：地震到底能否准确预测

地震发生后，许多人痛定思痛的第一诘问就是：地震到底能否准确预测？有的人甚至用"养专家不如养蛤蟆"① 来讽刺地震工作者的"无能"。

技术理性以"追求高效、可控制及主体的满足"为价值取向（吴国盛）。在这里，民众的技术理性思维得到了淋漓尽致的展现，人们渴望人在自然力面前的自由，渴望生命安全可控（而不能像地震中的遇难者那样在毫无征兆之时被夺取生命）的结果而不管你们专家采取什么（研究）办法。这里同样显示民众科学理性的一面，他们也只是希望科学家通过认知研究，理解地震规律，而没有让他们通过什么宗教的方式去实现愿望。只不过，他们通过"换位"的方式将认知的主体转到了科学家群体，所以当科学家群体没能实现民众愿望的时候，他们便通过非理性的方式表达自己的愤懑。

因此，在一个特定的语境里，特定的主体会有多种理性思维意识共同显现，哪种占主导，是视语境而定的。同样，对于理性选择及相应行为的

---

① 据报道，地震前四川绵竹曾有大量蛤蟆集体大迁移，蛤蟆的这种异常行为被许多人解读为大地震的前兆。

评价，也是依语境的。如，假如在平时，人们对地震工作者如是评价，人们会说是非理性行为，但在那个特定的时空，人们（对说话之人）又似乎多了很多宽容。

民众对科学家的责难同样显示人们对理性的过分自信——在他们的心目中，专司于地震研究的科学家应该能够通过经验的"归纳—推理—成功预报"的模式准确预测地震，因此，在未能成功预报这场大地震之时，他们便发出了"国家给你们地震台工资是干什么的？你们整天在干些什么？"的强烈质疑。殊不知，理性不是万能的，理性在特定的时空同样有解决不了的问题。中科院院士陈运泰认为，在当下阶段，地震之所以难以预测有三个因素，其中之一便是"地震发生机制属于复杂性机制"[①]。罗素曾对人的理性的局限性发声："理性并不是行为的根据而仅仅是它的调节者，"当人们发现理性之所不能时（他称为理性危机），是人们"不合理地过高估计了理性所能起到的作用"[②]。

关于地震的预报引发的种种话题，同样触发了我们对于传统（科学）理性的思考。追求知识的确定、明晰的说明和精确之判断的传统理性，在地震预报面前似乎是碰了壁。大量的研究表明，地震，按丹麦科学家巴克的自组织临界态理论，是一种自组织临界现象，而自组织临界态具有不可计算性。不可计算属于后现代科学涉足范畴，恰似哲学中的"偶在"范畴，"偶在是由对不可能性的否定和对必然性的否定来界定的。据此，凡是虽然可能，但并非必然的东西，都是偶在的"[③]。事实也证明，作为研究客体的地震，具有嵌入性与多变性的一面，因而可以说，这种碰壁是传统逻辑理性与后现代科学研究对象在特定时空的一次碰撞。所以，人们应该在具体的语境中看待理性的能与不能。

在类似于地震的偶然、复杂性现象面前，按照后现代的看法，在研究主体上同样应该实现由一元向多元的转变，对此，科学家应该相应地放下自己的架子。

在后现代科学面前，不禁想到了宽容与理解，对民众非理性的宽容、

---

① 陈运泰：《地震预测——进展、困难与前景》，《地震地磁观测与研究》2007年第2期。
② 罗素：《伦理学和政治学中的人类社会》，中国社会科学出版社1992年版，第25页。
③ 张志扬：《偶在论》，上海三联书店2002年版，第62页。

理解，对从事理性事业的科学家的宽容、理解。

二 事件：跑跑事件，强行空降，割腕弃生

在地震发生和灾害救援中，发生过这样几件触动人灵魂的事件：地震发生时，都江堰光亚中学某教师优先于学生第一个跑出教室；5月14日下午，在茂县等重灾区与外界失联的情况下，空军某空降师在不具备空降条件的情况下，在茂县实施强行空降、救援①；一位被压废墟下的老大娘，在救援人员不顾危险多次救援无效之后，试图割腕弃生，目的是让救援力量去救助较易救助的人。

之所以把这三个看似孤立的事件放到一起，是想探讨价值理性在不同语境下的表现样态。前文提到，价值理性是人的理性中参与价值行为判断与选择的理性成分，它最重要的一个特征就是主体为了特定的价值目标，会坚定的遂行自己的行动而不顾行为的后果。在地震中，优先跑出的教师其实是知道"优先"的后果的（如果解释为是本能反应的话，那么他应该在中途折返，组织学生逃生），其之所以这样做，原因恰在于他特有的价值理性"告诉"他：保全自己的生命是第一位的价值需要；空军在完全不适合空降的条件下，强行空降，其实官兵们也是知道这种行为之后果的（据报道空降前有不少官兵写下了遗书），他们之所以这样做，同样是主体特有的价值理性使他们把救群众于危难作为第一逻辑考量——生命是次要的；被埋废墟的老大娘，如果不是在这样特定的语境，她一定会被看作非理性的厌世狂。然而在他人生命价值与自我生命价值的选择中，把他人优先作为逻辑前提，继而才做出割腕的行为，让人们看到了那特有的价值理性精神意识。

类似的还有蒋晓娟，她为失去母亲的婴儿喂奶，后来因此而被破格提拔为公安局副政委，于是有的人便指称她的行为带着目的。其实，如果把她的行为放到特定的语境下，而不把"喂奶"与"提拔"作简单的逻辑联系，人们便自然会作出正确的判断。

因此，哲学的价值理性具有统一的规定性，但是在具体的指导行为的过程中，其指向恰恰有可能是相反的。人们应关注这种区别，并致力探讨

---

① 《空降勇士赵四方讲述在地震重灾区的日子》，www.pdsdaily.com.cn，2008年5月22日。

影响指向的因素。同时，在这里人们也应该看到理性判断本身合理与不合理的标准与语境相联系的一面。面临危难，设法逃生，谁能说它是非理性的；面对不适合空降的环境，去实施强行空降，谁又能说是有（理性）的行为呢？完全颠倒了！理解的道路只有一个：回到具体的语境。

三　话题：救援与灾后重建的效率

本次的救援与灾后重建，中国采取了举国动员的方式，创造了世界灾害救援与重建的奇迹，中国政府因此而获得了广泛的好评。但是也有不同的声音与看法，认为政府在下拨资金，调动力量等方面的许多做法违背程序，无视成本效益。"王石及其万科集团提供了某种程度上显得'另类'的记忆，那就是在西方成熟的产权理论的基础上，严格按照理性设计的程序运行，包括赈灾救灾活动。"①

法律上有句至理名言"没有程序的正义就没有实质正义"，从规则的角度看，万科集团严格遵循那理性设计的程序本无可厚非，但是，在灾区废墟下还埋压着人、灾民过着"少粮、缺医、无住处"的生活面前，理性的程序显得十分渺小而刺眼。笔者曾经到灾区调研灾后重建，汶川某副县长曾扔给我们"大家猜救灾中谁的款物到位最迟"的猜题，答案竟然是号称治理榜样的某特别行政区，原因在于其款物调配需要行走一道道的程序。说话中，我们能看到那位副县长的困惑与不解。

中国政府的主流做法和万科以及某行政区的做法到底谁更合理，用现代治理的眼光，答案似乎是后者，但是这种结论恰恰忽视了语境在"理性行为"判断中的影响作用。表面看后者更符合程序逻辑，是十足的理性行为，但如果把它放到那急需衣食住医资料的特定时空中，笔者认为，理性的东西反而是不理性的；同样，举国动员的救灾与重建模式虽然可能在某种程度上违背了程序与规则，但在那种特定的时空语境下，不合理的可能反而是较为合理的。在这里，人们还能看到技术理性与价值理性在这个特殊语境时空下的互动。救灾与灾后重建模式凸显了别样的技术理性思维——追求高效和局面的可控，而这种技术理性思维又源于特定的"价值理性"的引导——保障灾民的生命权与生存权是最大的合理。对此，

---

① 吕乃基：《归零：以汶川的名义》，《东南大学学报》（哲学社会科学版）2009 年第 3 期。

南方都市报在当年 5 月 27 日的一篇文章中如是评价：赈灾救灾是善，在既定的游戏规则内行使权力同样是善。

同时，在本次救灾中，世界许多国家向中国伸出了援手。一向对中国抱有偏见的一些西方大国，抱着对生命的尊重，做出了摒弃前嫌的姿态，给中国以援助。对于世界的善意，中国同样带着"生命至上"处事观予以接受。日本救援队、俄罗斯救援队、美国救援队等相继赶来，外国救灾物资不断运抵。接受那么多的外援，这在平时或许被看作削弱中国国力形象的行为，但在那个特定的时期，中国接受了。"符合理性"，有一个重要原则，就是做事有度、不出格。正是基于这样的理性思考，考虑到本国人民的情感（当时中国网民几乎一致反对日本航空自卫队飞机来四川救援），中国拒绝了日自的飞机前来救援。据说，中国这样的做法，又引来了西方世界的批评之声，声称，中国把面子看得比什么重要。

本次世界性的大救援，也是世界不同样态的理性精神在特定时空的碰撞，这种碰撞为人们展现了不同地域文化背景下理性生态的样态的共同性一面，也展示了不同性的一面（如，美国搜救队十分依赖仪器判断，体现有明显的科学理性思维特征；中国搜救队则表现出一种"不离弃、不放弃"的坚韧，体现明显的价值理性思维特征）。同时，显示了行为合理性标准在地域、文化等方面的嵌入性。

四　事件：堰塞湖除险

5·12 大地震形成了一个巨大的唐家山堰塞湖，如何对待堰塞湖，考验着政府、科学家的理性智慧。对于堰塞湖，政府的目标是不管花多大的代价，一定要排除，而且确保零伤亡。温家宝同志这样指示，"我们的目标是在处理堰塞湖的过程中，决不能让一个百姓伤亡。如果说地震难以避免，那么排除堰塞湖险情，确保群众安全就是我们的责任"。当时的绵阳市委书记也指出，即使最坏的情况发生，也要确保零伤亡，这是底线。

政府做出的目标安排或许注定带着一定的痛苦，要撤离大量的群众（为了实现"确保"，在有些人看来不需要撤离的群众也要撤离），要安排大量的人力、物力。然而在救灾中，人们看到的是政府的全然不顾。

如果说政府与专家在排险上有分歧，那就是在排险方法上。政府领导主张采取工程排险与人员撤离避险的方式解决隐患。专家们似乎不赞同这样的方案，他们在勘测时发现堰塞体中有很多土和沙，炸药对其破坏作用不大；同时，炸药爆破极容易引起新的山体崩塌。专家们主张利用自然力，通过开挖泄流槽，利用水流自然冲刷的力量拓展槽宽和深度排除隐患，但这种方法的缺陷在于时间过程较长。

在政府和专家的博弈中，政府采纳了专家的意见。皮克林曾提出"实践冲撞理论"，表明一个方案的形成是多方博弈的结果。这里，人们看到了一个完美方案确定的多方参与，有政府，有科学家，甚至普通民众。方案不顺从于（政府）传统权力，却又归顺了另一种（科学）权力。显然，是"顺从"合理还是"不顺从"合理，又是取决于语境的。同时，在堰塞湖除险中，还体现技术理性、科学理性和价值理性相互渗透的一面。政府和科学家在特定的价值理性意识中达成了一致的目标，政府虽然带着技术理性思维强调"确保、可控"，但在达至目标的过程中并没有盲动——尊重科学认知以及由此而形成的排险方案，显示了一种信赖科学认知的理性定力。这里，人们似乎看到了由自然、事件、观念意识、三大理性基本形态等构成的的理性生态画面。

五　归零后的反思

对汶川地震灾区来说，地震实现了一次归零，这种归零在自然界或许很常见，但在不同的国家和地区归零后的结果各不同。在汶川灾区，归零意味着回到原初和起点，它不仅是自然方面，更是灵魂乃至社会的方方面面。归零，让装扮与附着消失，留下根本。在归零的日子里，一切附加于人基本理性之上的权利、（潜）规则都被去除。温家宝同志曾说："救灾中，官员们再不需要通过察言观色来确定官场行事逻辑，拯救就是唯一任务。"[1] 四川省教育厅的林强曾做过深刻反省："如果生命的价值还不能战胜官场潜规则……那我们就太没有良心。"[2] 归零之时，人们看到了一种普世价值照耀下的理性——回归自然态的世界性理性，在这样的时空，经济的成本—效益、官场处事之道，国家的前嫌等都退避后台，服从对生命救助、高效救助、科学救助的需要。在此特定语境下，理性与非理性的判

---

① 张悦：《孤岛汶川的人性百态》，《南方周末》2008 年 5 月 22 日。

② 参见《南方周末》关于震后救灾的相关评论，2008 年 5 月 29 日。

断呈现了与以往的大不同。

汶川灾区的归零，伴有理性生态性存在的影子，更有回归语境的影子。

第二节 理性论视野下的中西医之争

中西医之争由来已久，关于争论的焦点，由于西方科技文化在近代强势的话语权，因而主要指向中医药。争论主要围绕两个方面展开，其一，"是否是科学"之争。对于中医是否是真正意义上的科学，学界论争异常激烈。张功耀、方舟子、何作庥等认为，中医不是科学；王旭东教授认为，中医既是科学，又是技术，更是一种文化。其二，"存与废"之争。若将二者归为一点，其实质即是否有存在的合理性之争。本书选取中西医之争作为研究案例，一方面，中西医之争集中体现了中西医（进而中西文化）对于各种理性及关系的不同见解和处理方式——嵌入语境，因而，对于中西医之争的分析有助于理解理性的语境性特征；另一方面，对中西医之争的剖析为人们理解理性生态和谐提供了新的视角——不同的理性样态共存是理性生态和谐的别样的一面；最后，对涉及的各种理性的语境化理解也提供了理解中西医之争的新的视角。

一 中西医的知识观分析

虽然真正的知识并不必然早于理性，但从古希腊以来，人类的理性观在很大程度上与人们的知识观相关联，知识观在很大程度上决定知识合理性的标准以及运用知识与方法的合理性。因此，在展开主题讨论之前，有必要先厘清中西医涉及的知识观相关内容。

本体论方面。中医为"气"本体论，中医认为，"气"是客观存在的，是具有本原意义的存在。"气"生万物，万物复归于"气"；在生活世界里，"气"是无形的，无法进行分析、解剖、还原。因而，中医是一种有机论医学模式，如：运用藏象、经络、命门、三焦等概念解释机体的有机联系性。有机论的医学模式，导致中医形成了系统、整体、综合的思维模式。从根本上说，西医是"原子"本体论。自德谟克利特以来，原子论在西方一直有其市场，这大概是缘于它符合西方科学的"剖解"、分析、建构、还原的思维习惯。在西医的知识体系中，既然万物都由原子构成，那么在医学上，人们就可以对人体进行解剖、分析，所以西方医学是一种机械论的医学模式。

认识论方面。中医表现为"形而下"的特点，主张"学以致用"，追求实用。西医则表现出一定的"形而上"特征，追求"学以致知"，追求医治方法、医治效果逻辑上的可理解性。

方法论方面。中医认可直觉、顿悟，功能观察，取向比类，司外端内，这直接导致了中医治疗的个体化特征和语境化特征。西医则强调形态解剖、科学实验、分析还原等，力图追求普适化的医治模式。

波兰尼曾将知识分为隐性知识（有的又称为意会知识、默会知识）和编码知识，编码知识强调逻辑表达严密，分类清晰，界限分明。隐性知识概念较为模糊，其载体是人，不具有一般性特征。隐性知识可分为主观和客观两类，前者往往与特定的主体相关联，如处理问题的能力，看问题的角度等。后者往往表现出虽客观存在，但难以言出的特征，如厨师做菜的"火候"等。从上述分类的角度看，西医理论主要是非嵌入编码知识，强调普遍性和标准的客观性。中医学知识（这种知识其实已经得到信仰中医人们的认可，可以作为知识观的具体表现）介于编码知识和隐性知识之间，如它可以在师徒间、师生间传授，但是被传授者往往更多地需要意会。作为编码知识，它没有西医那样分类明确、严密，特别是其名词往往没有严格的对应物，动词没有对应的操作程序。另外一词多解现象较为明显。中医学的这种特征往往使其医疗方案千差万别——因人（病人、医生）而异、因语境而异，"中国古人研究每一个事物，总是习惯于将其保留在特定的背景中研究，因而必须研究前景与背景的相互关系"①。总体说来，中医药知识具有嵌入性、合理性标准多样性等特征；作为隐性知识，主观色彩较浓，难以交流。中医药的这些特征，使中医药在理性精神的历史沉淀和合理性标准的确立方面大大不同于西方医学。

二　中西医的理性观分析

可以将医学的理性观理解为两方面：一是在理性层面对医学理论、医

---

① 黄龙祥：《走出中医看中医》，《科学文化评论》2007 年第 4 期。

疗方法等的基本看法，即它们是否具有和具有怎样的合理性的一面；二是在医疗实践中所表现出的理性精神意识。二者虽然有关联，但实质不同，前者相对微观具体，后者宏观抽象。

在西方传统理性文化的视野中，西医作为人类理性智慧的结晶，西医具有现代理性所要求的基本特征和规范，具有合理性的一面，是真科学。如果用一种电报式的一览表来表征①，这样的理性化特征可被描述为：（见表6—1）

表6—1　　　　　　　　　中西医理性化特征

西医理论	中医理论
以"客观性"为基础	以感觉、经验为基础
偏好实验的、定量的分析	偏好宏观、定性的把握
因果决定论	目的论（以成败论英雄）
逻辑化理论体系	生态协调观
程式化思维	身心和谐取向
效果可理解	倡导治本
追求非语境、普遍化的方法	语境、嵌入的、隐性的知识
边界清晰	边界模糊
理智化　远离经验和感觉	直觉化的思维
非拟人性　概念语言	自然语言
对权威相对的怀疑性	认同权威
世界的和全球的	地方化、本土化
反对个性	追求个性化的治疗
	隐喻、拟人化的语境性表达

"电报表"中的客观逻辑、定量、普遍、可理解等特征，都是自古希腊以来以逻辑中心论为主要内容的理性观的核心标志。因此，在西方科学与文化的语境下，具备如上特征的西医理论、医疗方法具有十足的理性化特征。

---

① 注：1984年，哈维尔曾用此方法描述科学给人们带来的现代性的世界图景，本书借用此方法描述西医学的理性化特征，以及中医理论所谓的非理性一面的证据。

相反，在西方人乃至受西方文化影响的绝大部分人看来，中医的理论和方法是不具备理性化特征的。中医这样的特征（见表6—1）是他们否定中医作为理性化科学的依据。

显然，在西方的文化语境中，中医理论边界模糊，主体间性强，是一种去逻辑化、去普遍性的经验体系（甚至难以称作理论），相比于科学和理性的范式要求，中医的理论与治疗方法难以与理性的规定性吻合。因此，中医理论算不上是一门理性化的科学。

某种医学在医疗实践中所表现出的理性精神意识，是该医学思想的灵魂，也是医学理论、医疗手段确立的重要依据。在这方面，中西医也有明显的区别。

总体来看，西方医学精神表现为科学理性思维，它以逻辑思维——剖解—分析—推理—结论为主体思维方式，强调认知基础上的操作，追求逻辑化、程序化；知识的明晰性、确定性；方案效果的可理解性等。同时，西方医学，自维萨里医学革命以来，特别是近代以来，从社会文化中汲取追求可控、效率的精神，表现出显著的技术理性思维品质。如它对病因的认知、控制和至少是在当下的消除；为了实现对疾病的可控，它不断追踪疾病研究的前沿领域，具有与时俱进品质。

中医显著的理性品质是价值理性。中医思维不像西医那样有科学理性思维特征，中医大多只求有效，不问道理——将知识简单地黑箱化。中医知识源于中国古代人们同疾病抗争的生存实践。在长期的社会发展历程中，中医药没有相对独立，始终没有与宗教、伦理、道德、艺术等文化形态分离，相应地，它也没有像西医知识这样被编码、非嵌入化。因此中医理论在很大程度上渗透着儒家式的人文关怀和对七情六欲的劝诫。如从人的处世哲学、精神和文化的角度理解疾病；治疗手段强调长远的调理（慢慢来）；强调身心和谐等。

正是中西医在理论、方法合理性方面存有如上对立，加之西方文化在近代的强势性话语权，在西方世界里，中医理论被普遍去科学化。

三　为中医的辩护——理性的视角

本节的开篇就对中西医之争的焦点有过交代，其核心焦点为是否是科学之争，至于第二个焦点即存废之争，在某种程度上无非是第一个问题的延续。站在今天的角度，"是否是科学"的问题，既不能固守传统的标准，因为后现代科学已经为我们展现了一幅别样的图景；也不能取用"实用"的标准，认为"实用的"就是科学的。

科学是人们于特定时代发现的理论，它以其历史性展现其合理性；科学的合理性就是在其世界观信念下的理论的自洽性，不可能有外在统一的、不变的以及普适的标准。因此，从理性的角度，特别是站在后现代角度看，中医理论未必不是科学，未必没有存在的价值。

首先，中医理论是被西方人站在西方传统理性论的角度加以解读并作出评判的。西方传统理性观最致命的缺陷在于用狭隘的形式逻辑、数理逻辑包揽逻辑范畴，以追求确定、统一、普遍的知识与方法为理性活动的旨趣，在此语境下，用西方的标准评价中医理论，不符合"以历史性展现合理性"的评价原则。

其次，生命运动的复杂性以及后现代科学表现出的特征，将使人们重构理性观与科学观。生命运动是复杂的，非简单的机械运动所能比拟。正基于此，它已成为未来科学研究重要的对象。复杂性科学于 20 世纪下半叶逐步兴起，其中的偶在、分形、混沌等概念，关注特定对象及其偶然性和语境性，主体的个性化参与等，表明近现代科学在向后现代科学演进。实践表明，类似于生命运动的复杂现象往往难以用几个概念来把握，生命运动中的矛盾也远非简单的机械因果论所能理解。正如上章所述，适应这种变化的需要——须体现历史的合理性，未来"理性"范畴将发生新的演进：用"大逻辑"观取代传统逻辑观；嵌入，把语境作为"理性"范畴的边际因素，在语境中动态理解"理性"与"非理性"。大逻辑观的确立，直觉等方法在特定语境下将可能是理性的，从这个角度看，中医理性与一般理性已是不同语境之事，它已现实地具备后现代科学合理性的部分特征。所以，用后现代的观点，站在未来科学发展趋向的角度，中医理论有其存在的合理性。

最后，作为知识的未来，中医理论将引导整个世界医学理性观实现一种超越。综上不难理解，按照现有科学合理性标准，中医理论是过去的知识，抑或代表未来的知识，但绝不是现在的知识。对于远古来说，后现代科学在观点、方法上将在近现代科学与方法的基础上实现一种复归，但这是一种辩证的复归，这种复归有坚实的基础。中医理论似乎没有经历转折，一路走来，"超过"西方医学。但是，从她走来的路可以发现，其走向未来合理性的基础尚不坚实。所以，对中医理论而言，依照西方医学理性观和后现代理性观的标准筑牢基础（如，将知识编码，以交流、共享）、保持方向（如，吸收和运用后现代科学成就完善自身理论体系），同样重要。

可见，从基于特定知识观的理性论的视角，中西医之争问题的实质是不同文化语境下医学理性观存在差异的问题。随着现代科学的发展以及后现代科学特征的逐步显现，传统西方理性观正实现向语境的复归，科学与理性的合理性标准实现新的变化，届时，两种医学体系将实现在交流中借鉴，共同走向未来，走向世界。另外。从理性生态的视角看，中西医论争展现的事实告诉人们，理性生态的和谐决不一定是趋同式的和谐，不同甚至对立的理性观及其样态同样能构建和谐。这一点对于人们的启示意义是不言而喻的。中西医的争论同时还表明，对理性进行语境性理解有其现实的实践需求。

本章的两个案例分析，表明了对理性语境性理解的合理性，反之，作为一种客观，案例所表现的语境对理性标准、行为判断的规约性，也为理性回归语境提供了实践支撑。

行文至此，本书的研究行将结束，笔者现以中西医之争为例再表达一个重要观点，本书研究理性的语境化发展趋向，系基于理性发展的历史以及对其进行的批判性反思，同样基于当下与未来科学研究的现实需要以及社会治理实践的现实需要，它意在告诉人们，用辩证的、灵活的、与时俱进的眼光看待理性，运用理性，判断合理性。但是，在语境中看问题，并不得出必然的合理性，在去语境的状态看问题同样不能得出必然的不合理。如中医治疗方法，它强调整体联系，把人作为整体的人、社会的人、有七情六欲的人看待，并依据这些语境性的因素作出方案。然而事实是，治疗方法并非百分百地有效，有时甚至无效。相反，西医方法、理念，它总是力图把治疗的直接对象看作一堆"化合物"，总是试图对对象进行抽象、剥离，排除障碍，即少考虑语境。但是，实践证明，这种方法往往更有效。

黑格尔曾经提出事物"正→反→合"的辩证发展过程，指出"合"境界下的事物是事物较为合理的存在形态。本书谓之的回归语境的理性形态即指"合"意义下的理性形态，它经历了由远古的嵌入语境，到近现代的去语境，因而将来的再回语境必有其合理性。据此，不难理解中医的不足，它从没有经历正反的转折，因而，有许多不足是必然的。对西医而言，虽然有其合理性的一面，但向更高的"合"的境界发展将是其必然的道路。一句话，不能绝对理解理性语境化的功能意义，否则，必将陷入各说各有理的相对主义和诡辩论的泥潭。科学研究也罢，社会治理也罢，用语境下的理性去指导其实践，有一个重要的前提，即必须有一个在第一条道路中排除语境、寻找共同的东西的过程。由此，人们也便不难理解为什么在当下的中国要坚持社会主义主流的核心价值观了。

本章小结

　　本章是运用前文得到的理论对实践中的相关问题进行分析，即运用"汶川地震"和"中西医之争"两个案例，对理性的语境化趋向进行实践层面的审视。

　　汶川地震的发生，虽然为人们所不情愿，但却在客观上以其现实生动性为人们理解后现代科学研究对象及其特征，理解理性的语境化提供了"历史"素材。关于地震能否预报的话题显示了民众与科学家的对立：民众基于对理性的过分自信，带着技术理性思维，渴望在自然力面前的自由，以及生命安全的可控。科学家则似乎在具有后现代研究对象特征的地震面前显示了某种无奈，这一方面显示了传统理性思维方法的缺陷，另一方面昭示着后现代科学已经离人们不太遥远。

　　在地震发生与随后救灾中被定格的事件，如空军的强行空降，反应了价值理性特有的思维特征，同时表明，理性与非理性只有在具体的语境下才可能进行合理的判断。中国特色的救灾与灾后重建模式，突显了价值理性对技术理性的引导作用；不同社会制度、管理制度下援助方式的对比同样显示了理性、非理性与语境的联系。堰塞湖排险，体现了未来科学主体由一元向多元转化的趋势，同时显现了技术理性、科学理性和价值理性相互渗透的一面。

　　从基于特定知识观的理性论视角看，不同文化语境下理性观存在的差异是中西医之争的本质，中西医之争正反应了理性需要与特定的实践、具体的语境相结合的要求。从这个角度看，中医理论有其合理存在的一面。中西医之争同时表明，现代科学的发展以及后现代科学正显露的特征使传统理性向语境的复归已是一种必须。

结　语

　　理性重建问题，是近几十年学界研究的热点。重建，缘于当下理性存在的危机，这种危机不仅表现为一些科学理性、技术理性、价值理性等在当代社会造成了广泛的社会问题，更表现为理性本身存在的缺陷。因此，在理性重建中，明晰理性在未来如何完善以及发展的方向较为重要。理性的重建有两条路：其一，直接呼应现代要求进行重建；其二，在对历史的梳理与反思中以及对未来趋向的逻辑展望中进行重建。本书选择后者，一则可加深对理性范畴已有概念与理论的再认识，并在再认识中寻找可以导致新发现的机遇；二则可以通过研究理性产生与发展的历史，准确把握理性未来的发展方向。

　　本书虽然在总体脉络上以历史发展脉络为线条展开研究，但在横向方面，在书中的不同部分，对有些内容的研究是属于铺垫性的。在此方面，本书对理性的内涵，理性的存在形式，语境以及语境论研究方法问题进行了探讨。

　　理性的概念至今仍有歧义，本书在对此概念进行考证的问题上，走了纵向的"历史"与横向的"中西"相结合的道路。"生物重演律"给了人们研究远古人类理性产生问题的科学方法。据此方法，人们看到了远古人类在理性思维特征方面呈现的特点，即有了简单的逻辑思维。在告别原逻辑思维后，人类进入现代逻辑思维时期，真正的理性产生。理性，在西方语境中，在逻各斯意义上，在于对客观规律和秩序的认知和把握；在努斯意义上，具有超越的意味。康德认为，理性就是人的那种利用概念与逻辑规则进行推理的能力。在中国文化背景中，理性虽然是"理"和"性"的组合，但同样强调规则的一面以及如何内化和认识规则，只不过它强调的是道德领域的规则与认知能力。在人们对理性的研究中，创造了不少理性概念，以至于概念混乱现象以及内涵发生歧义现象时有发生，本书对理性的分类、各种称谓的选择特点进行了补充性研究，并提出将科学理性、技术理性、价值理性作为主流形态来把握理性的过去、未来与走向的观点。

语境论是一种认识事物的新的认识论和方法论。在理性论和语境论视野中，语境早已脱离它原来的内涵，是一种广义语境论意义上的语境，它涵盖自然的、社会的、文化的、心理的等多方面要素。

本书对理性发展的语境化趋向从三方面进行考察：历史的辩证逻辑方面，现代科学的发展趋势以及后现代科学研究实践的角度，实证案例分析的角度。

在历史的角度，对近现代理性危机的成因进行了重点研究，为理性的语境化走向提供了历史依据。

远古人类在理性思维特征方面同样具有逻辑化特征，并且，那时的人们已经有了朦胧的技术理性和价值理性。同时，在思维方面显现了理性存在的一个重要特征，即存在于特定的语境之中，这主要表现在，远古人类思维具有"主客不分"的特征。此研究结论的意义在于，为理性的未来方向提供了辩证法层面的定位：鉴于近现代理性具有去理性化的特征，那么根据否定之否定规律，从语境到非语境，再到哪里？应该是再到语境。当然，是否有再到语境的必要和可能，要分析当下的现实。

现代逻辑思维能力告别原逻辑思维后，逻辑理性是西方理性主义的重要特征，它的形成可由西方的文化路向以及博弈论的视角得到解释。西方特有的"意欲向前"的文化以及与自然博弈的文化，使逻辑理性得以在人与自然的博弈中形成并得到加强。理性的去语境化特征，产生于古希腊两个重要时期，特别在以物理学为主干的自然哲学时期，逻辑理性与思辨理性得到发展。总体来看，古希腊在对自然认识方面，理性增长主要表现为数学理性和逻辑理性。从希腊化时期到文艺复兴对理性精神的高扬、对经验归纳的重视以及前技术理性的萌芽，使理性增长方向逐步贴近近代。

中世纪把理性运用于解释宗教，但走的仍然是一条逻辑化的道路。在技术理性被抽象前，理性主要涉及科学理性。近代科学理性在认知路线上，经历了从"本质主义"到"存在主义"的转变；在方法上，随着对自然的数学化处理以及世界观上的机械自然观的形成，近代科学理性逐步转变为"一种封闭的、绝对化的唯科学主义理性观",片面、僵化、抽象等不足开始显现。这不但使理性自身埋下了危机的种子,也为非理性主义等反理性主义思潮的滋长提供了基础。在某种程度上,数学逻辑理性与机械自然观在科学上的"外溢效应"使近代科学经历两次危机。

在现代科学不断向纵深发展,理性形式逐渐分化的背景下,近代逻辑理性的去语境化、绝对化倾向,为自己向对立面的转化准备了基础。两次工业革命和市场经济是技术理性得以形成和发展的重要基础,因为它们提供了在相当长远和广阔的时空内相对一致和稳定的案例。分析某种理性形式被抽象的具体过程和所积累的经验,为人们理解理性的真正产生,以及由现实的实践所决定的未来理性的发展方向提供了指导。

近代技术理性的去语境化使技术理性具有了攻城略地的能量,但也使人们看到了解决问题的路向——回归语境,即在价值理性的指导下,在遵守人与自然博弈规则的基础上,在尊重人的本性及生存意义的语境下去运用技术理性。

近代科学理性的缺陷与技术理性的张狂使它们不断面临人们的批判与质疑,这使它们逐渐向"底"下沉,在二者下沉的另一面,价值理性得以凸显。现代早期的理性总体上继承了近代理性去语境化、逻辑绝对化、追求知识确定化的特点,所以,在本书中出现了"近现代理性"的概念。科学发展的趋势告诉人们,未来科学的发展,将在更微观的领域把夸克及其以下层次以及生命的起源作为研究对象,在宏观领域把宇宙及其起源以及生态及其演变作为研究对象,并研究事物的分岔、混沌、随机等不确定性特征。这些趋向与特征,将不得不使人思考理性如何适应科学研究需要的问题。现代尚未过去,后现代思潮已然来临。在对待后现代态度上,人们不应抱着对立思维,因为后现代对混沌等不确定性的关注,对权威的置疑,研究方法上对直觉、多元和主体参与的认同,总体上符合未来科学的研究要求。后现代科学同时以宽容、理解与协作、创造、自律与他律等新的范式对现代科学范式进行了扬弃。

近现代理性所固有的先验、抽象、形而上学等特征在现代与后现代科学面前得以充分暴露。不仅如此,它们还受到了非理性主义的冲击以及科学研究实践论转向的促逼,这些都在一定意义上,为理性的语境性转向提供了动力。

西方社会在理性重建方面做了不少尝试性努力，人们相继提出了"从理性到合理性"、"从权威理性到批判理性"、"从先验理性到实践理性"转变的理性重建思想。这些探讨的意义是深远的，不仅所给出的理论中隐约包含了理性重建的方向即走向语境，同时为实践层面的科学研究与社会生活中如何看待相关问题，提供了方法论指导。

理性天然和逻辑相联系，理性的语境化不应被解读为去逻辑化，否则"理性"就不是我们研究的"理性"，因而本书的研究将失去意义。人们对现代理性过分使用逻辑的质疑，根源不在逻辑本身，而在于人们对逻辑理解过于狭隘。于是，本书遂提出"大逻辑观"概念，指出应该重建一种"在特定语境下广泛包容直觉逻辑、道义逻辑、多值逻辑等"的逻辑观。大逻辑观概念的提出，不是理论上纯粹的臆想，而是有其认知和实践的基础。它维护了理性的基本要义，是理解理性语境化的重要前提。同时，具有很强的指导实践的意义。这样，本书所理解的语境化的理性就是：它基于大逻辑观而提出，是一种灵活的、辩证的理性，是三大基本理性有机联系的理性，是一种批判的历史的理性。据此，在理性语境化的过程中，科学理性将从实证理性走向理解理性；技术理性将改变纯粹的工具理性的本质，走向和语境、和价值理性的交融；价值理性将在坚持主流和尊重多元的结合中走向健康状态。

在研究理性的语境化发展走向的过程中，笔者感觉到了理性具有生态性特征的一面，随后展开的关于将生态概念用于理性问题研究的可行性、必要性问题研究，从静态、动态层面的理性生态的结构问题以及理性生态状况对社会的功能影响问题研究等，为理解理性系统要素的内部联系，以及理性系统与社会的互动等问题提供了理论支撑。这也是本书研究理性未来发展走向问题的一个意外收获。随着后现代思潮影响的加深以及社会文化因素的不断介入，理性生态系统将走向更加复杂、几大理性形式的合理性标准更加语境化、嵌入化的发展趋势。理性生态，作为一个精神性的文化单元，使其保持和谐性存在状态，显然有利于社会的健康发展。中国当下的理性生态算不上和谐，几千年文化形成的惯性使技术理性思维泛化于社会各领域，科学理性、价值理性相对衰微；社会的观念环境系统中反主流的多元化思想泛滥趋势明显。这些都影响着中国社会的良性运行。对于当下中国，构建和谐理性生态应关注：理性人的培育问题，增强价值理性的引导、遏制技术理性张狂问题，以及树立多元与主流合理共存的环境性观念体系问题等。

案例分析不但可以加深对已有概念（包括新构建的概念）的理解，更是运用所构建理论分析实际问题的一种形式。汶川地震的发生及随后开展的救灾和灾后建设，中西医论争的历史再现以及基于此的理论分析，在客观上为人们理解后现代科学研究对象及其特征提供了素材；同时，为理解几大理性在运用方面的语境化原则、几大理性的内在联系规律、理性系统与社会系统的联系等问题提供了现实材料。两个案例研究的结论表明，理性必须与特定实践、具体的语境相结合才有它的存在意义；同时，表明了站在语境的、生态的角度看待理性本身和事物合理性的重要意义。

本书对于理性回归语境问题的探讨达到了预期效果，也收获了不少未曾预料的理论成果。如关于用语境下的理性去指导实践的相对性问题，以及用语境下的理性去指导实践的重要前提（即事物必须有一个在第一条道路中排除语境、寻找共同的东西的过程）问题。多年来，理性论的研究一直是个复杂而有一定难度的工作，本书在对研究目标的探讨中同样发现了一些尚未涉足或无力涉足的领域与问题，如，技术理性对科学理性的选择问题；理性生态反馈、影响社会的路径问题，理性回到语境可能会因之面临哪些新矛盾的问题，等等，对这些问题的研究无疑具有理论意义和指导实践的价值。本人将继续致力于这些工作的研究，更期待其他学者的参与。

参考文献

一 著作类

（一）中文

［1］［英］A. N. 怀特海：《科学与近代世界》，商务印书馆 1959 年版。

［2］［苏］A. P. 鲁利亚：《神经心理学原理》，科学出版社 2003 年修订版。

［3］［美］巴伯：《科学与社会秩序》，三联书店 1991 年版。

［4］［英］贝尔纳：《科学的社会功能》，商务印书馆 1985 年版。

［5］［美］伯恩斯：《世界文明史》（第 2 卷），罗经同等译，商务印书馆 1987 年版。

［6］［法］柏格森：《时间与自由意志》，商务印书馆 1958 年版。

［7］［美］J. 布里格斯、F. D. 皮特：《湍鉴——浑沌理论与整体性科学导引》，商务印书馆 1998 年版。

［8］［古希腊］柏拉图：《理想国》，商务印书馆 1986 年版。

［9］［英］卡尔·波普尔：《客观知识——一个进化论的研究》，上海译文出版社 1987 年版。

［10］陈宣良：《理性主义》，四川人民出版社 1988 年版。

［11］陈修斋：《欧洲哲学史上的经验主义和理性主义》，人民出版社 1986 年版。

［12］［美］D. 匹尔比姆：《人类的兴起》，科学出版社 1983 年版。

［13］［法］笛卡尔：《第一哲学沉思集》，商务印书馆 1986 年版。

［14］［英］W. C. 丹皮尔：《科学史》，商务印书馆 1975、1989 年版。

［15］邓晓芒、赵林：《西方哲学史》，高等教育出版社 2005 年版。

［16］邓晓芒：《思辨的张力——黑格尔辩证法新探》，商务印书馆 2008 年版。

［17］邓晓芒：《中西文化比较十一讲》，湖南教育出版社 2007 年版。

［18］［美］E. G. 波林：《实验心理学史》，商务印书馆 1981 年版。

［19］［德］E. 卡西尔：《国家的神话》，耶鲁大学出版社 1946 年版。

［20］［荷兰］R. J. 弗伯斯、E. J. 狄克斯特霍伊斯：《科学技术史》，求实出版社 1985 年版。

［21］［法］弗朗索瓦·夏特莱：《理性史——与埃米尔·诺埃尔的谈话》，冀可平等译，北京大学出版社 2000 年版。

［22］［美］大卫·格里芬：《后现代科学》，中央编译出版社 1995 年版。

［23］［德］格罗塞：《艺术的起源》，商务印书馆 1984 年版。

［24］葛力：《十八世纪法国唯物主义》，上海人民出版社 1982 年版。

［25］郭贵春：《语境与后现代科学哲学的发展》，科学出版社 2002 年版。

［26］郭贵春：《走向语境论的世界观》，北京师范大学出版社 2012 年版。

［27］［德］哈贝马斯：《交往与社会进化》，重庆出版社 1989 年版。

［28］［德］海德格尔：《海德格尔选集（下）：技术的追问》，上海三联书店 1986 年版。

［29］［美］罗伯特·海尔布罗纳：《几位著名经济思想家的生平、时代和思想》，蔡受百等译，商务印书馆 1994 年版。

［30］［德］黑格尔：《历史哲学》，三联书店 1956 年版。

［31］［德］黑格尔：《小逻辑》，商务印书馆 1980 年版。

［32］［英］苏珊·哈克：《逻辑哲学》，商务印书馆 2003 年版。

［33］［德］胡塞尔：《欧洲科学危机和超验现象学》，上海译文出版社 1988 年版。

［34］［美］H. S. 塞耶：《牛顿自然哲学著作选》，上海人民出版社 1974 年版。

［35］韩震：《重建理性主义信念》，北京出版社 1998 年版。

［36］胡壮麟：《认知隐喻学》，北京大学出版社 2004 年版。

［37］［美］I. 阿西摩夫：《人体和思维》，科学出版社 1998 年版。

［38］［德］伽达默尔：《科学时代的理性》，国际文化出版公司 1988 年版。

［39］［美］加德纳·墨菲等：《近代心理学历史导引》，商务印书馆 1980年版。

［40］［英］J. F. 斯科特：《数学史》，商务印书馆 1981 年版。

［41］［英］杰拉耳德·霍耳顿：《科学与反科学》，范岱年等译，江西教育出版社 1999 年版。

［42］江怡：《走向新世纪的西方哲学》，中国社会科学出版社 1998 年版。

［43］［德］E. 卡西勒：《启蒙哲学》，顾伟铭等译，山东人民出版社 1988 年版。

［44］［德］康德：《纯粹理性批判》，邓晓芒译，人民出版社 2004 年版。

［45］［德］康德：《道德形而上学探本》，商务印书馆 1959 年版。

［46］［美］M. 克莱因：《古今数学思想》（第一册），张理京等译，上海科学技术出版社 1979 年版。

［47］［法］利奥塔：《后现代性与公正游戏》，上海人民出版社 1997年版。

［48］［美］罗伯特·E. 勒纳、斯坦迪什·米查姆、爱德华·麦克纳尔·伯恩斯：《西方文明史》（第 1 卷），王觉非等译，中国青年出版社2003 年版。

［49］［美］罗伯特·路威：《文明与野蛮》，吕叔湘译，上海三联书店1984 年版。

［50］［美］L. 劳丹：《进步及其问题——科学增长理论刍议》，华夏出版社 1990 年版。

［51］［法］拉法格：《思想起源论》，王子野译，上海三联书店 1963 年版。

［52］罗国杰、宋希仁：《西方伦理思想史》，中国人民大学出版社 1988年版。

［53］林惠祥：《文化人类学》，商务印书馆 1934 年版。

［54］吕乃基：《科学与文化的足迹》，中国科学文化出版社 2007 年版。

［55］《列宁全集》（第 38 卷），人民出版社 1959 年版。

［56］李平晔：《人的发现》，四川人民出版社 1983 年版。

［57］［德］利普斯：《事物的起源》，汪宁生译，四川民族出版社 1982年版。

［58］［英］伯特兰·罗素：《伦理学和政治学中的人类社会》，肖巍译，

中国社会科学出版社 1992 年版。

[59] [英] 罗素：《西方哲学史》（下卷），商务印书馆 1981 年版。

[60] [法] 列维—布留尔：《原始思维》，商务印书馆 1981、2007 年版。

[61] [法] 列维—斯特劳斯：《野性的思维》，商务印书馆 1987 年版。

[62] 李秀林、王于、李淮春：《辩证唯物主义和历史唯物主义原理》，中国人民大学出版社 1995 年版。

[63] 吕祥：《希腊哲学中的知识问题及其困境》，湖南教育出版社 1992 年版。

[64] [美] M. 戴利、公共社团主义：《一种新公共伦理学》，华兹沃斯出版公司 1994 年版。

[65] 《马克思恩格斯全集》（第 2 卷），人民出版社 1957 年版。

[66] 《马克思恩格斯选集》（第 2 卷），人民出版社 1972 年版。

[67] 《马克思恩格斯选集》（第 3 卷），人民出版社 1972、1995 年版。

[68] 《马克思恩格斯选集》（第 4 卷），人民出版社 1972 年版。

[69] 《马克思恩格斯选集》（第 23 卷），人民出版社 1972 年版。

[70] 《马克思恩格斯选集》（第 42 卷），人民出版社 1972 年版。

[71] 《马克思恩格斯文集》（第 9 卷），人民出版社 2009 年版。

[72] [德] 马克斯·霍克海默、特奥多·威·阿多尔诺：《启蒙辩证法》，重庆出版社 1990 年版。

[73] [德] 马克斯·韦伯：《经济与社会》（上卷），林荣远译，商务印书馆 1997 年版。

[74] [德] 蒙绍荣：《直觉思维论》，广西人民出版社 2002 年版。

[75] [德] 尼采：《悲剧的诞生——尼采美学文选》，三联书店 1986 年版。

[76] [英] 欧内斯特·盖尔纳：《理性与文化》，周邦宪译，贵州人民出版社 2009 年版。

[77] [瑞士] 让·皮亚杰：《儿童的心理发展》，傅统先译，山东教育出版社 1982 年版。

[78] [瑞士] 皮亚杰：《发生认识论原理》，王宪钿等译，商务印书馆 1981 年版。

[79] [法] 让·拉特利尔：《科学和技术对文化的挑战》，吕乃基等译，商务印书馆 1997 年版。

［80］［苏］B. B. 索柯洛夫：《文艺复兴时期哲学概论》，汤侠生译，北京大学出版社 1983 年版。

［81］［美］S. T. 巴特勒等：《脑和行为》，科学出版社 1981 年版。

［82］［美］斯塔夫里阿诺斯：《全球通史》，上海社会科学院出版社 1988 年版。

［83］［日］汤浅光朝：《科学文化史年表》，科学普及出版社 1984 年版。

［84］童鹰：《世界近代科学技术发展史》，上海人民出版社 1990 年版。

［85］王炳书：《实践理论性》，武汉大学出版社 2002 年版。

［86］［英］W. C. 丹皮尔：《科学史》，广西师范大学出版社 2001 年版。

［87］［德］文德尔班：《哲学史教程》（上卷），商务印书馆 1987 年版。

［88］［英］韦尔斯：《世界史纲》，人民出版社 1985 年版。

［89］吴国盛：《反思科学》，新世界出版社 2004 年版。

［90］汪民安：《现代性》，广西师范大学出版社 2005 年版。

［91］王荣江：《未来科学知识论》，社会科学文献出版社 2005 年版。

［92］［美］M. W. 瓦托夫斯基：《科学思想的概念基础》，范岱年等译，求实出版社 1989 年版。

［93］魏屹东：《认知科学哲学问题研究》，科学出版社 2008 年版。

［94］魏屹东：《语境论与科学哲学的重建》（上册），北京师范大学出版社 2012 年版。

［95］北京大学哲学系外国哲学史教研室：《西方哲学原著选读》（上卷），商务印书馆 1981 年版。

［96］徐飞、孙启贵、邓欣：《科学启蒙大师文库——牛顿》，上海交通大学出版社 2007 年版。

［98］夏军：《非理性世界》，上海三联书店 1993 年版。

［99］夏军：《现代西方的非理性主义思潮》，辽宁人民出版社 1986 年版。

［99］徐新：《西方文化史》，北京大学出版社 2007 年版。

［100］［美］雅克·巴尔赞：《从黎明到衰落》，林华译，世界知识出版社 2002 年版。

［101］［古希腊］亚里士多德：《形而上学》，商务印书馆 1959 年版。

［102］〔德〕卡尔·雅斯贝斯:《生存哲学》,王玖兴译,上海译文出版社 1994 年版。

［103］朱狄:《艺术的起源》,中国社会科学出版社 1982 年版。

［104］赵敦华:《基督教哲学 1500 年》,人民出版社 1994 年版。

［105］张功耀: 《文艺复兴时期的科学革命》,湖南人民出版社 2005 年版。

［106］张浩:《思维发生学》,中国社会科学出版社 1994 年版。

［107］周昌忠:《西方科学方法论史》,上海人民出版社 1986 年版。

［108］赵彦春:《认知词典学探索》,上海外语教育出版社 2003 年版。

［109］张志养:《偶在论》,上海三联书店 2002 年版。

（二）外文类

［1］Habermas, J., *The Philosophical Discourse of Modernity*, Polity Press, 1990.

［2］Kretz mann, N., *The Metaphysics of Theism*, Clarendon Press, 1997.

［3］Kung, Hans, *Creat Christian Thinkers*, The Continuum Publishing Company, 1994.

［4］Pepper, S., *World Hypotheses: A Study in Euidence*, University of California press, 1942.

［5］Plato, *Republic*, Trans. by Waterfield, Oxford World's Classic, Oxford University Press, 1993.

［6］Richard, H. Schlagel, *Contextual Realism: A Meta—Physical Framework for Modern Science*, Paragon House, 1986.

［7］Searle. J. R., *Philosophy of Language*, Oxford University Press, 1971.

［8］Sperber, D., D. Wilson, *Relevance, Communication and Cognition*, Blackwell, 1986.

二　论文

（一）期刊

［1］3. M. 奥鲁德然夫、B. C. 哈恩:《论原始思维的逻辑地位》,《哲学译丛》1986 年第 6 期。

［2］曹天予:《科学与历史之间的现代与后现代图景》, 《哲学译丛》

2001 年第 1 期。

[3] 蔡仲：《什么叫后现代科学》，《科学技术与辩证法》2002 年第 5 期。

[4] 陈运泰：《地震预测——进展、困难与前景》，《地震地磁观测与研究》2007 年第 2 期。

[5] 邓晓芒：《论古希腊精神哲学的矛盾进展》，《华中师范大学学报》2001 年第 5 期。

[6] 费多益：《审视理性的语境化——读〈后现代科学哲学〉》，《哲学研究》1999 年第 9 期。

[7] 高剑平、万辅彬：《技术工具理性与道德价值理性的时空追问》，《科学技术与辩证法》2005 年第 1 期。

[8] 高剑平：《科学理性概念的界定》，《广西民族学院学报》（哲学社会科学版）2004 年第 3 期。

[9] 黄龙祥：《走出中医看中医》，《科学文化评论》2007 年第 4 期。

[10] 金磊：《汶川地震灾后重建中的非工程性问题》，《河北学刊》2008 年第 4 期。

[11] 林学俊：《技术理性扩张的社会根源及其控制》，《科学技术与辩证法》2007 年第 2 期。

[12] 吕乃基：《归零：以汶川的名义》，《东南大学学报》（哲学社会科学版）2009 年第 3 期。

[13] 吕乃基：《技术理性在中国——一种对技术理性的后现代解读》，《东北大学学报》（社会科学版）2011 年第 6 期。

[14] 吕乃基：《论后现代科学》，《自然辩证法研究》2000 年第 7 期。

[15] 吕乃基：《中医药的地位——知识的视角》，《中华中医药学刊》2009 年第 1 期。

[16] 吕乃基：《自然，西方文化之源——博弈论的视野》，《东南大学学报》（哲学社会科学版）2011 年第 5 期。

[17] 马世军：《展望九十年代的生态学》，《中国科学院院刊》1990 年第 1 期。

[18] 诺尔曼·I.戈维登：《人脑的专门化》，《科学》2000 年第 1 期。

[19] 肖小芹：《从思维方式看中西医的差异》，《湖南中医药导报》2004 年第 3 期。

［20］张岱年：《中国哲学关于理性的学说》，《哲学研究》1985 年第
　　　11 期。

［21］张建军：《走向一种层级分明的"大逻辑观"》，《学术月刊》2011
　　　年第 11 期。

［22］赵建军：《技术理性的合理性考量》，《中共中央党校学报》2007 年
　　　第 3 期。

［23］张明国、张恒力：《追问技术理性——技术哲学论坛探讨会综述》，
　　　《哲学动态》2006 年第 5 期。

［24］张明明：《传统哲学对中医理论体系形成的影响》，《辽宁中医药大
　　　学学报》2008 年第 3 期。

［25］周雪峰：《中西理性概念差异及其对传统法理念的影响》，《长沙理
　　　工大学学报》（社会科学版）2010 年第 3 期。

［26］杨耀坤：《科学合理性的历史演变》（上），《科学技术与辩证法》
　　　1999 年第 6 期。

［27］杨耀坤：《科学合理性的历史演变》（下），《科学技术与辩证法》
　　　2000 年第 1 期。

［28］杨耀坤：《理性、非理性与合理性——科学合理性的概念基础》，
　　　《科学技术与辩证法》1999 年第 5 期。

［29］翟振明：《价值理性的恢复》，《哲学研究》2002 年第 5 期。

［30］朱祖霞：《论劳动与人类及其意识形成的关系》，《哲学研究》1982
　　　年第 7 期。

（二）学位论文

［1］王续刚：《和谐社会构建的人工自然生态审视》，博士学位论文，东
　　　南大学人文学院，2012 年。

［2］张洪雷：《论费耶阿本德对理性主义的批判及其影响》，博士学位论
　　　文，武汉大学哲学学院，2008 年。

［3］郑玮：《实践与文化的科学观——SSK、后 SSK 和后现代主义背景下
　　　科学哲学之发展》，博士学位论文，东南大学人文学院，2009 年。

三　其他

［1］北京大学哲学系外国哲学史教研室：《古希腊罗马哲学》，商务印书

馆 1961 年版。

［2］［美］莫蒂默·艾德勒、查尔斯·范多伦：《西方思想宝库》，姚鹏
　　　等译，吉林人民出版社 1988 年版。

后　记

这本拙作，乃作者几年前的博士学位论文增补修改而成。书稿行将完成之际，回想当初的学习生活以及后来书稿的撰写工作，感想颇多。

当年，带着兴趣，怀着提升理论素养的目的，走入东大，开始人生旅途一段新的别样的生活。读书不易。家庭繁琐的事务，繁重的教学与科研任务，在一定程度上使自己不得全身心地投入学习与研究；博士论文的写作毕竟不同于豆腐块的感言，需要慎重的选题、缜密的谋布、繁冗的资料搜集以及沉心的笔书；研究论文的泡磨与发表使人感到什么是"愁煞人"。如今，那段所有的不易都已过去，成为既往。有人说，上帝会眷顾那些不放弃的人，让他有所收获。的确，几年的学习，虽有些许艰苦，但它同样使我感悟到了"苦"与"甜"、"付出"与"收获"辩证法的真谛，收获着独有的果实。撇开理论知识的充实，几年的学习历程更使我感悟到什么是师爱、什么是大学、什么是人文关怀以及为师之道……这些收获远大于艰辛的代价。再者，如果没有当初的付出，特别是那么多老师、同学施予我的关爱，我不会在这么短的时间完成本书的写作。因之，我要感谢为我付出、使我收获的恩师、母校、同学。

感谢导师吕乃基先生。先生学识广博，对一些问题的分析往往独到而有新意，这使我在理论水平的提升、思考问题的方法训练等方面受益匪浅；先生对待学生的学业认真负责，正是在由先生多次主持的"学术讨论会上"，我最终确立了选题，不断完善着论文的构架；先生对论文字斟句酌的批阅，使我在论文写作中免犯了许多错误。正是先生的指导与辛勤付出，我才有自信将成果呈现于学界。感谢先生的辛勤付出！先生对学生有一颗宽容、仁爱之心。几易选题，自我尚感难为，但先生从不厌烦，尊重我的选择；学习中的过错，先生在严肃指出之同时，往往释然一笑……

先生诲人不倦的风范、兼听宽容之气度使我在做人方面受用不尽，更频生钦佩之情。在书稿内容的增补与修改过程中，常常能听到先生中肯的意见，尤其使我宽慰的是，在我怀着怯怯请先生为拙书作序时，先生没说二话。

感谢母校东南大学给了我提升锻炼的学习机会，感谢人文学院给了我良好的学术研究环境。人文学院不但使我感受到了人文的真谛与魅力，其优秀的教师团队为我顺利完成学业提供了有力的保证，在此我要由衷地感谢人文学院的老师们！感谢马雷教授！从论文选题到写作、完善、预答辩的诸多环节，都得到了马老师的宝贵指导。马老师谦和的气度、渊博的学识，值得我敬佩、学习。感谢夏保华教授！夏老师对待学生认真负责，论文写作中多次为我指点迷津，其深厚的知识底蕴、宽厚豁达的为人令我难忘，衷心感谢夏老师在学习过程中给予我的关心、鼓励和指导！感谢王兵教授！王老师谦和、宽容的品质为人所称道。王老师对我常常施以关心、鼓励，在我和老师的接触中，他身上内蕴的宽容、厚德使我深深理解了如何修"为师之道"。还要感谢樊和平院长、许鸣洲老师、戴正农老师、岳缙老师、范志军老师、叶明老师、王瑛老师、刘敏老师！他们或在我论文写作中提出了许多宝贵的建议，或在学习方面对于我理论水平的提升付出过辛勤的劳动，正是他们无私的关爱、鼓励和帮助，才使我得以顺利完成学业，才有本书的基础！

感谢师兄师弟以及师姐师妹们。我们是一个互帮互助、富有活力的团体，多次的"茶会"式的交流和探讨，我们彼此获得了许多宝贵的思想火花。无论是论文写作还是本书的写作，你们常常诚心地献计献策，鼓励相帮，你们为我顺利完成论文与本书的写作提供了宝贵的支持，感谢你们！我们在学习讨论中结下了深厚的情谊，这是一种难得的财富，我将倍加珍惜！

感谢同事王荣江教授、管爱花教授、卢春雷教授，以及牛俊友博士、赵国付博士、杜凤双主任，他们为本书的最终完稿付出了辛勤的努力。

最后，特别要感谢中国社会科学出版社的喻苗老师以及出版社的领导和其他工作人员，正是你们的信任和艰苦的付出、严谨的工作，本书才得以正式问世，衷心地谢谢你们！

本书是我开展理性的语境化倾向研究的一个阶段性成果，它凝聚了诸多人的辛劳，我将铭记他们辛勤的付出、给予我的关爱，并将其化作更好报效社会的动力，在新的起点取得更好的业绩。

需要指出的是，尽管写作中诚心对待，努力付出，但面对眼前的成果仍然深感惶恐。一则理性问题的研究是个久远的话题，许多名人大家对此已有深度研究，虽从新的角度（语境）探讨理性的未来趋向问题，但仍担心书中的观点看法幼稚，落得贻笑大方。二则本人的水平确实有限，疏漏定所难免。不管如何，在此敬请学者同仁不吝赐教，多加批评！

朱荣贤

2016 年 4 月于淮安